注册国际投资分析师考试指定用书（2024）

公司财务

国际投资专业人士学习平台
瑞士投资专业人士培训中心　编著
中　国　证　券　业　协　会

中　国　证　券　业　协　会　编译

中国财经出版传媒集团
中国财政经济出版社
北京

图书在版编目（CIP）数据

公司财务／国际投资专业人士学习平台，瑞士投资专业人士培训中心，中国证券业协会编著；中国证券业协会编译．--北京：中国财政经济出版社，2024.7

注册国际投资分析师考试指定用书．2024

ISBN 978-7-5223-2749-5

Ⅰ．①公…　Ⅱ．①国…　②瑞…　③中…　Ⅲ．①公司-财务管理-资格考试-教材　Ⅳ．①F276.6

中国国家版本馆CIP数据核字（2024）第034697号

责任编辑：郁东敏　　　　责任校对：胡永立

封面设计：中通世奥　　　　责任印制：党　辉

公司财务

GONGSI CAIWU

中国财政经济出版社 出版

URL：http：//www.cfeph.cn

E-mail：cfeph@cfeph.cn

社址：北京市海淀区阜成路甲28号　邮政编码：100142

营销中心电话：010-88191522

天猫网店：中国财政经济出版社旗舰店

网址：https：//zgczjjcbs.tmall.com

北京鑫海金澳胶印有限公司印刷　各地新华书店经销

成品尺寸：185mm×260mm　16开　18.25印张　279 000字

2024年7月第1版　2024年7月北京第1次印刷

定价：56.00元

ISBN 978-7-5223-2749-5

（图书出现印装问题，本社负责调换，电话：010-88190548）

本社质量投诉电话：010-88190744

打击盗版举报热线：010-88191661　QQ：2242791300

前　言

注册国际投资分析师（CIIA）考试由注册国际投资分析师协会（Association of Certified International Investment Analyst，ACIIA）主办。ACIIA是由欧洲金融分析师联合会、亚洲证券分析师联合会以及欧洲、亚洲、大洋洲和拉丁美洲的近30个国家和地区的投资分析师组织，于2000年6月联合成立的国际性专业机构，其宗旨是推行投资分析领域的国际标准。CIIA考试涵盖了投资分析师应当掌握并熟练运用的各类专业知识，其专业水准得到了注册国际投资分析师协会各成员国家和地区，以及部分其他专业组织的广泛认可，通过CIIA考试是具有在不同国家或地区从事金融服务业工作能力的重要标志之一。

中国证券业协会于2001年成为ACIIA的会员，此后开始推动引入CIIA考试，并于2006年3月11日在我国组织了首次CIIA考试。CIIA考试作为我国证券行业多层次人才教育培训体系的重要组成部分，对促进证券行业专业人员提升专业素养和国际视野，积极服务资本市场高水平制度型开放具有积极意义。同时，CIIA考试充分尊重不同国家或地区的投资分析专业人员学习和工作的法律环境和语言环境，允许使用中文参加考试，非常适合我国从事投资分析、财富管理、企业融资以及投资银行等工作，特别是需要在不同国家和地区工作的专业人士报考。截至2024年6月，我国境内共有2288人通过了CIIA考试。

近期，注册国际投资分析师协会发布了2024版注册国际投资分析师考试教材，新版英文教材在逻辑结构和层次上重新进行了梳理，更新了部分内容，主要包括：一是各本教材中局部内容调整。根据理论知识和市场实践发展，更新各本教材的局部内容，如《公司财务》中增加租赁相关内容，《衍生产品估值与分析》中增加多种期货合约、套期保值的介绍，更新期权定价模型、套利关系的内容，细化信用衍生品的介绍等。二是新编《投资组合管理》，增加现代投资组合理论、有效市场假说与行为金融、多因子模型和因子投资、客户目标及投资策略、资产负债管理、国际投资、可持续投资、绩效度量与评价、投资经理的选择、股票投资组合管理、交易所交易基金、另类投资、金融科技和数据分析等内容，重新梳理了章节构成。三是优化逻辑、体例，考虑教材内容体系庞大，各本教材对部分章节知识的排布顺序进行了调整，使内容由浅入深、循序渐进，增强逻辑性，重新编排了章、节、小节、知识点编号。四是更新了数据、案例，增加了一些新的企业经营案例、年报分析案例等，更新了各类图表、案例中的数据，时间信息与近期市场进程同步。

为便于报考人员学习、掌握相关知识体系，中国证券业协会组织专家对英文原版教材进行了翻译。在历时数月的2024版《注册国际投资分析师考试指定用书》翻译工作中，专家们对整套7本教材逐字逐句研读、斟酌、修订，力求信、达、雅，但由于编译工作浩繁，时间紧张，书中难免有所疏漏、不足甚至错误之处，恳请读者批评指正。

如有任何意见和建议，欢迎发送邮件至 zybzb@ sac. net. cn。

中国证券业协会

2024 年 7 月

目　录

注：加*的章节为必考内容。

第 1 章　公司财务与价值创造

本章主要研究所有与投资有关的活动。在财务分析基础知识之后，本章关注公司的战略分析、现金的使用以及管理层和董事会对未来业务发展的预测。本章首先描述投资的基本机制、未来现金流量、资本成本以及是否可以通过财务管理来优化。本章将探讨新投资的各种接受或拒绝标准，把个人投资的价值与公司的价值联系起来作为一个综合投资组合。其次，本章将仔细研究并购（M&A），并将战略选择与未来现金流增长联系起来。最后，将研究这些投资的融资，无论是短期还是长期，分析公司内部的权力平衡以及这种平衡如何在公司治理层面组织起来。

投资是经济活动的核心。它将公司购买的原材料转化为高附加值的商品。它可以是有形的，体现为厂房、机床或计算机设备等形式，或是无形的，体现为研发（R&D）、经营许可或服务的形式。它可以在公司内部进行，也可以通过收购第三方公司来服务于外延增长。

投资是一个悖论：在回报之前它可能代表一项重大成本。公司以现金为赌注对计算过的未来下注，其中有风险。但是，投资与普通支出不同。普通支出除了被纳入商品销售的成本之外，不会产生额外价值；投资则会产生未来现金流量，代表了股东未来的财富。

正如我们看到的那样，这里存在一条黄金法则：具有正资产净值的投资和内部收益率大于其融资成本的投资必须被接受[①]。基于这条黄金原则，只有盈利能力高于由资本（股东和贷款人）所承担成本的项目被接受，公司才能执行股东价值最大化的战略。这是一个必要且充分的条件：

- 必要性体现在一个不符合这种条件的公司不能为其股东创造财务价值，投资盈利能力太低的项目不能充分回报股东所承担的风险；

---

① 对于具有多种回报率的项目，会存在一些例外情况。

• 充分性体现在一个公司在该条件下增加其他财务目标时会发现有冲突，在绝大多数情况下，这些策略都不是最优策略。

一家想创造价值的公司必须要改革其财务决策过程。如果公司不承担风险，它就不能创造价值（下文1.1和1.2），不应考虑其规模的变化，或其利润或股本回报（下文1.3和1.4）。公司必须建立一个中期导向的高度约束的组织（下文1.5至1.7）。

1.1 投资，并非不惜任何代价

一家公司可以被描述为现金生成机器。每年，公司资产产生的税后净营业利润（NOPAT）必须得到有效利用（如图1-1所示）。简单地将现金存入资产负债表并不是一个好的解决方案，它只会导致股东回报的稀释。

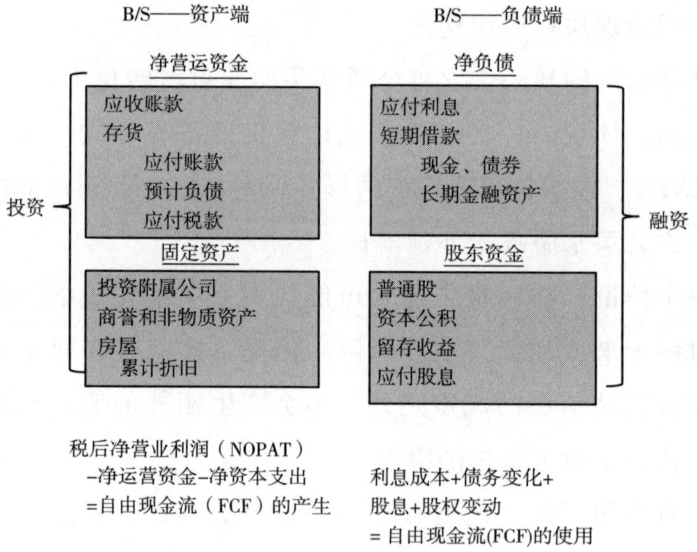

图1-1 自由现金流量

【例1-1】一家奢侈品公司通常会产生约30%的自由现金流（FCF）。4年后，假设该公司不派发任何股息并且不偿还债务，其投资资本规模将扩大一倍，其中50%由现金组成，回报率非常低。

因此，投资是必要的。如果没有投资，股东可能会发现自己拥有一个由其原始股份组成的投资基金，而每年都会增加相对无利可图的货币市场基金单位。这肯定不能反映股东的最初风险偏好。

然而，投资绝不能不惜任何代价进行。管理层和董事会一般有义务拒绝任何回报率低于资本成本的投资。

1.2　承担投资风险，而非增加股息

投资最初是现金流出的，在其随后产生的现金流入之前，减少了公司的现金流和财务资源。这就像一个学生上课牺牲立即的好处（业余时间）以获得更高的收益（更高的薪水）一样，公司承担着为新项目投入资金的风险。这些风险是双重的：

- 投资回报率预估过于乐观；
- 项目执行不力。

许多经理人都不愿意投资，因为这一决定将在下一年减少现金流量。例如，他们知道他们的一些投资者非常重视股息。这些投资者可能会决定，由于当年进行的重大投资，现在就存在无付款的风险，进而通过出售其股份来表达他们的不满。[①]

【例 1－2】 一家美国公司的经常性现金流量为 500 万美元，资本成本为 10%。该公司有机会投资 500 万美元用于一个新项目，风险状况类似，预计回报率为 38%。那么该公司应该接受这个项目吗?

在不违反后续章节内容的情况下，我们将描述这一整体机制。

解：该公司的初始价值为 5 000 万美元（500 万美元除以资本成本）。新项目的价值为 180 万美元（考虑到投资具有类似的风险特征，以相同的资本成本对未来 3 年的流量进行折现）。因此，投资后公司的价值为 5 180 万美元（如表 1－1 所示）。该值大于投资前的价值，那么继续执行这个项目是公司的最大利益，这个项目创造了股东价值。

---

① 根据阿尔弗雷德·拉帕波特（Alfred Rappaport，2005）的一项研究，超过半数的首席财务官拒绝有利可图的投资以实现他们的短期收益目标。

表 1-1　　现金流量　　单位：万美元

项目	A_{n+1}	A_{n+2}	A_{n+3}	…	永续	NPV
没有新投资的 FCF	500	500	500	500	500	5 000
+新投资	-500	400	400			180
有新投资的 FCF	0	900	900	500	500	5 180

其实，无数经理人的这种保留意见是没有财务基础的。创造价值并不等同于现金大幅增加或股息大幅增加①。首先要寻找最大数量的有利可图的投资机会，对这些投资的选择标准保持严格的要求，然后确保项目成功实施。冒险是必要的：没有投资，就没有中期价值创造。

1.3 投资于有利可图的项目，而非最大限度地提高股本回报率

瑞士一家专门从事治疗皮肤病药品经营的公司，无任何债务，由于其在新兴市场的快速扩张，产生 30% 的股本回报率（ROE）。常规管理是提供具备相等盈利的新投资项目，可在相同的风险下，产生 15%②的内部收益率（IRR），这比股东所要求的 10% 的回报率更高（如表 1-2 所示）。

表 1-2　　项目资本成本与利润情况

1. 现有投资	
净利润	30 百万瑞士法郎
投资资本	100 百万瑞士法郎
ROE	30%
市值	300 百万瑞士法郎
2. 新投资	
净利润	4.5 百万瑞士法郎
新的投资	30 百万瑞士法郎
新投资的 IRR	15%
市值	45 百万瑞士法郎

① 莫迪利亚尼和米勒（1961）证明，在完美的金融市场中，股利政策不会影响公司的价值。如果一家公司在一年内每股支付较高的股息，那么在未来几年将会减少其股息。公司的价值保持不变。Miller M H 和 Modigliani F（1961）. Dividend Policy, Growth, and the Valuation of Shares [J]. Journal of Business, 34 (4): 411-433。

② 为了简化起见，本章将忽略税收因素、摊销和折旧，同时假设未来的现金流量是无限期固定的。

续表

1+2. 公司	
全面 ROE	26.5%
市值	345 百万瑞士法郎
除投资外市值	330 百万瑞士法郎
COE	10%

管理层可能会倾向于拒绝这项投资，因为它会降低股本回报率，因此公司可能会失去由大量投资者授予的投资级别的地位。

我们可以看到，投资回报率为 15% 的项目有两个相互矛盾的影响。这些投资将初始股本回报率（ROE）从 30% 降至 26.5%。

这些投资增加了公司的资本总额。如果不投资和将现金保留在资产负债表上，该公司在第一年结束时的价值为 3.3 亿瑞士法郎。然而，通过投资新项目，它创造了1 500瑞士法郎的额外资本（我们假设公司及其新投资将产生稳定的永续利润）。

结论是公司不应该将其当前的盈利能力（ROE）视为新投资的障碍[①]。唯一的标准是其资本成本，最大限度地提高资本回报率（ROCE）或股本回报率（ROE）没有任何意义。[②]

1.4　做出正确的投资决策，而非追求规模最大化或利润增长

投资不仅与购买设备或研发支出有关。一个公司可能会面临一个部门，其盈利能力在中期内仍大大低于其资本成本。在这种情况下，应该决定剥离它，尽管会导致该公司的规模与利润一起下降，但这个决定能够创造价值。

① 接受投资要求的最低回报率。

② 这个例子应该与“会计与财务分析”章节中使用的例子进行比较，该章节讨论了新投资的边际盈利能力的重要性。如果一家公司历史上投资于回报率很高的项目（例如 30% 或更多），如果只能投资于等于或低于 15% 的项目，就会看到这些机会的消失，其估值显然会受到影响，因为这涉及公司的框架条件产生结构性变化，其股价将大幅下调。尽管如此，公司仍应该同意这些类型的投资，因为通过接受这些投资可以创造价值。如果以这些新投资低于 30% 的历史回报为由拒绝投资，那么公司只能做到延长衰退期，因为这样就剥夺了公司未来的增长。

【例 1－3】一家意大利集团拥有一家德国子公司，该子公司没有债务，但其销售额停滞不前，保持在1亿欧元。其营业利润率保持在10%。假设税率为30%，1亿欧元的已投资股权的资本成本率估计为10%。管理层正在考虑以1.1亿欧元出售其子公司，集团应该接受吗？估值如表1－3所示。

表1－3　　集团、子公司及其他部分估值情况

项目	集团	德国子公司	集团其他部分
	剥离前		
销售额（亿欧元）	500	100	400
净利润（亿欧元）	52.5	7	45.5
股东权益（亿欧元）	300	100	200
ROE（%）	17.5	7	22.8
市值（亿欧元）	525	70	455
COE（%）	10	10	10

在此，我们只限于描述一般机制。

该集团整体估值为5.25亿欧元（=0.525÷10%），利润稳定永续。由于其他公司的股本回报率超过22%，这在很大程度上是有利可图的。德国子公司的结构性净资产收益率（ROE）为7%，低于公司的资本成本。我们将假设它与集团中的其他公司具有相同的经营风险，其估值为7 000万欧元（=700÷10%）。

因此，出价为1.1亿欧元的第三方收购要约，是一次可以提高价值4 000万欧元的企业价值的机会。意大利集团有充分理由出售其子公司，从而实现其股东价值最大化。尽管销售额下降了20%，集团利润下降了13%。[①] 对股东而言，这是个双赢局面。

规模本身并不是价值创造的决定性因素。如果实质上的规模经济性和盈利能力的提升能够实现，成为特定领域的世界领先者才有意义，而不是试图在每个领域都领先。

① 不包括股权转让资本利得的确认，在这种情况下为1 000万欧元。

1.5　在中期进行投资决策

投资和撤资决策应该从中期的角度来进行，否则就没有意义。盈利能力是一种周期性现象。一家面临资本回报率下降的公司必须首先调查下降的原因。在周期性行业中，如汽车或造纸工业应该考虑在营业利润率方面具有中等周期，这些问题我们将在有关金融市场部分的股票分析章节中进行分析。一家过于专注短期的公司可能会决定关闭一家子公司，尽管它在中期内仍能创造价值。这样做就会破坏股东价值。

如果在利润下降后，缺乏耐心的短期投资者迫使管理者作出短期性决定，那将是一个真正的耻辱。商业活动的速度比市场慢，这往往还不如下一季度的业绩更具前瞻性。

人们忘记了一个投资组合的最优策略不是最大化其短期的交易性机会。同样，管理层也不能仅仅依据短期内最大化企业价值来制定发展战略。这一点将在公司治理一节中更详细地讨论。

1.6　保持严格约束

如果一个公司：

• 以比资本成本更高的成本找到投资机会，可以创造价值；它必须将其可用资源集中于此，必要时增加其债务。

• 能够剥离中期盈利能力低于资本成本的资产，也可以创造价值（如表 1－4 所示）。

表 1－4　　内部收益率与资本成本关系对价值的影响

流动	内部收益率 > 资本成本	内部收益率 < 资本成本
再投资	价值创造	价值减损
撤资	价值减损	价值创造

如果没有这些可能性存在，管理层可以将盈余的现金用于①：

- 偿还债务。
- 支付股息。
- 股票回购。

价值创造战略的目标有：

- 通过投资和营业成本控制措施提高资产回报率。
- 通过在中期债务和权益之间找到正确的资产组合来优化债务结构。
- 改善公司战略沟通，从而提高公司未来利润的可见度，并提供更多关于资本配置优先级的信息。

1.7 这一战略没有自发的轴心

像任何人类组织一样，公司是权力和个人战略的中心。部门经理普遍支持其单位的集约发展，而拟议投资的总额总是会超过公司的年度预算。因此，必须在各个层面作出选择。

在这种情况下，一家公司是否能自发地创造价值是值得怀疑的。许多公司只是设定容易实现的目标，如保护其竞争地位，或者以高于通货膨胀率的速度增加每股收益。

研究以股东、管理层、董事会和利益相关者为代表的公司主要权力之间的相互作用，可以为公司治理提供理论或实践参考。

我们将看到，与公司股权挂钩的交易（股票回购、股本增加）不会改变公司的价值，但会产生不同类别股东（短期股东、长期投资者和未来股东）。

【例1-4】韩国某大型集团，其资产负债表中近25%以现金形式持有。它面临着各种选择：

- 派发特别股息。
- 创建一家财务公司来汇集现金再分拆它们。
- 回购市场上的股票。

---

① “当没有可靠的创造价值的机会时，将现金返还给股东。”（Alfred Rappaport）

在不进行任何数学推演的情况下，我们将提供一些答案。

- 与股票回购不同，特别股息的分配通常会作为股东的所得被征税。因此，与股东地位相关的财务问题可能是一个要考虑的因素。

- 财务公司的创建和分拆造成了新实体上市的成本问题。这个成本不能忽略不计。

- 在市场上回购股票可能违背公司的原来大股东的意图，如果公司原来的大股东将其股票出售给公司，他们可能会看到在股本中的份额下降。

这个例子清楚地显示了所有财务决策在公司战略管理中的交织。投资决策是公司现金分配策略的一部分。该战略旨在根据管理层和董事会的意图为股东创造价值。《公司财务》各章节的目的就是研究公司可能面临的各种各样的情况。公司可能面临的各种情况解释了投资银行交易在金融界的吸引力。

第 2 章　投资基本原理

2.1　现金流分析基本原理

一家企业决定实施一个项目时，就开始产生该项目所需设备的购置成本。在项目完工之后，现金流开始逐步增加。这些现金流是持续发生的。为了方便计算，我们可以假设所有现金流出就在设备安装时一次性发生。此外，我们还假设从该项目中获取的现金流入时间项目存续期间每一年的年末。当需要更高的准确性时，可以按季度、每月或每周预测现金流。图 2-1 大致显示了项目现金流的情况。

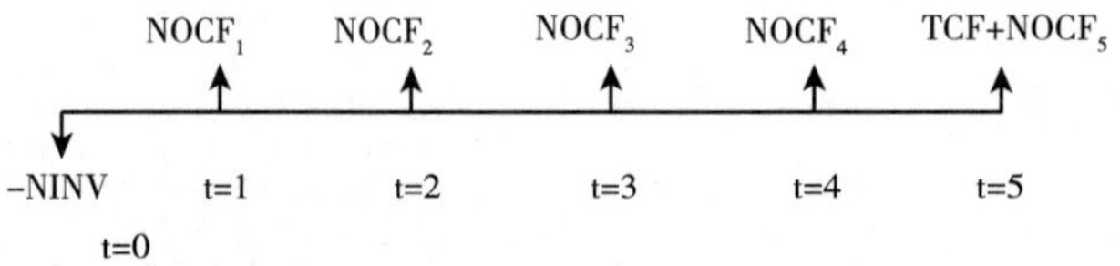

图 2-1　现金流简化情况

$NOCF_1$、$NOCF_2$……代表当年年末时的净经营现金流（即经营现金流入减去所有营业成本及税额）；NINV 是初始现金流，也称作项目的净投资；TCF 是末期现金流，即项目结束时所获取的现金流。根据常规做法，假设项目自第 0 年末开始，项目产生的现金流从第一年开始。图 2-1 显示的是一个 5 年期项目的现金流。根据习惯，把所有现金流出记为负数，而把现金流入记为正数。图 2-1 显示一个“常规”项目的现金流，在第 0 年只有现金流出（净流出），而其余年度的现金流则为正数。实际情况可能并非总是如此。有些项目在结束时可能表现为现金净流出。

从图 2-1 可以发现三种截然不同的现金流：

- 净初始投资（NINV）。

- 净经营现金流（$NOCF_t$　　$t = 1, 2, \cdots, n$）。
- 期末现金流（TCF）。

在接下来的几节中，将讨论如何从项目数据中估算这些现金流。在下面还将用净现金流（NCF）这个术语来计算从第一年到项目结束时各年现金流。净现金流可以这样来表示：

$$NCF_t = NOCF_t \qquad t < N$$
$$NCF_t = NOCF_N + TCF \qquad t = N$$

2.2　净初始投资（NINV）

净初始投资就是企业开始运作项目时所产生的现金流出。

2.2.1　设备更新项目

以设备更新项目为例，企业将处理掉现有设备并且用新设备来替代。因此，我们可以得出与此项目有关的现金流：

- 新设备的成本——现金流出。
- 可能需要增加营运资本投资（或从中释放资金）——这可能是现金流出也可能是现金流入。
- 现有设备的销售价格——现金流入。[①]
- 新设备的安装成本——现金流出。
- 销售现有设备时支付或返还的税额——这可能是现金流入也可能是现金流出。

算清所有这些现金流后，就可以计算出项目的净初始投资。

NINV = 新设备的购买价格 + 新设备的安装成本 − 现有设备的销售价格 ± 销售现有设备时所带来的税额变化（缴纳或返还）± 净营运资本的变动

---

① 若考虑出售旧设备，请确保在对旧设备安装成本评估时不使用此销售行为。

对扩展项目所需的净初始投资而言，以上现金流中，企业无须考虑现有设备的销售额，也无须担心由此而产生的税额变化。

【例 2－1】 Qantas 是一家主要在澳大利亚与远东地区运营的澳洲航空公司，它正计划用一新飞机来替代现有的飞机。新飞机需要花费 20 亿澳元。对飞行员及飞机维护人员的培训需要花费 1.87 亿澳元。另外，还需花费 1.56 亿澳元用于购买零部件。现有飞机可作为二手飞机出售，可得 5 亿澳元。现有飞机是在 5 年前购置的，费用是 12.5 亿澳元，现在的账面价值为 2.5 亿澳元。公司的税率为 30%，该项目的净初始投资 NINV 为多少？

显然，这是一个设备更新项目。求解净初始投资的方程式为：

NINV＝新设备的购买价格＋新设备的安装成本－现有设备的销售价格±销售现有设备所带来的税额变化（缴纳或返还）±净营运资本的变动

在上述数据中，只有税额是未知数。应纳税额将由资产的销售价格与资产的账面价值之间的差额所决定。如果资产的销售价格大于其账面价值（并且小于购买价格），那么应纳税额应该取决于销售价格与账面价值之间的差额；如果账面价值大于销售价格，那么，企业就会根据两者的差额而得到税额返还以弥补经营亏损。

在本例中 Qantas 的应纳税额为：

应纳税额＝(5－2.5)×0.3＝0.75（亿澳元）

该项目的净初始投资（NINV）＝20＋1.87－5＋0.75＋1.56＝19.18（亿澳元）

注意：现有飞机的销售价格（额）已经从所有其他现金流中减去。这是因为现有飞机的销售额是现金流入，而所有其他的都是现金流出。或者，假设 Qantas 现有飞机的销售额为 2 亿澳元，我们可以重新计算出净初始投资额。这样应纳税额返还额则为：

返还额＝(2－2.5)×0.3＝－0.15（亿澳元）＝－1 500（万澳元）

净初始投资额（NINV）＝20＋1.87－2－0.15＋1.56＝21.28（亿澳元）

注意：现有飞机的销售额与税额都已经从现金流出中减去。

2.2.2　扩张型项目

扩张型项目不需要考虑已有设备市场价值和税收效应。因此，扩张型项目的净初始投资可以简化为：

NINV = 新设备的购买价格 + 设备的安装成本 ± 净营运资本的变动

下面的例子是上述公式的运用。

【例 2 – 2】 Qantas 发现其现有飞机没有市场。那么，如果该公司希望继续购买新飞机的话，其净初始投资额为多少？

现在，该项目已变成一个扩张型项目，这是因为新飞机将被加入现有飞机之中。而对其净初始投资的计算也随之简化起来。由于该批设备没有市场价值，因此设备的账面价值可以被冲销掉，并且可以实现税收减免 $0.3\times2.5=0.75$（亿澳元）。

$NINV = 20 + 1.87 + 1.56 - 0.75 = 22.68$（亿澳元）

注意：净营运资本额的变动并不总是会涉及现金的流出。有时候净营运资本能产生现金（流入），从而使净初始投资额减少。

2.3　净经营现金流

一旦项目启动，它就会为企业产生现金流。这些由项目执行而产生的现金流称为净经营现金流（NOCF）。这些年度持续发生的现金流与项目产生的诸如期末现金流等一次性现金流不同。

我们已经在前面讨论过这些现金流的特点：

- 它们是增量现金流。
- 它们必须被扣除应纳税额后才可计算。
- 不得将融资成本计入在内。

根据这些原则可以推导出 NOCF 的计算公式。但是，在讨论 NOCF 公式之前，我们应该简要讨论一下折旧。

2.3.1 折旧

由于购买短期资产同时获取其收益，因此短期资产的成本被列入费用并且从同期应税所得中冲销掉。但是，由于长期资产产生的收益分布在多个会计期间，因此长期资产的成本不能在其购入时冲销掉。会计准则与经济原理允许企业在资产的使用期限之内分期冲销掉其全部成本。

到目前为止，我们在对折旧的讨论中都假设年折旧是通过把成本平均分摊到资产的使用年限之中。这种计算折旧的方法称为直线折旧法。这种方法使用起来简单，其主要特点在于资产的成本被平均分摊到其使用年限之中。

但是，在许多国家，税务当局允许企业使用其他折旧方法。这些折旧方法被称为加速折旧法，因此允许在购入资产的前几年对其成本进行较大比例的折旧。由于资产成本的较大部分较早地被冲销掉，因此该企业能在早期几年获得更多的税收减免优惠。与使用直线折旧法相比，使用加速折旧法所获取的税收减免额的现值较高。

在美国有一种加速折旧法——修正的加速折旧法（MACRS）。

【例 2-3】 假设税前利润充足，无利息支出，并且适用税率为 30%，从折旧得到的税收抵免是通过税率与折旧额来计算的。用两种方法来计算税收优惠现值的资本机会成本为 10%，分别采用两种方法计算税收优惠额（如表 2-1、表 2-2 所示）。

表 2-1 **直线折旧法** 单位：百万美元

折旧率	税收优惠额	现值（折现率 10%）
25%	7.5	6.82
25%	7.5	6.20
25%	7.5	5.63
25%	7.5	5.12
总计：23.77		

表 2-2　**修正的加速折旧法（MACRS）**　单位：百万美元

折旧率	税收优惠	现值（折现率 10%）
33.33%	10.00	9.09
44.45%	13.34	11.02
14.81%	4.44	3.34
7.41%	2.22	1.52
总计：24.97		

以上计算充分显示了 MARCS 折旧法具有的优点，较早年份的折旧额较高而到以后年份则折旧额较少。

2.3.2　净经营现金流

一旦确定了净初始投资，下一年就要计算项目在持续期内的现金流，以下称之为净经营现金流（NOCF）。同前面一样，这些现金流按照增量现金流、计算税后现金流和不计融资成本的原则进行计算。

经营现金流的计算应根据项目类型而不同。我们首先讨论设备更新型项目。

2.3.2.1　设备更新项目净经营现金流

设备更新型项目的净经营现金流的计算步骤如下：

（1）评估项目的增量[①]营业利润；

（2）减去税收；

（3）加回折旧。

公式为：

$$NOCF_t = [\Delta R_t - \Delta C_t - \Delta D_t](1 - T) + \Delta D_t - \Delta NWC_t \quad (t = 1, 2, \cdots, n)$$

其中：

$NOCF_t$——在 t 年的净经营现金流；

① 增量现金流是由项目的执行而产生的，超过已存在的项目的现金流。

n——项目存续时间；

ΔR_t——在项目实施后 t 年企业营业收入的变化；

ΔC_t——在项目实施后 t 年企业的增量付现营业成本；

ΔD_t——在项目实施后 t 年企业的增量折旧；

T——边际所得税税率，这是项目实施而产生利润所适用的税率；

ΔNWC_t——t 年净营运资本的变化。NWC = 应收账款 + 存货 - 应付账款 - 应计负债 - 应付税款。NWC 的增加减少了现金流量。

例 2 -4 可解释该公式的用法。

【例 2 -4】 总部位于都灵的意大利汽车工业巨头菲亚特（Fiat）希望更换其汽车厂内的一条生产线。采用新的生产线能使年收入由 100 万欧元增加为 180 万欧元，而年营业费用则由现在的 125 000 欧元上升为 140 000 欧元。年折旧成本由现在的45 000欧元上升为 60 000 欧元。现有生产线的剩余使用年限为 7 年，这与新设备的使用寿命相等。假设菲亚特（Fiat）的适用税率为 35%，则该项目的年增量净经营现金流为多少？

由于 7 年中的每一年都具有相同的现金流，因此求出一个现金流就可以了。扩张项目的净经营现金流的计算方法与上述情况相似。唯一需要牢记的是对于一个扩张项目，需考虑与现有设备相关的现金流。这样，公式就变为：

$$
\begin{aligned}
NOCF_t &= [(1\,800\,000-1\,000\,000)-(140\,000-125\,000)-(60\,000-45\,000)] \\
&\quad \times(1-0.35)+(60\,000-45\,000) \\
&=[800\,000-15\,000-15\,000]\times 0.65+15\,000 \\
&=515\,500\ (\text{欧元})
\end{aligned}
$$

因此，Fiat 在今后 7 年中的税后现金流中年度净增加额为 515 500 欧元。

2.3.2.2　扩张项目的净经营现金

扩张项目的净经营现金流的计算方法与上述情况相似。唯一需要牢记的是对于一个扩张项目，需考虑与现有设备相关的现金流。这样，公式就变为：

$$NOCF_t = [R_t - C_t - D_t](1-T) + D_t - \Delta NWC_t \quad (t=1,2,\cdots,n)$$

其中：

$NOCF_t$——在 t 年的净经营现金流；

n——项目存续时间；

R_t——在项目实施后 t 年企业营业收入的变化；

C_t——在项目实施后 t 年企业的付现营业成本；

D_t——在项目实施后 t 年企业的折旧；

T——边际所得税税率，这是项目实施而产生利润所适用的税率；

NWC_t——t 年净营运资本的变化。

【例 2-5】 Gazprom 继承了俄罗斯国有天然气公司，因而垄断了俄罗斯境内和对西欧地区的天然气供应。该公司计划为一座临时性军事基地建设一条专用输气管道，该管道使用期限为 4 年。预计该项目第一年可带来 100 万美元的营业收入（R），并且在这之后的年增长率为 5%；初始付现营业费用（C）为 50 万美元，每年增长 4%。设备的购置成本为 50 万美元，运用 MACRS 方法计提折旧（第 1 年折旧率为 33.33%，第 2 年折旧率为 44.45%，第 3 年折旧率为 14.81%，第 4 年折旧率为 7.41%）。适用税率为 30%。计算项目的净经营现金流。

表 2-3 显示了对净现金流的计算。

表 2-3　　**现金流量计算表**　　单位：美元

年	R	C	D	R-C-D	(R-C-D)×(1-T)	NOCF
1	1 000 000	500 000	166 650	333 350	233 345	399 995
2	1 050 000	520 000	222 250	307 750	215 425	437 675
3	1 102 500	540 800	74 050	487 650	341 355	415 405
4	1 157 625	562 432	37 050	558 143	390 700	427 750

在计算投资决策的增量收益时，有时也需要包括间接影响，如项目正面或负面的外部性和机会成本。项目的外部性意味着推出新产品可能会增加或减少其他商业活动的利润。例如，香奈儿公司推出了新的香水，一些现有的香奈儿香水用户将转向新的香水。在这种情况下，新产品的引入会给现有产品带来负面的外部效应。一般来说，新产品的销售取代现有产品的销售时，应考虑项目的增量收益。

相关的，许多项目使用公司已经拥有的资源。由于公司已经拥有资产并且不必花费现金来获取资产，所以假设该资源是免费提供的。但是，如果资源用于给定的项目，则不能用于其他机会或项目。使用资源的机会成本是其最佳替代用途所能提供的价值。由于此资源被另一个项目使用时，此值会丢失，所以机会成本应作为项目的增量成本包含在内。例如，假设雀巢集团目前拥有一个空仓库，可用于某项目。如果雀巢决定为此项目使用仓库，则该仓库不能用于其他目的。在仓库的替代使用中，销售或租赁成本是必须计算在增量现金流量中的机会成本。

2.4　期末现金流

由于项目有一定的存续期，因此当项目结束时就会出现一些现金流。这些现金流被称作期末现金流（TCF）。其来源为与项目有关的设备出售收入、设备出售所支付税额或得到税收返还以及在项目存续期间净营运资本投资的回收等。计算设备更新项目的期末现金流公式为：

TCF = 项目设备的销售收入 + 净营运资本投资的回收 ± 项目设备出售收入应纳税额 ± 销售旧设备的税后收入（假设将其在项目结束而不是开始时出售）

以上公式中的最后一个项目出人意料。必须把这个数目纳入考虑范围，是因为如果被在第0年用新设备替换掉的旧设备没有在当时出售的话，那么它就可以被继续使用n年并且在第n年出售。所以，当在第0年把旧设备替换并卖掉的话，企业在第0年得到现金流，但是在第N年又失去该现金流。例2－6可以解释这一点。

【例2－6】 Parmalat（帕玛拉特）是一家业务遍及全球的意大利公司，5年前该公司购买了一台设备来替换原有设备，期限为5年。时至今日，该设备已经折旧完毕，账面价值为零，但是该设备以1万欧元价格出售给另外一家公司。Parmalat还能从此项投资中收回4 000欧元的净营运资本。5年前被替代的旧机器设备现在出售可以获得2 000欧元，完全冲销掉。假设Parmalat的应纳税税率为34%，请计算期末现金流。

该项目的期末现金流计算公式为：

TCF = 项目设备销售收入 + 收回的净营运资本投资 ± 销售项目设备的税项 ± 销售旧设备的税后收入(如果现在而不是在项目开始时将其出售)

$= 10\ 000 + 4\ 000 - (10\ 000 \times 0.34) + 2\ 000 \times (1 - 0.34)$

$= 11\ 920$ (欧元)

计算扩张性项目的期末现金流更简单，因为企业无须把被替代的旧设备所产生的现金流计算进去。

绝大多数企业决策都涉及发生在不同时期内的现金流。举例来说，一项投资决策可能会在今后10年内产生现金流。是否仅仅把现金流相加来确定企业投资的价值还是需要更加复杂的分析？问题的答案就是资金的时间价值原理。

资金时间价值原理认为，今天所具有的一定数量资金的价值与一年后、两年后或者未来任何时候都具有的相同数量资金的价值并不相同。这一原理认为，现在拥有资金的价值比未来相同数量资金的价值更高，这是因为如果我们把现在具有的资金存入有息存款账户中，那么就可以获取利息收入。资金时间价值原理把现有资金的价值（被称作现值）与未来任意时期的资金的价值（被称作终值）相互区别开来。

2.5　单一现金流的终值

现有的某一既定数量资金在未来某一时点的价值被称作其终值。同样，该资金在今天的可实现的价值被称作现值。现值与终值的关系是由我们将其存入银行所能获得的利息率以及现在（时间 $t = 0$）与未来日期（$t = T$）共同决定的。终值总是大于现值，因此可以通过运用复利计算法来计算终值。可以用以下公式展现现值与终值之间的关系：

$$FV_t = PV \cdot (1 + i)^t$$

其中：

PV——现在或可获取的资金的数量；

FV_t——现有数量资金在第 t 年时的未来价值；

i——现有数量资金储蓄所获取的利率；

t——现在至终值计算日期之间所隔年数。

有些投资决策能让分析师知晓其未来现金流并且有意去计算这种未来现金流在现在的价值。这和计算一个未来现金流的现值差不多，通过调整以上公式就可以轻松完成。

由：

$$FV_t = PV \cdot (1+i)^t$$

可以解得 PV：

$$PV = \frac{FV_t}{(1+i)^t}$$

此公式中所用的符号含义与前面公式中所用符号含义相同。现值总是小于未来值，可以运用贴现法来计算未来价值的现值。例 2－7 可解释贴现法。

【例 2－7】 Dutch Aegon 是世界上最大的保险集团之一，其核心业务为人寿保险、退休金与投资产品等。该集团在 6 年后须偿还 60 万欧元的银行贷款，计划拨出专项资金设立一个每年收益率为 5% 的账户。问该集团现在需要拨多少资金才能够还清银行贷款？

现今需要储蓄的资金量（PV），年利率为 5%，并且未来具有 60 万欧元的价值。因此：

$$PV = \frac{600\ 000}{(1+5\%)^6} = 447\ 729 \text{（欧元）}$$

该集团必须现在划拨 447 729 欧元（即未来还款额的现值）以偿还其债务。

在例中可以看出 447 729 欧元是在 6 年后所需 600 000 欧元的现值。同样，6 年后所需 600 000 欧元是现在的 447 729 欧元的未来价值。

在企业决策中常常会遇到需要把现金流的现值/未来值平摊到许多年中这样的情况。现值是指用今天的市场价值来表达未来现金流的价值，这样我们就可以用现值来比较今天项目的市场价值。这些现金流可以以定期或统一形式将表现出来。对这类统一现金流，可以推导出简单的现值/未来值公式。为简化在有多个现金流情况下的计算，下部分会专门讨论这类特殊情况。

2.5.1　永续年金

永续年金是一类特殊的现金流，所有现金流数量相等，并且支付的相隔时间相同。此外现金流具有永久性，也就是说现金流会一直持续下去。由于所有现金流数量相等，因此可以用 PMT 来代表这些现金流（如图 2－2 所示）。

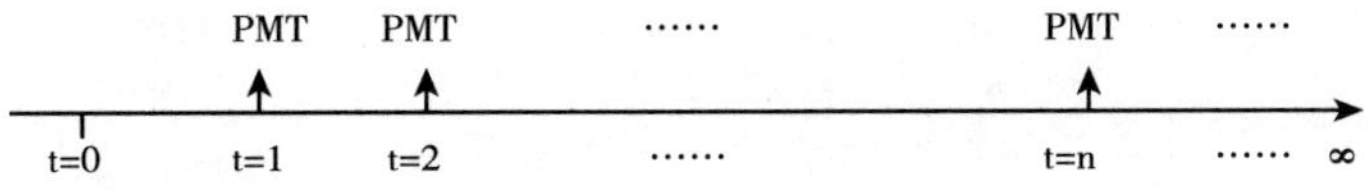

图 2－2　永续年金

永续年金的现值可以用以下公式来计算：

$$PV = \frac{PMT}{i}$$

其中：

PMT——定期现金流数量；

i——贴现率。

【例 2－8】Gilts 是由英国政府发行的无到期日、按固定利率付息的债券。所以，此类债券所产生的现金流就形成永续年金。此类债券的实际机会成本为每年 10%。计算年利息率为 9%、面额为 100 欧元 Gilts 的价值。

$$PV = 0.09 \times \frac{100}{0.1} = 90 \text{（欧元）}$$

折现利率为 10% 的现值为 90 欧元。

2.5.2　年金

年金是一种特殊的永续年金，即期间有限的永续年金。在年金中，在一个有限期间内收到或支付一个固定数目的资金 PMT。年金的典型例子是分期偿还的购房抵押贷款与购车贷款。以每月偿还 4 年期购车贷款为例，还款现金流组成了由48（=12×4）个相等月份现金流的年金。需严格考虑现金流的数量与所处时期。

被称作年金的付款流必须满足以下条件：

- 付款流中所有款项现金流数量必须相等；
- 必须每隔相等时间支付。

如果在第一个时期末尾进行第一次支付的话，可以被称为普通年金。图2－3展现的是与普通年金有关的现金流。

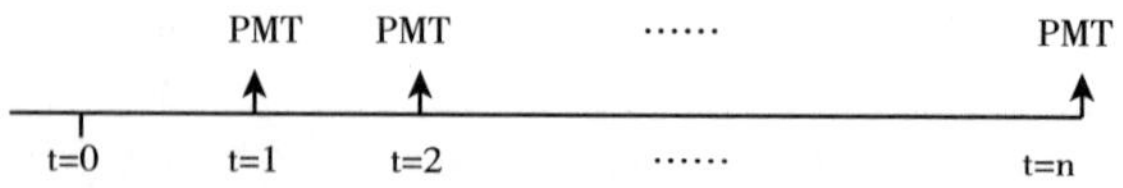

图2－3 与普通年金相关的现金流

2.5.2.1 普通年金的现值

对年金现值的计算可以通过运用年金现值利息系数（PVIFA）来轻松实现。用以下公式计算：

$$PVIFA_{i,n} = \left[\frac{1}{i} - \frac{1}{i} \cdot \frac{1}{(1+i)^n}\right]$$

其中：

n——年金中现金流的数目；

i——期间利率。

要想计算普通年金的现值我们必须首先通过计算或查阅年金现值系数表来确定年金系数PVIFA的价值，现值可以这样计算：

$$PV = PMT \cdot PVIFA_{i,n}$$

其中：PMT——当期现金流数量。

【例2－9】沃尔特·琼斯刚刚知道要付清儿子大学教育的费用，他需要在今后4年内每年花费2万美元。第一笔费用是在一年后发生。沃尔特在银行里有一笔年利率为8%的定期存款。他现在需要向该账户存进多少钱才能付清儿子的教育费用并且在4年后该账户内资金为零？

需要存入的款项即折现率为8%持续4年的年金的现值，因此：

$$PVIFA_{i,n}=\frac{1}{0.08}-\frac{1}{0.08}\times\frac{1}{(1+0.08)^4}=3.3121$$

$$PV=PMT\cdot PVIFA_{8\%,4}=20\,000\times 3.3121=66\,242.5\ (美元)$$

如果沃尔特以 8% 的年利率向银行账户里存入 66 242 美元，那么他就能在随后 4 年的每一年年末提取 2 万美元以支付孩子上大学的费用。4 年之后，该银行账户余额为 0。可以用以下分期付款安排表来验证（如表 2－4 所示）。

表 2－4　　**分期付款表**　　单位：美元

年度	开始余额	以 8% 利率而得利息额	提取	余额
1	66 242	5 299	20 000	51 541
2	51 541	4 123	20 000	35 665
3	35 665	2 853	20 000	18 518
4	18 518	1 482	20 000	0

此外，如果普通年金的现值、利率与期限已知的话，就可以确定每隔相同时间所需支付或收到的款项。这种计算方法能帮助我们确定购房贷款或购车贷款需分期偿还的金额。例 2－10 即是如此。

【例 2－10】 罗伯特计划以 25 万美元购买一座房子。其中自有资金为 5 万美元，20 万美元是 15 年期、每月还款的贷款。目前 15 年期抵押贷款月度利率 0.5%，则每个月需要支付多少？15 年他将支付多少利息？

首先要确定一个期限为 180 个月、月利率为 0.5% 年金的现值利息系数。

$$PVIFA_{0.5\%,180}=\frac{1}{0.005}-\frac{1}{0.005}\times\frac{1}{(1+0.005)^{180}}=118.5035$$

每月所需支付的款项为：

$$PMT=\frac{PV}{PVIFA}=\frac{200\,000}{118.5035}=1\,687.71\ (美元)$$

这样罗伯特必须连续 180 个月，在每月月末支付 1 687.71 美元。

他所需支付的款项总共为：

总支付款 = 1 687.71 × 180 = 303 787.8（美元）

如果把贷款从本金中减去，则可以得出罗伯特所支付的利息总额为：

利息总额 = 303 787.8 − 200 000 = 103 787.8（美元）

2.5.2.2　普通年金的未来值

计算年金未来值的过程与计算其现值相近。可以先用以下公式来计算年金的未来值利息系数（FVIFA）：

$$FVIFA_{i,n} = \frac{(1+i)^n - 1}{i}$$

然后再计算年金的未来价值：

$$FV = PMT \cdot FVIFA_{i,n}$$

其中 PMT 就像前文中那样代表期间现金流。需要指出的是未来价值的计算是在年金最后一笔支付完的那个时点上。

【例 2－11】 AXA 是法国一家国际化的保险公司，该公司正设立一只基金以偿还其未付债券（被称作偿债基金）。该公司将连续 10 年在每年年末向基金投入等额的 10 亿欧元，年利率为 7%，10 年之后该公司可获取多少资金？

第一步是要计算 10 年期年利率为 7% 年金的利率系数：

$$FVIFA_{7\%,10} = \frac{(1+0.07)^{10} - 1}{0.07} = 13.8164$$

未来值 FV = 1 000 000 000 × 13.8164 = 138.164（亿欧元）

所以该公司 10 年后可获得大约 138 亿欧元。

这个公式的另一个用处在于确定要达到一个未来数额所需支付的金额。

【例 2－12】 总部设在伦敦的汇丰控股是世界上最大的银行与金融服务组织之一。假设汇丰从当前开始至 5 年后需支付 5 000 万欧元以偿还债务。该公司能从其存款中获取 6% 的年利率。该公司现在需要定期储蓄多少资金才能到时候偿还到期债务？

年利率6%年金的未来值利息系数$FVIFA_{6\%,5}=\frac{(1+0.06)^5-1}{0.06}=5.6371$

定期储蓄额 PMT = 50 000 000 ÷ 5.6371 = 8 869 809（欧元）

（1）不同种类的年金

有些支付流看上去像是年金但不能满足普通年金的所有条件。在这类情况下我们还能够运用年金的公式，但是需要对公式进行一些变动。

先付年金：

许多等额支付（PMT）中的第一次发生在第一个时期开始（而不是第一个时期的期末）的年金被称作先付年金（或预付年金）。图2－4清晰地展现了先付年金的概念。

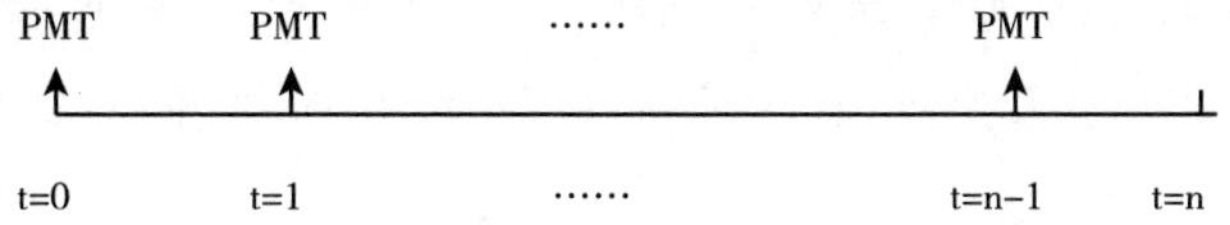

图2－4　先付年金

此类现金流的典型例子是租赁款，通常在每个时期的开始时支付。

为计算此类年金，我们只需做出以下修改：

$$PVIFAD_{i,n}=(1+i)\cdot PVIFA_{i,n}$$
$$FVIFAD_{i,n}=(1+i)\cdot FVIFA_{i,n}$$

其中，PVIFAD与FVIFAD分别适用于先付年金的年金现值利息系数和年金终值利息系数。

【例2－13】 在前面计算AXA公司的偿债基金时，假设在每个期间末期支付。现在假设在每期开始时支付并且重新计算10年以后所增加的数额。

由于已有普通年金终值系数，因此需要计算新先付现金终止利息系数：

$FVIFAD_{i,n}=(1+i)\cdot FVIFAD_{i,n}=1.07\times13.8164=14.7836$

10年后的增加额为：

FV = 14.7836 × 1 000 000 000 = 147.836（亿欧元）

这样，仅仅通过改变支付时间，AXA就能多赚10亿欧元的利息。

（2）延期支付年金

如果一系列等额定期现金流中的第一次支付发生在第一个期间之后，则被称作延期支付年金。如果首次延期支付期为 D，则延期支付年金可用图 2－5 来表示。

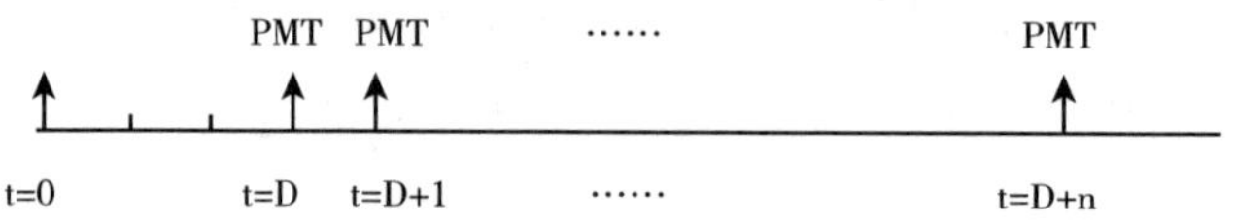

图 2－5 延期支付年金

【例 2－14】 Telefonica Argentina 是西班牙电信的一家子公司，该公司已经设立了雇员退休基金（TAEPF），预计在未来每年支付 15 万美元以偿还一系列债务。首次支付将发生在第 6 年年末，最后一次支付将发生在第 10 年年末。如果 TAEPF 能从其投资中获得 12% 的年回报率，则其债务流的现值为多少？

5 次支付构成的债务流是一种延期支付年金，可以被看成两种年金的结合体：10 年期年金减去 5 年期年金。这样延期支付年金的现值肯定等于两只年金现值的差额：

$$PV = 150\,000(PVIFA_{12\%,10} - PVIFA_{12\%,5})$$
$$= 150\,000 \times (5.6502 - 3.6048) = 306\,810\text{（美元）}$$

处理这种类型现金流的未来值问题可用类似方法解决。

2.5.3 固定增长年金

大多数现金流量是不稳定的。它们根据经济周期而起伏。然而从长远来看，这些涨跌往往变得不那么重要。因此，采取单一恒定的永久增长率是很诱人的。另外，历史告诉我们，上市公司往往以接近一个国家经济增长的速度增长。

假设流量以恒定的增长率 g 增长，给出以下现金流序列：

第 1 年：PMT1

第 2 年：$PMT2 = PMT1 \cdot (1+g)$

第 3 年：$PMT3 = PMT2 \cdot (1+g) = PMT1 \cdot (1+g)^2$

第 4 年：$PMT4 = PMT3 \cdot (1+g) = PMT2 \cdot (1+g)^2 = PMT1 \cdot (1+g)^3$

……

利率为 i 的贴现现金流序列系数之和即序列 $1+(1+g)+(1+g)^2+(1+g)^3+\cdots+(1+g)^\infty$ 最终趋于 $(1+g)/(i-g)$。

我们将会看到，这个公式被用来计算戈登公式中的贴现现金流量，此处得到的结果是从第一期现金流开始计算的现金流序列的贴现值。

【例 2-15】 一家葡萄牙烘焙公司估计，长期能够以 2% 的速度增长。如果资本成本为 10%，这个公司的自由现金流量（FCF）为 1 000 万欧元，那么该公司的现值是多少？这个增长带来的利润是多少？

$$\text{增长因子} = \frac{1+2\%}{10\% - 2\%} = 12.75$$

公司的价值 = 12.75 × 10% = 1.275（亿欧元）

永续年金因子为 10（1/10），估值为 1 亿欧元。永续年金的增长速度为 2%，创造额外资本 2 750 万欧元。

2.5.4　有限期增长年金

公司的增长速度并不是一成不变的。正如我们在“财务分析”章节中看到的那样，利润会吸引竞争，而增长率在几年后下降。因此增长是有限期而非无限的。根据永续年金的公式，采用类比方法将年金现值因子（PVIFA）改编，得到：

假设增长率为 g，期限不是永续而是有限期 n 年。根据永续年金公式，类比公式中的年金现值因子，可以得到：

$$\frac{1+g}{i-g} \cdot \left[1 - \frac{(1+g)^n}{(1+i)^n}\right]$$

若增长率为 0，则公式的第二部分将变为 $1 - \frac{1}{(1+i)^n}$，即之前在年金现值系数中用的因子。

【例 2－16】 葡萄牙烘焙公司估计，在未来的 10 年里，它只能增长 2%，最终创始人将停止工作，面包店关闭。公司在这种情况下的价值是什么？

我们将采用前例中的永续增长因子 $\frac{1+g}{1-g}=12.75$，再乘以公式第二部分中的 $1-\frac{(1+0.02)^{10}}{(1+0.1)^{10}}=0.53$，最后的值为：

公司 10 年后的价值 $=12.75\times0.53\times10=6\ 757.5$（万欧元）

在永续增长的情况下，公司价值为 1.275 亿欧元。若只增长 10 年，则公司价值为 0.67575 亿欧元。Gordon 公式非常重视远距离增长，公司几乎有一半的估值（在这个案例中接近 6 000 万欧元）来源于 10 年后的增长（如表 2－5 所示）。

表 2－5　　公司价值　　单位：欧元

	10 年有限增长	永续增长
0 增长率	61 440 000	100 000 000
2% 稳定增长	67 575 000	127 500 000（戈登公式）

对于未来公司收益来说，增长限制在一定年限内是一个现实的假设。我们将在股票章节中更详细地考虑这一点。公司对所得到的 4 个估值都设定了上限和下限。而在金融泡沫方面，特别是 21 世纪初期的网络热潮，戈登公式的估值最高，分析师们试图证明使用戈登公式获得的高估值是合理的。

2.5.5 不规则现金流

在相当多的情况下，需要我们处理不等额的现金流。现金流的价值能随时间的变化而变化。在这种情况下只能分别计算每个现金流的现值和终值，并且将它们相加。对不规则现金流，应使用如下公式：

$$PV=\sum_{t=1}^{n}CF_t\cdot\frac{1}{(1+i)^t}$$

$$FV = \sum_{t=1}^{n} CF_t \cdot (1+i)^{n-t}$$

目前已经可以计算不同类型的财务现金流。接下来在股票的章节中将深入体会这些不同点。

第3章 投资的折现率

3.1 加权平均资本成本（WACC）

精确计算资本成本对企业的投资至关重要。此外，现金流折现的结果对资本成本的计算也极其敏感。资本成本计算的最终目的是获得企业的边际资本成本，以利于诸如资本预算决策或者估值分析等。企业的边际资本成本可定义为："其融资来源的加权平均机会成本"。用来评价既定项目的资本成本，在所考虑项目与企业现有项目风险水平一致的情况下，该资本成本与企业的加权平均资本成本（WACC）相等。企业通常把长期债券、优先股与普通股作为其资本来源。要想确定企业的WACC，就必须分别计算每种资金来源的成本。这样就必须确定每种资本来源的市场价值权重，并且作为加权系数运用到每种债务成分之中。需要注意的是，所有WACC成本都是税后值。

3.1.1 债务资本成本

3.1.1.1 长期债务资本成本

企业可以运用多种长期债务工具来筹集资金。这些债务可以是可转换债券（债券持有人能在将来把债券转换为一定数量的普通股）或者不可转换债务。长期债务工具的一些共同特征是：第一，要每隔一段时期按约定利率支付利息；第二，约定了到期日，并且发行者在到期日最后偿还约定金额（通常是面值加利息）。

长期债务成本（或借贷成本）的定义是"企业为能运用借入资金而必须支付的单位成本"。换句话说，就是企业运用借贷资金必须赚取的最低投资回报以还本付息（即按时支付借贷资金的本金及利息）。企业的债务成本（k_d）

可以理解为债务工具的到期收益率（YTM）。债务的 YTM 通常用试错法根据以下公式来计算：

$$P = \sum_{t=1}^{n} \frac{C}{(1+k_d)^t} + \frac{F}{(1+k_d)^n}$$

如果出于任何原因（流动性不足、缺乏市场价格），投资者必须确定债务的价值，另一种更简单的方法是使用近似公式来求解 k_d。可以使用以下近似公式以合理的准确度确定 k_d 的值。

要近似求出 k_d 的值，我们可以运用一个稍微简单的方法。所得结果仍相当准确：

$$k_d = \frac{C \cdot (1-T) + \frac{F-P}{n}}{\frac{P+F}{2}}$$

上述两个公式中，所使用的符号具有以下含义：

P——在减去发行费用和交易成本等之后发行债券获得的净筹资额；

C——每年债券利息支付额；

T——企业适用的税率；

F——赎回价格，通常是面值；

n——债券的还本付息期。

【例 3－1】 Unicreditp Italiano 是 Credito Italiano 与意大利国内三家地区性银行合并后设立的商业银行，其主要营业场所在意大利并且在东欧地区拥有资产。该银行发行了面值为 100 欧元、年利率为 11% 的债券。每份债券的净筹资额为 98.75 欧元。债券在 15 年后可按面值赎回。企业适用的所得税率为 40%。求债券成本。

$$k_d = \frac{11 \times (1-0.4) + \frac{100-98.75}{15}}{\frac{100+98.75}{2}} \times 100\% = 6.73\%$$

如果企业的债券资本是永续的（没有确定的到期日），则可以运用以下方程式来求出债券的资本成本 k_d：

$$k_d = \frac{C \cdot (1 - T)}{P}$$

3.1.1.2　定期贷款

定期贷款是由银行或保险公司提供的中期债务融资工具。贷款的偿还可以根据借贷企业的现金流模式而量身定制。例如，首期还款可以延期一年，条件是借贷企业的信用良好。通常而言，定期贷款须在贷款期内分批偿还（例如年金）。在到期时有可能出现大“气球”（即期末整付）或单一“子弹”式（即到期一次清偿）偿款额。企业税后定期贷款的成本可用以下公式表示：

$$k_d = 利率 \times (1 - 税率)$$

【例3-2】 Cadbury Schweppes是英国一家软饮料及糖果制造商，该公司2001年5月16日从巴克莱银行获得3亿欧元的定期贷款。这笔贷款的半年利率为5%，并且偿还期从2003年2月20日开始至2010年8月20日结束，每半年还款一次，一共16次。假设该公司的适用税率为35%，请计算出定期贷款的每半年税后成本：

该贷款每半年税后成本率 = 5% × (1 - 0.35) = 3.25%

3.1.2　股权资本成本

股权资本成本可以定义为：“为使股票的市场价格不受影响企业应从所募集资金中获取的最小回报率。”要想确定股权资本的成本，就有必要了解股票持有者所期望的回报率。在计算新筹集股权资本的成本时，需要调整以上比率以便把公司发行额外股份时所产生的成本考虑进去。

有几种方法通常被用来估测回报率：

- 资本资产定价模型（CAPM）；
- 套利定价模型（APM）；
- 股利预测法；
- 实现回报率法；

- 债券收益加风险溢价法；
- 市盈率法。

在 Copeland 与其他作者的有关估值的最新著作中，他们推荐使用资本资产定价模型（CAPM）与套利定价理论（APM）。[①] 虽然作者都承认他们的这两种方法很难得到应用并且容易遇到计量问题，但是他们仍然认为从理论上来说这些方法是正确的。据他们看来，其他用来确定股权资本成本的常见方法在概念上有瑕疵，并且得不出正确的结果。尽管如此，在诸如巴西、印度、马来西亚这些发展中国家的市场上很难应用 CAPM 和 APM 这两种模型。

3.1.2.1 资本资产定价模型

资本资产定价模型（CAPM）成立的前提是股权资本成本等于无风险回报率加上公司的系统性风险（beta）乘以风险的市场价格（市场风险溢价）。确定股权资本成本的公式如下：

$$k_E = r_f + [E(r_m) - r_f]\beta_E$$

其中：

r_f——无风险回报率；

$E(r_m)$——全部市场投资组合的预期回报率；

$E(r_m) - r_f$——市场风险溢价；

β_E——股票的系统性风险。

假设 Kraft Food 公司股票的 β 值为 0.50，无风险回报率为 4%，市场组合的期望回报率为 9.5%，则：

公司的股权资本成本(k_e) $= 0.04 + 0.5 \times 0.055 \times 100\% = 6.75\%$

要运用 CAPM 方法就需要估计出三个系数：无风险回报率、市场风险溢价以及系统风险（即 β 值）。

市场风险溢价是市场投资组合的预期回报率与无风险回报率之间的差额。对于美国公司，Copeland 通常推荐使用 5% ~6% 的市场风险溢价，但是根据

① 资本资产定价模型（CAPM）可参考 Sharpe（1964）和 Lintner（1965），套利定价理论（APT）可参考 Ross（1976）、Roll 和 Ross（1980）。

所评估公司，这个数值也会有所不同。Damodaran（“Damodaran on Valuation: Security Analysis for Investment & Corporation Finance”，Aswath Damodaran，John Wiley—Sons，Inc. 1994）指出，虽然美国股票收益的历史数据很容易找到，但是在其他国家通常很难收集到此类的长期数据。

表 3－1 列出了 Damodaran 针对风险溢价的指导原则，其运用取决于所在国家金融市场的特点。

表 3－1　　国家风险溢价

金融市场特征	相对政府债券收益率的溢价
有政治风险的新兴市场（南美、东欧市场）	8.5%
新兴市场（除墨西哥、日本之外的市场）	7.5%
拥有大量上市公司的发达市场（美国、日本和英国）	5.5%
上市公司数量有限的发达市场（除德国与瑞士之外的西欧）	4.5% ~5.5%
上市公司数量有限但经济稳定的发达市场（德国与瑞士）	3.5% ~4%

资料来源：Damodaran on Valuation: Security Analysis for Investment & Corporation Finance，Aswath Damodaran，John Wiley—Sons，Inc.，1994：23。

“股票”章节将详细介绍实际应用。事实上，“正确”的风险溢价是投资者正在争论的话题。

3.1.2.2 股利预测法

股利预测法假设股票价值等于其股利的现值之和。如果股利以一个固定的年增长率一直增长下去的话，则计算股票持有者的必要收益率的简化公式为：

$$k_e = \frac{D_1}{P} + g$$

其中：

k_e——股票持有者的必要回报率；

D_1——第一年年末的预期股利；

P——股票的每股市场价格；

g——股利的增长率。

如果股利在很多年内保持不变，则应把上述公式中 g 的值变为零。

【例 3-3】 达能（Danone）是世界上最大的食品生产商之一，该公司的每股市价为 131 欧元。预期（1 年内支付的）股利为每股 2.79 欧元并且以每年 4.9% 的速度一直增长下去。求股权资本成本。

$$k_e = \frac{D_1}{P} + g = \frac{2.79}{131} + 0.049 = 0.07 \text{（或 7\%）}$$

如果随着时间的推移股利的预期增长率将发生变化的话，则该公式需要做相应修改。以下公式中假设增长分三个阶段：

$$P_0 = \sum_{t=1}^{n_1} \frac{D_1(1+g_1)^{t-1}}{(1+k_e)^t} + \sum_{t=1}^{n_2} \frac{D_{n_1}(1+g_2)^t}{(1+k_e)^{n_1+t}} + \sum_{t=1}^{\infty} \frac{D_{n_1+n_2}(1+g_3)^t}{(1+k_e)^{n_1+n_2+t}}$$

其中：

P_0——股票的每股价格；

D_t——期末预期股利；

g_1——第一阶段的预期增长率；

g_2——第二阶段的预期增长率；

g_3——第三阶段的预期增长率；

k_e——股票持有者的必要回报率；

n_t——年数。

【例 3-4】 联合利华（Unilever）是英国—荷兰食品与消费品生产商，该公司股票现在的每股价格为 62 欧元，预计 1 年后的股利为 1.57 欧元。在这之后，股利的年增长率为 6%，一直到第 5 年。其后 5 年的股利年增长率为 8%，随后为 7% 并且以此增长率永续增长下去。则其股权资本成本为多少？

$$62 = \sum_{t=1}^{5} \frac{1.57 \times 1.06^{t-1}}{(1+k_e)^t} + \sum_{t=1}^{5} \frac{1.57 \times 1.06^4 \times 1.08^t}{(1+k_e)^{5+t}} + \sum_{t=1}^{\infty} \frac{1.57 \times 1.06^4 \times 1.08^5 \times 1.07^t}{(1+k_e)^{10+t}}$$

通过试错法求 k_e，得出 $k_e = 9.54\%$。

在计算企业的股权资本成本时，每股股利的预期增长率是最重要的部分之一，所以对其估计要务必准确。

3.1.2.3 实现回报率法

该方法应用的前提是股票持有者过去实现的回报率可以看成是他们今天或未来要求的回报率的替代数值。

第 t 年的股权回报率为：

$$R_t = \frac{D_t + P_t}{P_{t-1}} - 1$$

其中：

R_t——第 t 年实现的回报率；

D_t——第 t 年年末的应付每股股利；

P_t——第 t 年年末的每股价格；

P_{t-1}——第 t - 1 年年末或第 t 年年初时的每股价格。

注：通常把上述公式中的$\frac{D_t + P_t}{P_{t-1}}$称为“财富比率”。

【例 3 - 5】 德意志银行（Deutsche Bank）是世界上最大的银行集团之一，该公司的每股股利与每股股价的数据如表 3 - 2 所示。

表 3 - 2　　德意志银行股利与股份的数据　　单位：欧元

年　份	1998	1999	2000	2001	2002	2003
每股股利	0.9	1.1	1.2	1.3	1.3	1.3
年初每股股价	63.2	48.8	79.1	88.8	79.3	43.9

请计算在上述时期内的年度财富比率与实现回报率。

1998—2002 年德意志银行的财富比率如表 3 - 3 所示。

表 3 - 3　　各年度财富比率

年　份	1998	1999	2000	2001	2002
财富比率	0.7864	1.6434	1.1378	0.9077	0.5700

5 年期的回报率 $= (0.79 \times 1.64 \times 1.14 \times 0.91 \times 0.57)^{1/5} - 1 = -5.3\%$

这种方法假设投资者在过去所获得的回报符合预期，并且未来获得与过去相同的回报也符合其未来预期。考虑到通货膨胀率以及多变的利率，这是一种极其不现实的假设条件。因此，在运用过去数字来预测未来时必须小心谨慎。

3.1.2.4 债券收益加风险溢价法

债券收益加风险溢价法假设公司股票投资者的必要回报率等于企业的长期债券收益率加上风险溢价，这是因为股票的风险比债券的风险大。

由于股票投资者承担比诸如债券投资者更高的风险，其必要回报率中应该包括风险溢价，通常这个风险溢价为2% ~6%。

3.1.2.5 市盈率法

市盈率法运用以下公式来计算股票投资者的必要回报率：

$$k_e = EPS_1/P$$

其中：

EPS_1——次年的预期每股收益；

P——每股市场现价。

也可以用以下公式来计算 EPS_1：

$$EPS_1 = \text{当前 } EPS \times (1 + EPS \text{ 增长率})$$

运用这种方法可在以下两种具体条件下精确计算股票投资者的必要回报率：

- 每股收益预期保持不变并且股利支付率为100%；
- 留存收益预期能获得与股票投资者的必要回报率相等的回报率。

显然，这种情况是不现实的，因此，这种方法不应该被用于衡量权益成本公司。

小结

在以上部分中我们讨论了企业每种可获取资本的来源的边际资本成本的计算方法，有些方法可以强力推荐并且可以不做重大修改就可以应用。但是，诸如市盈率法之类的方法可能会产生误导性结果。

一旦估算出每种资本来源的成本，计算企业加权平均成本的下一步就是要评估企业的资本结构并且确定每种来源的市场价值权重。

3.1.3 加权平均资本成本（WACC）

以下公式被用来计算企业的加权平均资本成本（WACC）：

$$WACC = w_d k_d + w_p k_p + w_e k_e$$

其中：

w_d——债券在总资本中的比重；

k_d——税后债券资本成本；

w_p——优先股在总资本中的比重；

k_p——优先股资本成本；

w_e——普通股在总资本中的比重；

k_e——普通股资本成本。

注意：在计算债券资本成本的权重时最好使用债券的市值。如果不知道债券的市值则可以使用其面值。

【例 3-6】 表 3-4 是 Allstate 公司所运用各种资本来源的成本与权重；该公司占美国汽车及家庭财产保险市场 1/8 的份额，并且是主要的人寿保险公司之一。

表 3-4　　Allstate 公司运用各种资本来源的成本与权重

资本来源	资本成本	比重
债券	5%	0.83
优先股	12%	0.01
普通股	15%	0.16

请根据以上内容计算 Allstate 公司的加权平均资本成本。

对以上信息进行分析，可以求出 Allstate 公司的加权平均资本如下：

加权平均资本 $= (0.83 \times 0.05 + 0.01 \times 0.12 + 0.16 \times 0.15) \times 100\% = 6.7\%$

确定加权值的方法有好几种，包括：

（1）账面价值权重法

账面价值权重法基于企业资产负债表上的价值，每种资本来源的权重是依据其账面价值除以全部长期资本（长期债务加股东权益）的账面价值。

账面价值权重法的优点在于其计算非常简单，并且运用这些权重计算得出的 WACC 相对而言比较稳定，这是因为账面价值不会受到市场价格波动的影响。在未上市的私人控股企业并且其股票交易不活跃的情况下，计算加权平均资本成本可从计算账面价值权重开始。

另外，账面价值权重通常并不等于市场价值权重。实际上，对历史权重的运用（指账面价值）与资本成本的概念相抵触，因为计算 WACC 的原意在于确定维持企业的市场价值所需的最低收益率。

（2）市场价值权重法

市场价值权重法中各资本的权重等于该资本的市场价值除以公司全部长期资本的市场价值。

在计算出所有资本的成本时，是基于前述证券（如股票与债券）的市场价值。这样运用市场价值权重法来计算 WACC 比用账面权重法更加恰当。另外，对于由私人控股的企业，其各种资本的市场价值信息却很难获取。

（3）无息流动负债的特殊情况

在投入资本负债端存在一系列不计息的项目（无息流动负债，或 NIBCLs）。这些负债通常是准备金。那么问题是，这些负债属于债务或权益？正如我们所见，每一项的成本是不相同的。

人们普遍认为，长期的无息流动负债不影响资本成本。在这种情况下：

- 短期的无息负债（主要是应付账款）应包括在净运营资本中；
- 长期的无息负债（准备金负债和递延负债）应从有助于融资的长期资产中扣除；
- 明显属于公积金的准备金部分应视为股本。

【例 3 - 7】 表 3 - 5 是某工业企业的资产负债表。假设资产负债表价值等于市场价值，且不考虑税收，股权资本成本为 12%。请求出最具代表性的加权平均资本成本（WACC）。

表 3－5　　某企业生产负债表　　单位：万元

资产	金额	负债	金额
1.1 现金	100	2.1 应付账款	100
1.2 应收账款	200	2.2（长期）递延所得税	400
1.3 存货	400	2.3 长期债务（6%）	900
1.4 房地产	1 000	2.4 谨慎性准备	800
1.5 商誉	1 500	2.5 股东权益	1 000
资产总计	3 200	负债和股东权益总计	3 200

- 应付账款（2.1）应从营运资本中扣除，得出600万元，即现金＋应收账款＋存货－应付账款；
- 长期无息债务（长期递延所得税）应从长期资产中扣除，即 1 000＋1 500－400＝2 100（万元）；
- 谨慎性准备属于股权；
- 股权占2/3［＝(1 000＋800)÷2 700］，债务（900万元）占1/3；
- 最“准确”的WACC是10%；
- 如果考虑了表3－5中2.1至2.3项的负债，那么：

WACC＝6%×(1 700÷3 200)＋12%×(1 500÷3 200)＝9.375%

请注意，该案例中不考虑税收。

（4）融资计划权重法

融资计划权重是指在当前与未来投资中所运用到的各种资本来源的资金比例。

这种方法运用实际融资比例，与融资时的市场价值相一致。但是，在就营利与投资项目的数量做出决策之前，很难计算出将要运用的融资组合。

虽然这三种方法都有优缺点，但是市场价值权重法作为其中最好的方法而被最频繁地推荐使用。在以下例子中我们将会讨论市场价值权重法的应用以及加权平均资本成本的计算方法。

【例3－8】[①] 德国大众（Volkswagen，AG）汽车公司生产经济型、运动型与豪华型汽车、卡车与商业性车辆，并销往世界各地。请根据表3－6计

① 本案例部分改编自 Fred Weston 和 Thomas Copeland.《管理金融》，613－614。

算大众公司在2001年12月时的加权平均资本成本。大众公司的信用评级为A⁺。其优先股与普通股的资本成本分别为6%和10.2%，其边际税率为40.5%。

表3－6　　大众公司相关概况

项目	账面价值（百万欧元）(1)	市场价格系数（2）	市场价值（百万欧元）(3)	比重(4)	目标(5)
应付票据	6 677.00	1.000	6 677.00	0.23	0.20
长期债券	4 440.00	0.996	4 422.24	0.15	0.15
优先股	2 839.31	1.289	3 659.14	0.13	0.15
普通股	7 493.68	1.919	14 381.95	0.49	0.50
总计	21 449.99		29 140.33	1.00	1.00

表3－6“账面价值”列中显示的是负债与股东权益的账面价值，由此可计算出具体的资本费用。第一个项目是应付票据。短期票据的利率相对接近于活期存款利率。这样其市价约等于其面值。因此在“市场价格系数”列中应付票据中的市场价格系数显示为1（即100%）。大众汽车公司的长期债券结构包括75%浮动利率债券与25%固定利率债券。有鉴于长期债券并非全部上市交易（或流通），所以我们只能估算出其市价。如前所述，浮动利率债券部分市场价格系数为1。在计算长期固定利率债券的实际成本时，我们得知，作为平均票面利率为4.75%，平均4年到期并且利率结构为5.25%的A+债券，大众汽车公司的每100欧元债券的当前价格为98.2美元。由此可知其市场价格约为其到期价格的98.2%。因此，长期债券的市场价格系数为0.996（$=0.75\times1+0.25\times0.982$）。把市场价格系数乘以账面价值，我们就会得出如“市场价值”列中所显示的市场价值。

优先股（流通在外105.23828百万股）与普通股（流通在外277.75101百万股）在流通交易并且其市价分别为3 659.14百万欧元与14 381.95百万欧元。那么，由此可以计算出其市场价格系数。

根据以上计算，我们得出其市场价值为291.4亿欧元，而账面价值则为214.5亿欧元。从市场价值可以计算出融资的比例，如“比重”列所示。这些比例都是以市场价值来计算出来的。如果用账面价值权重就不合适了，这是因为其不能显示在公司未来应当使用的融资结构。市场价值权重法比运用账面价值权重法能更好地估算出企业的目标融资结构。在融资计划权重法中，同样会运用到目标融资比例，目标融资比例在计算企业的加权资本成本时最能正确地指明（或反映）各种资本的权重。

在“目标”列中我们假设已知目标融资比例。这些数值与当前市场比例密切相关。假设随着公司未来普通股的价格预期上升，普通股融资的目标比例也会稍微增加。

现在得出了各种资本的成本以及目标融资比例（即目标资本结构），由此可以计算出加权平均资本即 WACC（如表 3 – 7 所示）。

表 3 – 7　　大众公司相关情况　　单位：%

	税前成本	税后成本	目标资本结构	加权资本成本
应付票据	5.25	3.12	0.20	0.62
长期债券	5.25	3.12	0.15	0.47
优先股	6.00	6.00	0.15	0.90
普通股	10.20	10.20	0.50	5.10
合计			1.00	7.09

德国大众汽车公司加权平均资本成本（即 WACC）为 7.09%。

3.1.4 风险调整的贴现率（RADR）

关于风险调整的贴现率（RADR）。在确定净现值（NPV）时所运用的贴现率取决于项目的风险。如果假设所考虑的项目是一个风险适中的项目，那么项目现金流的风险等同于企业正常运营所得现金流的风险。因此，如果项目是一个风险适中的项目，完全可以把加权平均资本成本（WACC）作为贴现率来计算 NPV。

但是，这种假设在一定情况下可能会是无效的。如果所考虑的项目不属于企业正常业务范围之内，那么必须运用一个不同的贴现率来贴现项目的现金流。在此类情况下，推荐的程序是根据项目的风险来为其确定一个风险调整贴现率。图 3 – 1 显示了如何执行这个步骤。

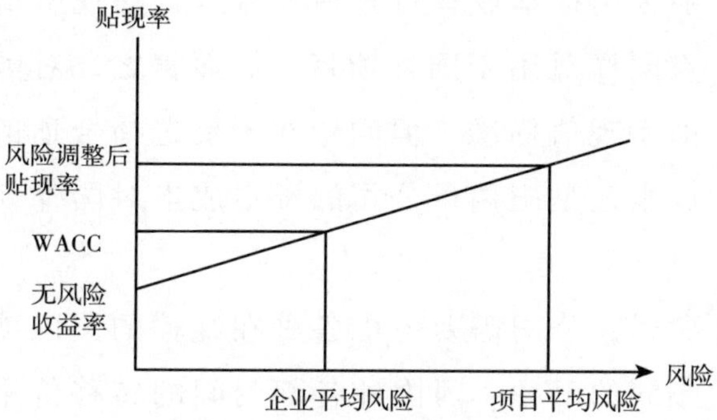

图 3－1　经风险调整的贴现率

WACC 也不适用于具有许多分支机构、从事不同种类业务的企业，诸如通用电气（GE）这样的企业。通用电气从事许多种类的业务，生产诸如洗衣机、冰箱等之类的耐用消费品；还有一个提供消费信贷的分支机构；通用电气还生产诸如火车机车之类的交通设备。通用电气每一种业务的风险也各不相同。如果用一种贴现率来贴现不同部门的现金流将是错误的。应该让每个部门确定其 RADR 并用其来贴现该部门项目的现金流。

3.1.5　跨国公司的国际资本预算

本部分内容探讨在多个国家开展业务的跨国公司的财务管理问题，涉及跨国公司长期投资机会的估值方法。同时，本部分还包括国外项目评估、政治风险分析和外汇风险管理方法。

3.1.5.1　国外项目评估

对于跨国公司来说，一个重要的问题是国外项目的必要回报率是应该比国内项目高些、低些还是相同？要回答这个问题就需要对跨国公司的资本成本做仔细研究，没有正确的资本成本研究就不能做出国外投资的正确决策。

对于投资项目来说，资本成本等于进行投资的公司的股东所要求的经风险调整的最小回报。此外，资本成本也是衡量财务业绩的基本标准，当拟投资项目产生足够的现金流使得所有利益相关者都满意时才是值得投资的。若一个项目被采纳，那么用资本成本对其现金流进行贴现所得的净现值应该大于或等于零，这一点同样适用于国外项目。简而言之，对国外项目可以应用同样的决策规则，即净现值标准。但问题在于要选择合适的贴现率。应该用国外子公司的资本成本还是国内母公司的资本成本对国外项目的现金流进行贴现呢？

当评价海外业务时，公司需要考虑各种在纯粹的国内项目评估中不会出现的问题。其中，不同的币种、国内外各部门间的转移价格、不同的税法等都是必须考虑的。下面我们忽略税金、转移价格和融资考虑，仅就项目产生以外币记数的经营现金流所遇到的困难进行讨论。问题在于这些现金流是以外币形式记数，而资金预算的目的却是找出该项目对母公司的股东是否会创造价值（以本国货币记）。总之，尽管现金流预算是以外币形式表现的，它最终还是要转化成本币。有两种计算方法：

方法1：首先估算用外币表示的项目预期净现金流，然后以国外投资者要求的具有相似风险的必要回报率对预期净现金流进行贴现，最后用当前的汇率把上述用外币表示的净现值兑换为用本币表示的净现值。用这种方法，可以估算跨国项目的价值而不需预测远期汇率。

方法2：首先估算用外币表示的项目预期净现金流，然后根据预期远期汇率兑换成用本币表示的预期净现金流，最后以国内投资者要求的具有相似风险的必要回报率对预期现金流进行贴现。但是使用这种方法必须预测远期汇率。

【例3-9】一家美国母公司想评估其英国子公司的一个项目。子公司项目的现金流如表3-8所示。

表3-8　　项目现金流

年度	现金流（百万英镑）
0	-250
1	75
2	125
3	140
4	180

假设母公司和子公司全部采用股权融资，并且以下有关利率和财务参数的信息都是可获取的[①]。股票的β系数和市场风险溢价都分别按照母公司和子公司的货币形式表现，但计算时根据同一国际市场指数计算（如表3-9所示）。

表3-9 子、母公司有关数据

	母公司	子公司
股票的β系数	1.2	1.346
市场风险溢价	5%	4.5%
无风险利率	3.0%	4.0%
资本成本	9.00%	10.057%
当前汇率	0.71 英镑/美元	

方法1和方法2算出的净现值分别是多少？

解：按方法1，从母公司的角度来分析项目，可以得到下面的净现值（用美元表示）：

$$NPV=\left[-250+\frac{75}{1.10057}+\frac{125}{1.10057^2}+\frac{140}{1.10057^3}+\frac{180}{1.10057^4}\right]\times\frac{1}{0.71}$$

$$=209.935\ （百万美元）$$

如果简单地假设利率以及各自的通货膨胀率在两个国家都不变，也可以采用方法2。首先要把以英镑计算的现金兑换成美元，因此，我们需要预测远期汇率是多少。我们知道，通过两国的利率差可以估算出两国的预期通货膨胀率的差别。[②] 考虑到美国的无风险利率为3%，英国为4%，可得出名义利率存在1个百分点的差别。这意味着预期通货膨胀率美国为3%，英国为4%（假定实际利率接近零）。当前的即期汇率是0.71英镑/美元。由利率平价可知，当英国的预期通货膨胀率稍微高于美国，英镑将会与美元呈反向变化而

① 如果放弃全部股权融资的假设，我们就应该首先非杠杆化母公司和子公司的资本结构，根据资产风险（K_A）得到资本成本。接下来的程序将在例子中准确地表述。有关这一话题更详细的讨论可参见Loderer等人（2002）第9章和第16章的例子。

② 根据国际费雪方程的平价条件$r_{Dt,nominal}-r_{Ft,nominal}=E_{t-1}[\pi_{D_t}]-E_{t-1}[\pi_{F_t}]$，r为利率，π代表通货膨胀，下标D、F表示两个国家，E[·]是期望算符。

贬值。

预期的下一期汇率 = 年初时即期汇率 × 通货膨胀率差异

$$= 0.71 \times \frac{1.04}{1.03} = 0.717\ （英镑/美元）$$

$$第 2 年末的预期汇率 = 0.71 \times \frac{1.04^2}{1.03^2} = 0.724\ （英镑/美元）$$

随后几年的汇率及兑换后的现金流如表 3 – 10 所示。

表 3 – 10　　汇率及兑换后的现金流情况

分期	项目	0	1	2	3	4
1	现金流（百万英镑）	−250	75	125	140	180
2	预测的即期汇率	0.71	0.717	0.724	0.731	0.738
3	预测现金流（百万美元） （第一行除以第二行）	−352.113	104.618	172.687	191.550	243.910

最后一步是计算净现值（NPV）。由于已经把现金流兑换成了美元形式，所以可以使用美元定义的资本机会成本 9% 进行贴现。

$$NPV = -352.113 + \frac{104.618}{(1+0.09)^1} + \frac{172.687}{(1+0.09)^2} + \frac{191.55}{(1+0.09)^3} + \frac{243.91}{(1+0.09)^4}$$

$$= 209.918\ （百万美元）$$

如料想一样，由于金融市场一体化假定，两种方法计算出的净现值相等。

上述例子说明，如果国内外的资本市场是一体化的话，那么采取哪种方法并不重要，投资项目的现金流既可以按东道国货币估价，也可以按国内货币估价。另一方面，在一体化市场上，必须采用国际资本资产定价模型（CAPM）来为国内外投资者双方计算资本成本。① 如果两种方法并无区别的话，应采用较易实施的方法，一般来说应是第一种方法，因为第一种方法不需预测远期汇率。

到目前为止，都是假定子公司能够把全部资金汇给母公司，这样假设过于简单化了。国外子公司可以以多种方式把资金转移给母公司，如股息、管

① 参见第 22 章，案例 Sercu 和 Uppal（1995）。

理费和特许使用金等，当有些子公司所在国的政府对汇款问题很敏感时，资金流动的复杂程度就大大提高了，他们会有一些汇兑方面的控制以限制母公司从子公司所在国提取资金的能力。另一个复杂之处是税金的问题，不仅在国外要付税，而且税金的处理方式也是根据支付方式（股息、管理费等）来确定的。

【例3-10】 本例对以上所举案例进行复杂化分析：假定英国有30%的公司所得税，并且对资金外流征收5%的税。表3-11中列出了与前述案例相同的以英镑表示的初始现金流，与前述案例不同的是，这次所列的是税前值。考虑到公司所得税和资金流动抑制税，第5行列出了以英镑表示的汇出现金流，第8行列出了应交的美国公司所得税，紧接着第9行列出了在英国的税收抵免。外国税收抵免是按即期汇率对英国的公司税和资金流动抑制税之和（2+4）进行兑换计算得出的。最后，在表3-11第10行列出了以美元表示的税后现金流。

表3-11 **初始现金流情况**

序号	项目	0	1	2	3	4
1	税前现金流（百万英镑）	-250	75	125	140	180
2	英国公司所得税30%		-23	-38	-42	-54
3	汇回母公司前的可用现金流（1+2）		53	88	98	126
4	资金流动抑制税5%		-3	-4	-5	-6
5	扣除英国税后的汇款额度（3+4）		50	83	93	120
6	远期即期汇率	0.7	0.717	0.724	0.731	0.738
7	母公司所得到的汇款额（百万美元）（5÷6）		70	115	127	162
8	美国的公司所得税40%（-1÷6×0.4）		-42	-69	-77	-98
9	外国税收抵免［（2+4）÷6］		35	58	64	82
10	以美元表示的现金流（7+8+9）	-352	63	104	115	146
	以美元表示的净现值（百万美元）	-15				

因此，当案例复杂化后，净现值变成了-1 500万美元。由于净现值为负，项目被否决。

在每个案例中都需要有一个合适的贴现率。第一种方法中，国外投资者对相应的项目投资有资本成本的要求，而在第二种方法中本国投资者对资本成本有所要求。如果金融市场是一体化的，即如果在各国的跨境投资组合中没有任何限制，那么两种方法得到的结果就是相同的。然而由于估算远期汇率的问题，第二种方法会更加复杂一些。

在全球资源配置过程中，由于资本成本度量采用贴现率，所以贴现率必须反映评估中特定项目的风险。金融、政治、汇率风险因项目的不同而不同，因此在跨国项目评估中使用单一的资本成本是不合适的。

下面我们讨论几种替代贴现率的方法，并通过在项目评估中的使用来说明是如何计算的。

3.1.5.2　政治风险分析

政治风险有多种定义，但重要的是要区别国家风险、经济风险和政治风险这几个相近的概念，并注意它们之间的联系。

国家风险是指在另一个国家从事业务中所固有的与经济、社会、政治环境相关的风险因素。例如，在一项国际贷款决策中，银行家重点调查投资所在国家的经济环境、国际收支、管理、央行的政策及有效性、主要经济部门（进/出口、趋势和前景、资金流以及金融中介）、社会环境、国际关系和国际事件对国内经济的影响。

一般而言，经济风险不是政治上产生的，它包括技术变化、竞争者行为或消费者偏好变化所引起的风险。然而在很多情况下，一个国家的政治事件与经济风险有着紧密的联系。

虽然政治风险的定义多种多样，但为了讨论的方便，可以把政治风险看作国家风险的一个子集，定义为由于政府行为或者其他一些本质上是政治性的非市场性事件而产生的投资价值或现金状况变化的风险。政治风险由政治环境产生，而国家风险一般关注于一个国家整个的投资环境。下面列出了几例政治风险事件，这些事件可能对海外投资的现金流的大小及分布存在消极影响：

- 税收条例和汇率控制中的不利变化；
- 东道国关于本地生产、采购或者雇佣的规定；
- 对外资业务的商业歧视；
- 本地贷款的限制；

- 政府对私下协商合同的干涉；
- 缺乏足够补偿的征收[①]；
- 政治暴乱或国内战争对设备产生的损毁和对人员产生的伤害。

在项目估值中一般采用两种方法处理政治风险：一种方法是调低预期现金流量，另一种方法是调高贴现率。运用第一种方法，根据政治风险（例如，对外国公司增加税收）估计出某一事件发生的概率，并根据此概率调整现金流量。运用第二种方法，在公司的资本成本中增加一个由政治风险而产生的溢价。此方法的局限在于它是临时性的，而且很难估计由于政治风险所产生的风险溢价。因此，第一种方法更适用。

3.1.5.3 外汇风险管理

(1) 国际商业风险

由于不同币种之间的交易价值对汇率波动非常敏感，因此国际商业具有外汇风险。显而易见的是，汇率波动在未来会对投资者产生影响。对投资者来说，在外汇交易中存在最终使交易亏损的风险。因此，如果能够确定远期汇率就没有汇率风险了。除了汇率风险外还有政治风险和营运风险。

(2) 外汇风险的类型

在试图评估汇率变化对一个商业公司的影响之前，必须先确定外汇风险。下面介绍三种常用的外汇风险概念。

折算风险：又称“会计风险”，该风险产生于以外币记账的账目需要折算到本币记账的财务报表中时。当一个企业拥有以本币记账的分支机构时，这个问题是最普遍存在的。分支机构以外币记账的会计记录在合并到母公司以本币记账的会计报表中时，需要确定应使用什么汇率。

交易风险：外币交易在未来某一日期完成导致的国内货币价值的不确定性而产生的风险。

经济风险：是指伴随着汇率变化而引起的公司价值的变化。如果公司价值用未来税后现金流的现值来衡量，那么经济风险反映了长期现金流的实际

---

① 国家在行使主权过程中，取得或修改个体（外国公司）产权的行动。

本币价值[①]随汇率变化的敏感度。

【例3-11】美国Johnson & Johnson公司在瑞士拥有一家子公司Cilag AG，该子公司截至N年8月31日的资产负债表（虚构）如表3-12所示。由于母公司要把所有子公司的账目合并到母公司的报表中，所以，以瑞士法郎记账的资产负债表中的项目要折算成美元。

表3-12　截至N年8月31日Cilag AG公司资产负债表　单位：瑞士法郎

现金	1 000 000	负债	5 000 000
应收账款	3 000 000	所有者权益	6 000 000
固定资产	5 000 000		
存货	2 000 000		
合计	11 000 000	合计	11 000 000

假定初始汇率为1.6瑞士法郎/美元，则有表3-13情况。

表3-13　截至N年8月31日按汇率折算后资产负债表　单位：美元

现金	625 000	负债	3 125 000
应收账款	1 875 000	所有者权益	3 750 000
固定资产	3 125 000		
存货	1 250 000		
合计	6 875 000	合计	6 875 000

现在假设瑞士法郎贬值，汇率由N年8月31日的1.6瑞士法郎/美元变为N+1年6月1日的2瑞士法郎/美元。按美元计价的资产负债表变为表3-14。

表3-14　截至N+1年6月1日的资产负债表　单位：美元

现金	500 000	负债	2 500 000
应收账款	1 500 000	所有者权益	3 000 000
固定资产	2 500 000		
存货	1 000 000		
合计	5 500 000	合计	5 500 000

资产负债表中的资产值必须与负债值平衡，所以两列的总数是相等的。

---

① 公司对长期现金流的购买力感兴趣，因为这些决定了公司的实际价值。

所有者权益是所有者根据权利向公司要求得到的，是一种剩余索取权，它会变化以保持负债与资产平衡。折算风险中的一个方面是资产负债表中所有者权益账目对于汇率变化的敏感度。由于两种货币的汇率发生变化，按美元计数的资产负债表也会发生变化，所有者权益由3 750 000美元降至3 000 000美元。但必须意识到的是，所有者权益的降低并不代表公司有任何真实损失或者公司真实价值的降低。

国外资产负债表的折算其本身不表明公司的任何实际经济风险，因此必须还要看资产负债表和折算风险以外的东西。交易风险可以看作是一种经济风险，因为未来交易的盈利能力会受到汇率变化的影响，而这些变化将对未来现金流和公司价值产生很大影响。

假设Cilag AG公司与一家意大利公司签订了销售合约并允许对方在30天内付清账款。假设签订合同时，汇率为1欧元兑换1.5瑞士法郎，再假定合同规定30天内付清账款。按目前的汇率300 000欧元兑换450 000瑞士法郎，但是如果在未来30天内汇率发生了变化，现在的450 000瑞士法郎将发生波动。如果欧元贬值，那么兑换的将少于450 000瑞士法郎，这被称为交易风险。

以上说明了汇率的不确定性是如何影响公司未来盈利能力的。汇率变化影响公司未来盈利能力和现值的可能性可以用经济风险表示。外汇风险管理需要运用不同的策略，现介绍如下。

（3）外汇风险管理策略

公司对冲策略不是简单地减少一种货币的持有而同时以另一种货币计价。外汇风险可以通过以下策略对冲或消除。

①远期、期货、期权市场交易。在远期市场，代理商以特定的价格买卖标的货币，在以后的一个特定日期进行结算。如果合约要求买入特定货币，那么在合约中该交易方被称作持有多头；相反，空头意味着有义务卖出。

远期市场是一种自然对冲外汇风险工具，远期市场对冲是指在远期交易市场上建立一个与公司当前货币头寸相反的或相互补充的头寸。例如：

- 多头可以通过在远期交易市场建立空头来对冲，产生一个“空头对冲”；
- 空头可以通过在远期交易市场建立多头来对冲，产生一个“多头对冲”。

外汇对冲也可以通过期货合约来实现。期货合约是标准化的合约，投资者不能选择交易时间和合约的确切内容。与期货合约相比，远期合约具有更大的弹性，投资者可以根据自己的需要对合同的内容及结算日期提出特殊要求。但是期货合约的优点在于可以在活跃的二级市场进行交易。

外汇期权是另一种可以使公司对冲外汇风险的金融产品。远期合约和期货合约的买入方有义务履行合约（即在未来的特定时间买入或者卖出指定货币），而外汇期权赋予买入方权利而不是义务，在特定时间段内或期满时，以特定的价格买入或者卖出特定标的物。

②本币计价。另一种对冲外汇风险的策略是母公司以本币计价。

这种策略的运用如下：

假定一家法国公司向一家美国公司出口货物，要求美方在 30 天内付清款项。很可能在 30 天的信用期内美元对欧元会有意料不到的贬值。为了避免这一可能性发生带来的损失，法国出口商要求美国公司以欧元支付，以消除出口方面临的交易风险，然而作为进口方的美国公司将承受交易风险。

③其他策略。还有其他一些策略也用来对付外汇风险。

例如：

- 预期增值（贬值）应加快（减慢）付款；
- 预期贬值（增值）应加快（减慢）回收款项。

例如，有一家公司其资产和负债均以较弱货币计价，比方说以美元计价，而美元对较强货币瑞士法郎预期将会贬值。该公司的出纳试图将以美元计价的应收账款价值最小化，这意味着对采用美元付账的消费者将有更加严格的信贷标准。公司也尽可能地推迟需用美元支付的各项应付款，因为未来会以更低的价格买入美元。公司将尽可能地使用瑞士法郎出售商品而用美元购买商品。虽然制度约束会限制公司指定计价货币的能力，但公司的做法的确是对的。

3.2　加权平均资本成本的最优化

3.2.1　杠杆作用与公司价值

目标资本结构是企业财务经理面对的一个基本融资决策，即决定债务资本（企业借入资金）与股权资本（普通股股东提供的资金）的比例。显然，目标资本结构建立在股东价值最大化的基础上，最优资本结构建立在公司价值和股东财富最大化的基础上。

资本结构决策的传统观点是在增加债务融资所获得的税收利益与相应增加的财务危机成本之间进行权衡。财务危机成本包括破产的法律和管理费用，以及代理费用、道德风险和签约费用。

但其他因素也对公司的目标杠杆决策有影响。最佳资本结构依据具体的公司而不同，主要取决于 4 个因素：特定风险、税赋情况、公司资产类型和财务宽松程度（财务冗余）。

- 风险：无论是否破产，财务危机的代价都很大（因为总有间接成本，比如客户流失、公司关键人员的流失等）。在其他条件相同的情况下，财务危机总是偏爱高风险公司。
- 税收：在存在税收的情况下，公司增加其杠杆会减少其所得税费用，但却会增加投资者支付的所得税（因为更多的利息被支付给了债权人）。[①] 如果公司有大量累积的亏损，杠杆作用的增加不能减少公司税赋，但增加了个人税赋。
- 资产类型：对公司价值依赖成长机会或无形资产的公司来说，财务危机成本可能会更大。这类公司很容易放弃投资机会，一旦发生违约情况，其资产会迅速被侵蚀。
- 财务宽松程度（财务冗余，financial slack）：从长期来看，一个公司的价值更依赖于资本投资和经营决策，而不是财务决策。因此，公司财务应该足够的宽松，以便当好的投资机会出现时，可以立即使用可动用的资本。财务宽松对具有大量正净现值投资机会的公司非常有价值，这就是为什么许多公司采取保守资本结构的原因之一。

小结

- 具有稳定现金流、高息税前利润（指高度确定性的现金流与从应税利润中冲销债务的利息支付所带来的好处）和有可变现资产的公司，应该保持相对较高的负债比率。

① 另外，债务融资避免了公司和股东现金流的双重征税。股息在很多国家是双重征税的。

- 具有不稳定的现金流、公司专用资产、不可变现的资产及重要投资机会的公司，应该运用更为保守的资本结构。

3.2.2 MM 定理

Franco Modigliani 和 Merton Miller① 论证了在无税赋、无交易成本或者没有其他市场不完全因素的环境中，假定既定的投资政策，公司的资本结构对公司价值并无影响。

MM 命题Ⅰ（也称 M&MⅠ）假设是建立在信息充分的资本市场上的。在一个信息充分的市场上，证券交易价格等于证券价值。因此，一般公司所售证券不可能超出其实际价值。如果公司在有效资本市场上筹集一定量资本，它必须保证用未来现金流作为对投资者的补偿。未来现金流现值应等于公司想要筹集的资本量。如果预期的未来现金流量的现值小于公司想要筹集的量，投资者将不会愿意出借资金。如果前者大于后者，所有投资者均愿意出借，这又表明公司承诺得太多。

无论公司所售证券的种类如何，以上论述都成立。如果公司发行普通股，公司承诺的现金流就有风险。如果这样，投资者将要求更高的未来现金流。相反，如果公司发行债券，那么承诺的现金流风险比股票承诺的更低。如果那样的话，投资者一般会要求较低的现金流。然而，在这两种情况中，预期未来现金流的现值是完全等于公司的筹资额。由于公司不能比其价值更高或者更低出售证券，那么就不会产生盈利或者亏损。但如果改变资本结构不产生盈利或者亏损，那么资本结构就与公司价值无关。因此根据 MM 命题Ⅰ，公司价值和资本成本（公司未来现金流贴现的贴现率）不受资本结构的影响。

下面用一个更规范的方式证明 MM 命题Ⅰ，该证明建立在无套利基础上。假设两家公司，L 公司（使用杠杆）和 U 公司（不使用杠杆）除了资本结构

① Franco Modigliani 和 Merton Miller：《资本成本、公司财务和投资理论》，美国经济评论，1958（48）：261－297。

外其他都相似。L公司有负债，U公司100%使用权益融资。U公司的权益价值是EU。因为U公司没有负债（DU=0），因此整个公司的价值是VU必然等于EU。

已知L公司有市场价值为D_L的应付债务，其中$D_L>0$。假定要支付负债的市场利率是k_D。因为我们仍不知道债务能否增加公司的价值，因此VL和EL是未知的。

用$\widetilde{CF}$表示公司产生的未来现金流（符号“~”指不确定）。简单点说，假设这种情况只持续一期，因此$\widetilde{CF}$也可以表示公司终值。一定要注意MM命题I中假设税率为零，没有交易成本，并且忽略其他市场不完善的因素。在我们简化的情况中，任何单个的投资者都能和公司一样筹集债务资本。

考虑投资者（称为套利者）有以下两个投资策略。在策略I中，他买入有债务公司（L公司）20%的普通股。表3－15中显示出他要投资的数额和他期望从投资中得到的回报。注意，债权人在股票持有者的剩余索取权之前被偿还。

表3－15　　套利者两个策略投资

	投资数额	投资回报
策略I	$0.2E_L=0.2(V_L-D_L)$	$0.2(\widetilde{CF}-k_D\cdot D_L)$

策略2要求套利者从他的银行户头上借入等于杠杆公司20%债务的款项（$0.2D_L$）。同该公司一样，他支付的利率为k_D。他用借入的资金，加上他自己购买的20%无杠杆公司的普通股（$0.2V_U$）。注意此时$V_U=E_U$。如第一种策略一样，表3－16也显示出相应的投资和现金流回报。

表3－16　　投资和现金流收益

	投资	回报
策略Ⅱ	$-0.2D_L+0.2V_U$	$-0.2k_DD_L+0.2\widetilde{CF}$
总计	$0.2(V_U-D_L)$	$0.2(\widetilde{CF}-k_D\cdot D_L)$

现比较公司投资策略I和投资策略Ⅱ，两种投资策略的回报是相同的。在两种策略预期承诺回报相同和没有套利机会时，两种投资策略的成本也必然相等。

因此得出：

$$0.2(V_L - D_L) = 0.2(V_U - D_L)$$

只有满足下式关系才成立：

$$V_L = V_U$$

这就是MM命题Ⅰ。当然，得到命题的假设是不现实的。但该模型仍是有用的，这是因为该模型在不考虑税收、交易成本和投资策略转化时建立起了一些基本关系。更重要的是，它提供给我们一种思路——如果资本结构决策真的发挥作用，它只能取决于税收、交易成本和其他影响因素。

然而，这并不足以证明杠杆对公司价值不起作用。我们也需要说明杠杆不影响股东财富。

假设公司在单期中满足无税收（t_0是表示期初；t_1代表期末）、无交易成本，给定投资政策的条件。公司在t_1的现金流假设是2 280瑞士法郎（CHF），考虑到风险，公司的适当贴现率是20%，公司有100股股票但没有发行债务。

$$公司当前价值(V_0) = \frac{2\ 280}{1.2} = 1\ 900\ （瑞士法郎）$$

因此，股票以每股19瑞士法郎卖出。现在，公司正考虑一个扩大规模的项目，该项目的风险和融资（无负债）与公司一致。0年的初始现金支出为100瑞士法郎，该项目在1年后产生一次净现金流量是240瑞士法郎。

$$项目的净现值(NPV) = -100 + \frac{240}{1.2} = 100\ （瑞士法郎）$$

由于净现值为正，该项目值得投资。进一步假设公司没有闲置资金提供该项目的初始投资，所需资金有两种筹集方式选择：以10%的利率筹借资金（债务融资）或者发行新股（权益融资）。

（1）债务融资

为筹集100瑞士法郎，公司必须承诺一年后偿还110瑞士法郎。这个项目是如何影响股东财富（ΔWOS）的呢？

$$\Delta WOS = -100 + 100 + \frac{240}{1.2} - \frac{110}{1.1} = 100 \text{（瑞士法郎）}$$

例中显示了给现有股东带来的总项目收益（净现值为 100 瑞士法郎）。

（2）权益融资

假定以市场价值另外发行一部分股票，但公司不知道如何确定发行的数量（m）和新股票价格（P_{new}）。幸运的是，有足量的资料来解答这两个未知数。由于公司需要 100 瑞士法郎，那么就有：

$$m \cdot P_{new} = 100$$

$$\text{新股票价格(包括该项目)}(P_{new}) = \frac{1\,900 + 100 - 100 + \frac{240}{1.2}}{100 + m}$$

由以上两个公式得出：

$P_{new} = 20$（瑞士法郎）　　　$m = 5$

这件事怎样影响到现有股东的财富呢？如果没有项目，现有股东持有每股价值 19 瑞士法郎的 100 股股票或总共有 1 900 瑞士法郎。有了该项目后，现有股东拥有每股价值 20 瑞士法郎的股票 100 股。作为一个整体，他们获得 100 瑞士法郎收益，恰好相当于项目的净现值。那另外五个新股东呢？他们支付 5 ×20 瑞士法郎购买了总价值约 100 瑞士法郎的股票，这表明他们所买的财务权益价格准确地反映了所购价值。

由于获得的项目净现值一样，因此无论公司选择发行债券或发行股票融资，对现有股东财富都没有影响。

此外在 MM 命题中，假定不管公司的债务杠杆如何，债务成本保持不变，因为债务被假定为无风险。但是随着公司债务的积累，公司权益风险越来越大。因此，公司杠杆的增加带来了权益成本的增加。如果公司的债务成本用 k_d 来表示，在没有使用债务杠杆情况下公司权益成本为 k_u，使用债务杠杆的公司权益成本为 k_e，那么可通过这些变量和公司负债率（由债务与权益比例表示，D/E）得出如下公式：

$$k_e = k_u + (k_u - k_d) \cdot \frac{D}{E}$$

这就是 Modigliani、Miller 在其开创性论文中提出的命题Ⅱ，各种资本成分的风险和其成本间的关系如图 3－2 所示。

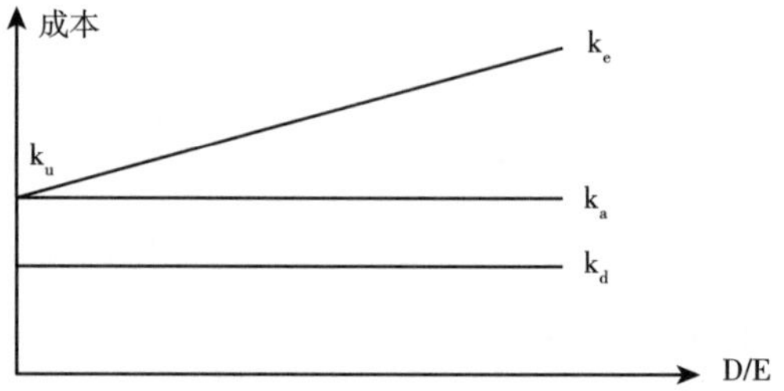

图 3－2　MM 命题Ⅱ

可以利用下面公式得出公司的加权平均资本成本 k_a（即 WACC）：

$$k_a = k_d \cdot \frac{D}{D+E} + k_e \cdot \frac{E}{D+E}$$

将 k_e的表达式代入上述 k_a的计算公式，很容易发现，不管公司的负债程度如何，k_a将保持不变且等于 k_u。

【例 3－12】 能源公司 NRG 的债权与股权的市场价值比为 2。假设其股权资本成本为 12%，债务资本成本为 6%。NRG 要发行股票，以偿还部分债务。这将使其债务权益比率降低到 1，并将其债务成本降低到 5.5%。如果资本市场是完美的（无赋税、交易成本和其他市场缺陷），该项交易对权益资本成本和加权平均资本成本（WACC）将产生哪些影响？

初始 $WACC = k_a = \frac{2}{2+1} \times 0.06 + \frac{1}{2+1} \times 0.12 = 0.08 = 8\%$

其次，根据 MM 定理命题Ⅱ计算出降低杠杆后的股权资本成本：

$$k_e = 0.08 + (0.08 - 0.055) \times \frac{1}{1} = 10.5\%$$

由于杠杆的降低将会减少股东的风险，所以股权资本成本下降到了 10.5%。然而，需要注意的是，在完美的资本市场中，WACC 将会保持不变：

$$k_a = \frac{1}{1+1} \times 0.055 + \frac{1}{1+1} \times 0.105 = 0.08 = 8\%$$

（3）公司税收和资本结构

由于假设公司在一个无税收的环境里运营，无税收的 MM 模型受到了严厉批评，因此 Modigliani 与 Miller 考虑了模型中公司税收的影响。

Modigliani 和 Miller 认为，如果采用和前面章节相似的假设和观点，当把税收计算考虑在内时，资本结构的确影响公司价值，这是由于支付借款利息的抵税导致。由于公司有长期债务，每年公司为这些长期债务支付的利息是：

$$支付利息 = D \cdot k_d$$

这种年支付利息方式，公司每年产生的税盾是：

$$税盾 = T \cdot D \cdot k_d$$

由于税盾是永久性的，税盾现值常用以下公式计算：

$$税盾现值 = \frac{T \cdot D \cdot k_d}{k_d} = T \cdot D$$

因此，在资本结构中利用债务的公司价值 V_L，等于没有使用债务的公司价值加上使用债务产生税盾的价值，如下所示：

$$V_L = V_U + T \cdot D$$

其中：

V_U——没有使用债务的公司价值；

T——公司运营时的税率；

D——公司资本结构的债务量。

因此，在一个存在公司税收的情况下，公司价值不再脱离资本结构而独立存在。在这样的税收环境里，公司资本结构里的债务引起了由利息支付带来的税盾，这种税盾可以当作政府对使用债务的公司的一种补贴。债务比例越高，利息税盾就越大。因此，公司价值随着公司资本结构中债务的增加而提升。

此外，可以通过折现率的方法把税盾的好处包括在内。支付利息所造成的税收减免可以降低公司的有效税率。扣除公司税（k_a^T），加权平均资本成本的计算为：

$$k_a^T = k_d \cdot (1 - T)\omega_d + k_e \cdot \omega_e$$

$$\omega_d = \frac{D}{D + E} \qquad \omega_e = \frac{E}{D + E}$$

当考虑税盾带来的好处之后，税后的 WACC 可以表示公司的有效资本成本。税后的 WACC 小于税前的 WACC。可以表示为：

$$k_a^T = k_d \cdot \omega_d + k_e \cdot \omega_e - T \cdot k_d \cdot \omega_d$$

上式等号右边的前两项表示税前的 WACC，最后一项表示由于税盾造成的利息支出的减少量。公司的杠杆越高，负债的税收好处越多，税后的 WACC 越小。

考虑到税收因素的 MM 模型说明价值最大化的资本结构是无股东权益，只有 100% 的债务。实际中，很少有公司的负债总额超过总资产的 50%（即负债率是 0.5）。有学者指出，理论上的最优资本结构和现实中资本结构之所以不同是由于两个因素的存在：破产成本和代理成本。

虽然很容易认识到 MM 模型是不实际的，但还是要认识到，这些论文对财务金融理论的发展有相当大的作用，这是因为上述理论为讨论公司资本结构构建了理论框架。特别是这些理论证明了资本结构影响公司价值是由于市场的不完全性的结论，例如，税收、破产成本、代理成本或信息不对称等。

3.2.3　破产成本模型

随着公司债务与股东权益成比例的增加，与税前营业利润相关的公司利息负担就增加了。因为多数公司的营业利润有起伏变化，低迷时期的经营可能导致公司没有足够的营业利润来支付利息。如果公司不能支付利息，它就不能履行债务契约，这种情况会导致公司陷入财务困境。处于财务困境中的公司，债权人会强制要求公司宣布破产、改组（清算资产），以便可以支付索赔。这种变动以及相关费用被为破产成本（或财务危机成本）。

除去上面所述，高债务水平会导致其他类型的费用，通常称为代理成本。这些成本主要由风险转移和投资项目失败造成的。处于破产边缘的公司管理层有时会放弃谨慎的商业惯例操作，而做出一些有悖常理的行为，而经营正常公司的管理层通常会接受一些低风险、正净现值的项目。但是，接近破产公司的管理层也可能会试图接受高风险但有高盈利（小概率）的项目，希望这种高盈利能帮助公司摆脱财务困境。这种行为被称作风险转移。

3.2.4 代理成本模型

现代公司产生了一类新的员工——职业经理人。在一家由企业家所有并经营的小企业里，由于公司管理者和所有者是同一人，决策相当简单。公司所有者始终致力于他自身的财富最大化。所以，出于自身利益他们会追求公司价值最大化的目标。然而在大型专业化管理的企业，企业所有者（股东）和公司管理者是分离的。公司通过委托人（股东）指定的代理人（管理者）进行经营，股东和管理者之间的这种关系称为代理关系。公司管理者和股东的利益并不一致，这可能导致他们之间的冲突。在决策上，管理者会把自己的利益放在股东利益前面，他们可能追求自己薪资最大化、滥用津贴，如高消费的度假和公司专机等，这些都是由股东们开支。由于这些津贴成本由股东承担，且浪费超过预期。这种导致公司价值减少的成本称为代理成本。

当公司依靠出售债券来筹资时，更多严重的代理问题也会出现。由于债权人在公司管理上没有发言权，公司所有者（包括他们的代理人和财务管理人员）有能力采用将债权风险提高而减少它们市场价值的活动，这将导致财富从债权人转移到股东。

【例3-13】假如一家石油公司有1 000 000美元的一年期未付账款，但它仅有现金100 000美元，它面对一个100 000美元的投资项目，不能发现石油的可能性是95%，此时净现金流是0，但仍有5%的成功率，此时可以偿还贷款的净现金流达到1 200 000美元。应该怎么办？

计算项目的净现值NPV（简单起见，假设利率是0）：

$$\begin{aligned} NPV &= -100\,000 + (0.95\times 0 + 0.05\times 1\,200\,000) \\ &= -40\,000\ (\text{美元}) \end{aligned}$$

由此看出，项目不该进行，但从股东权益价值角度看呢？

无该项目的股东权益价值 = 0（美元）

有项目后的股东权益价值 = $0\times 0.95 + (1\,200\,000 - 1\,000\,000)\times 0.05$

= 10 000（美元）

因此，尽管它会减少公司总价值，但若实行该项目会对股东有利。如果管理层从股东的利益出发行事，这个项目将得到批准。但从债权人角度看又会怎样？从以下可以看出，债权人承担了决策成本。

没有该项目的债券价值 = 100 000（美元）

有了该项目后的债券价值 = 0 × 0.95 + 1 000 000 × 0.05 = 50 000（美元）

债权人预知这种可能性后，会限制股东资本运营的自由。这些限制会控制公司借款额度、支付股息，以及干涉某些项目投资。这些限制会使公司采用次优融资和股息减少，并最终导致公司价值下降。

代理成本和破产成本可以解释为什么公司不像考虑税收的 MM 理论那样把资本结构设为 100% 的债务。在高负债水平下，代理成本和破产成本会抵消由于债务增加而导致的公司价值的增加。因此，公司最优资本结构远远低于 100% 的债务。图 3－3 显示了这些成本对公司价值的影响。

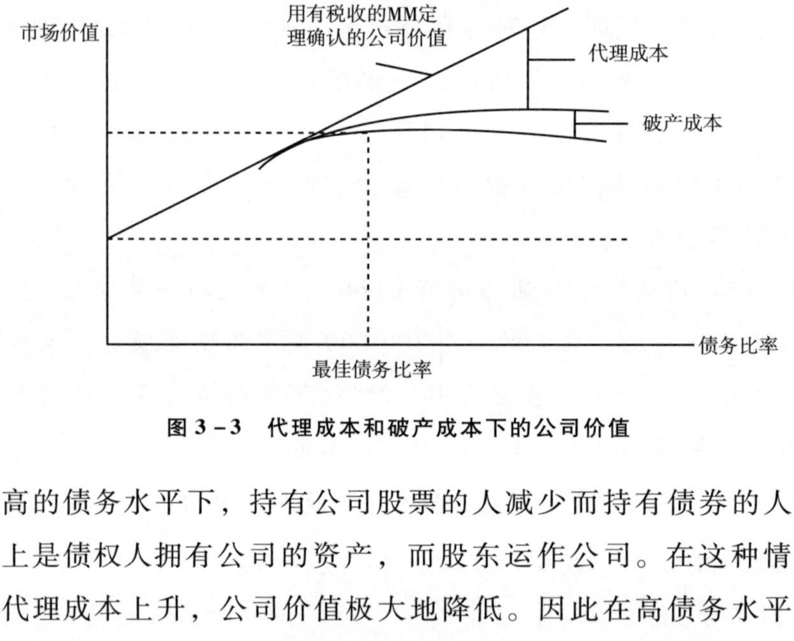

图 3－3　代理成本和破产成本下的公司价值

在更高的债务水平下，持有公司股票的人减少而持有债券的人增加。因此，实际上是债权人拥有公司的资产，而股东运作公司。在这种情况下，上面描述的代理成本上升，公司价值极大地降低。因此在高债务水平下，由债务引起的公司价值增加不仅仅被代理成本抵销，而且公司价值在下降。

当公司借款时为减少利益分歧，公司债权人和公司之间通常要签订合同。一种情况是公司管理人承诺不去冒上述提到的风险，但是这很难做到。更可能的协议是列出发行相同等级债券的限制条款。让我们来看这意味着什么。

【例 3－14】 假设采用股票融资的公司在情形Ⅰ下的收益是 100 美元，在情形Ⅱ下的收益是 200 美元，且两种收益概率相等。因此股票价值 150 美元。

如果公司发行100美元面值的债券（顺便提一句，债券是零风险）来回购部分股票，由于收到100美元现金，股东财富没受到影响。股东剩余索取权用公式表示为：

股东权益 =0.5 ×(100 - 100) +0.5 ×(200 - 100) =50（美元）

股东权益和债券相加为150美元。

假如发行了公司首批债券后，公司采用相同等级，第二次发行面值为50美元的债券，以支付股东股息。两次不同的发行对市场价值的影响如何？计算如表3-17所示。

表3-17　两次发行对市场价值的影响　单位：美元

	情形Ⅰ（概率0.5）	情形Ⅱ（概率0.5）	市场价值
收益	100	200	100 ×0.5 +200 ×0.5 =150
初期债券（票面价值100）	66.7	100	66.7 ×0.5 +100 ×0.5 =83.4
新债务（票面价值50）	33.3	50	33.3 ×0.5 +50 ×0.5 =41.7
权益	0	50	100 ×0 +50 ×0.5 =25

此时要注意债券的风险，因为没有保证完全以面值偿还这批债券！两种情形原有的债权人可收到全部债券持有人提供现金的2/3，而新债权人仅能收到1/3，这是由于原有债券面值是新发行债券面值的2倍，两者的等级一样。

股东财富从150美元增加到166.7美元（原股东的100美元，从新债权人获得的41.7美元和25美元的剩余索取权）。

新债权人的财富没有发生变化，因为他们仅需付41.7美元的公平价格就得到面值50美元的股票。

原来的债权人是这项投资的输家，因为他们付出价格（100美元）已经不公平了，他们失去了16.7美元（=100 - 83.4）。

3.3　股息政策

持有公司股票的投资者通过两种形式获得回报：公司从利润中定期支付的现金和资本利得。支付给股东的现金称为股利（或股息）。公司的股息政策由管理层根据年利润支付量来决定。

3.3.1 股利类型

定期现金股利是最常见的公司分配方式，一般按季度支付（如美国）。在其他国家如瑞士则是每年支付一次。股利的支付会减少公司资产负债表中现金和累积的留存收益。公司股票价格也会随着现金股利的支付而下降。还有清算股利，但它会使实收资本减少。

股票股利：公司支付股票给股东以替代现金。这是根据比例分配的，比如2%的股票股利就意味着每50股现有股票将送1股新股。采用这种分配方式公司现金没有减少，而公司已发行股票的数量却增加了。由于发放股票股利，该公司的股票价格下降。

拆股：另一种非现金分配方式是拆股。拆股增加了公开发行的股票数量，每股股票代表了更小比例的公司现金流，所以股票价格会下跌。如果公司管理层卖出股票价格为90瑞士法郎，若以3∶1比例拆股，那么股票价格应该下降到30瑞士法郎。拆股与股票股利极为相似，除非是很大数量的拆股。

3.3.1.1 谁支付股利

大多数公司尽量采用定期分红的方式。金融理论表明：一个公司的股利政策对公司价值没有影响。实际上，公司的股利政策是以股东对定期现金分红偏好的假设为基础。

小公司通常不分红。原因之一就是合伙人和业主为节约税收而要求高工资而不是高股利。在相当多的国家，股利是双重课税的：第一是对公司收入征税，第二是对个人所得征税。

3.3.1.2 股利支付程序

股利支付程序各国存在差异。举例来说，在美国，股利是按季发放的；而在别的国家，股利则可能按年度发放。分红的数量由董事会提议，然后由股东大会决议。将现金股利数量公之于众的日期被称为声明日或公告日。例如，一项公告会简要说明某公司向所有记名股东发放每股1.2美元的现金股利（记名股东即在公司登记的所有股东）。

所有除息日前购买的股票都有资格获得现金股利。在该日前，交易的股票是含股利股票。一旦股票被除息，股票价格通常会下跌，这是由于购买的股票没有分红的资格。

3.3.2　股票回购

另外一种支付股东现金的方法是股票回购。公司可以通过投标报价的方式回购股票。如果用现金分红的资金回购股票，那么参与公司利润分配的股票就会减少，这样就可增加公司的每股收益（EPS）。但是，公司负债率也会上升从而加大公司的财务风险。如果 EPS 增加的作用大于财务风险增加的影响，股票价格会上升。另外，如果股东预测债务大于最优资本结构导致风险增加，那么股票价格可能下跌。在第一种情况下，股票回购可使股东通过两种形式获益：一是现金报酬增加；二是股票价格上升。在第二种情况下，以现金支付的股东利润会被股票价值下降所抵消。

股票回购对公司是有好处的。股票回购是一次性交易，它允许公司向它的股东支付现金，而不承诺未来增加股利支付。在一些国家，资本利得税率要比普通所得税税率低。这些国家的股东将获益，这是因为他们得益于股票回购采取资本利得征税而不是普通所得征税。此外，股票回购可使公司重新安排资本结构，按普通股比例增加公司的负债。公司在举债的情况下，用剩余资金回购股票会提高公司价值，因为公司用附加债务的税盾增加了利润。

股票回购的缺点是税务当局会密切注意股票回购的报价。如果当局认为回购导致避税，他们可能会不承认交易。股东可能也会消极地看待频繁回购，他们会感到频繁回购就是默认公司的资金没有更好的投资机会。回购表明了公司的发展速度慢下来，因此频繁的回购会使股票价格降低。另外，盈利公司定期支付剩余资金作为股东的现金股利，可减少公司的代理成本，并对股票价格起到积极作用。

3.3.3　不相关定理

让我们回想一下最优股利分配政策的特征。总结一下思路，如果忽略不计以下三项成本，并且假设投资政策已定，那么公司股利政策对公司的价值没有影响：

- 税收；
- 交易成本；
- 信息成本。

以投资政策为例，公司的股利政策对公司价值没有影响（这是 Miller 和 Modigliani 于 1961 年发表的股利不相关定理的论文中重要的观点①）。上述结论给人的直觉是如果要付高额股利，就得筹措资金。要做到这样，必须给新购证券的买家承诺未来的现金流等于融资支付额外股利的资金。由于未来现金流量来自于原始股东，因此整个交易是无价值的。

为证明这一点，对除股利分配政策不同外其他各方面都相同的 3 家公司进行比较。这 3 家公司以下几点是明确的：

- 无公开发行的债券；
- 现金收益：保持 1 200 美元持续不变；
- 年投资额：200 美元；
- 贴现率：10%；
- 每家公司初始股本为 1 000 股普通股。

这 3 家公司计划在当年采取 3 种不同的股利支付方式（其后年度没有差异），见表 3 – 18。

表 3 – 18　　3 家公司不同股利支付方式对比

A 公司	B 公司	C 公司
该公司拟支付股利 1 000 美元	该公司拟支付股利 1 200 美元。每年资金只有 1 000 美元，因此公司要新发行股票筹集 200 美元。定义 n 为新发股票数量	该公司不想支付任何股利。因此，它通过公开市场安排回购 1 000 美元股票（无公开发行债券）。定义 m 是公司回购股票数量
P_E定义为除息后股票价格 $P_E=\frac{\frac{1\ 200-200}{0.1}}{1\ 000}$	现在除息后股票价格是：$P_E=\frac{\frac{1\ 200-200}{0.1}}{1\ 000+n}=\frac{10\ 000}{1\ 000+n}$	现在除息后股票价格是：$P_E=\frac{\frac{1\ 200-200}{0.1}}{1\ 000-m}=\frac{10\ 000}{1\ 000-m}$
$P_E=\frac{10\ 000}{1\ 000}=10$（美元）		

① Miller 和 Modigliani：《股利政策，增长和股票估值》，商业杂志，1996。

续表

A公司	B公司	C公司
	当然，公司需要发行足够数量的股票满足200美元的融资。假设发行价格等于市场价格	回购股票数量
	$n \cdot P_E = 200$（美元）	$m \cdot P_E = 1\ 000$（美元）
	联立方程可得：	联立方程可得：
	$P_E = \frac{9\ 800}{1\ 000} = 9.8$（美元）	$P_E = \frac{10\ 000 + 1\ 000}{1\ 000} = 11$（美元）
	和	和
	$n = \frac{200}{9.8} = 20.4$	$m = \frac{1\ 000}{11} = 90.9$
初始股东财富	初始股东财富	初始股东财富
=除息后股票价值	=除息后股票价值	=除息后股票价值
+股利价值	+股利价值	+股票回购价值
$= 10 \times 1\ 000 + 1\ 000$	$= 9.8 \times 1\ 000 + 1\ 200$	+股利价值
=11 000（美元）	=11 000（美元）	$= 11 \times (1\ 000 - m) + 11 \times m + 0$
		$= 11 \times 909.1 + 11 \times 90.9$
		$= 10\ 000 + 1\ 000$
		=11 000（美元）

从给出的例子可以看出，股利政策不影响股东财富，为了支付大量的股利，公司必须以未来的股利为基础发售凭证来对外融资。为了获得更多的眼前股利，股东只能放弃部分期望的未来股利。在有效市场上，筹资用来支付高股利的资金价值应当与未来允诺给投资者的现金流价值一致，即和现有股东放弃的未来股利相同。相反，较低的股利意味着只能回购股票。股东出售股票可以得到现金，但要放弃未来的股利。未出售股票的股东没有得到现金，但他们却有权在未来得到更多的股利。在有效市场，未出售股票的股东放弃的现金价值等于其未来收到额外股利的价值。

股利不相关定理的应用：①

假设 Royal Sun Alliance 公司的资产负债表（市场价值）如表3-19所示。

① 该例出自 Shapiro（1990）对应章节。

表 3-19 资产负债表 单位：千美元

现金	2 000	负债	4 000
固定资产	8 000	所有者权益	6 000
资产总计	10 000	负债和所有者权益合计	10 000

假定 Royal Sun Alliance 公司有 100 000 股，每股股价是 60 美元。每股发放股利 10 美元，总资产下降到 900 万美元，公司股东权益或净资产为 500 万美元，股价降到 50 美元。这对股东有损害吗（假设无税）？

股东既不是更好也不更糟。如果不支付股利，股东权益为 600 万美元，股价为 60 美元。如果按每股付 10 美元，实际股东权益减少为 500 万美元，也就是每股 50 美元，但每个股东有 10 美元现金，总财富并无变化。

无疑公司是有发展机会的。假定公司需 200 万美元用于项目投资，如果杠杆保持不变，假定 Royal Sun Alliance 公司无法出售债务，它就要增加 100 万美元代替分配股利。因为新股票价格与旧股票价格相等，Royal Sun Alliance 公司必须出售 2 万股面值 50 美元的股票。新资产负债表与发放股利前的资产负债表一样，唯一不同的是普通股为 120 000 股而不是原有的 100 000 股。

目前为止，我们为简单起见忽略了债务。以上推理在债务存在的情况下同样起作用。

注：（1）案例表明把股利作为库存现金的想法是错误的。鉴于未来现金流具有不确定性，股东更希望分得股利。原因是这项交易是股利与未来股利的当前市场价值之间的权衡，也就是现金和现金之间的权衡。

（2）这有一处明显的矛盾，即股利不相关理论和股价代表未来股利现值之间的矛盾。在股价代表未来股利现值的情形下，股利政策怎么会毫不相关呢？这并不矛盾，选择股利折现模型并将其应用于有某一未来分红的特定流量。MM 无差异命题所描述的是分红数量的内部临时变化不会影响到价值。为支付高额股利，必须进行外部融资并且承诺给融资者部分股利，这样反过来原始股东的股利也会增加。

换言之，一家公司今天选择的股利政策会影响到它将来能够以补偿的方式支付的股利。因此，虽然股利确实决定股价，但公司对股利政策的选择却不决定股价。Modigliani 和 Miller 认为，公司的价值最终来源于其基础的自由现金流。而公司的自由现金流量决定了公司能给投资者带来的收益水平。在完善的资本市场，无论股利是现在支付还是将来支付，无论通过分红或股份回购，都无关紧要。与资本结构一样，资本市场的不完善程度决定了公司的支付方式和股利政策。

（3）通过显示股利支付率和市盈率间的正相关关系，一些研究已经试图表明较高的股利分红会导致较高的股票价格，但是，这种相关对股利政策的影响很小。它只不过是下面因素的推论：

- 风险：高风险的公司趋向于具有较低的股利支付率和较低的市盈率，低风险的公司与之相反。
- 商业周期：意外的高收益导致较低的股利支付率和较低的市盈率（管理层平滑股利）。

3.3.4　客户效应

群体的偏好不同，从公司得到现金流的方式也不同。一些股东可能更喜欢不付股利的股票，其他股东可能更喜欢定期付息的股票。尽管我们已经了解到投资者可以建立他们特有的股利政策方式，但出于某些原因，仍有些"更喜欢"股利政策的投资者。

投资者为了达到期望的股利政策，会构建多元化的股票投资组合。在均衡状态下，没有一家公司可以通过改变其分红政策影响它的价值。如果公司真改变了分红政策，它将会被一个客户抛弃，然后再被另一个客户接受。显然，一个客户和另一个没有不同。所有客户都不愿因公司转换政策而时常调整他们的投资组合。由于交易成本的存在，调整投资成本较高。因此，当公司维持稳定的股利政策时，所有投资者的交易成本减到最小。

3.3.5　信号传递模型

由于信息不对称的存在（在管理层和资本市场之间），通过高分红或高股票回购实现较高的现金支付，可以向市场发出这样的信号——未来现金流要高于预期。这就是不推迟现金股利支付的原因。这种有意发出信号的方法仍值得怀疑。还有更为简单解决信息不对称问题的方法：经理可以只召开一个新闻发布会或等待投资者自己来纠正公司股票的错误定价。

尽管已有充分的证据说明，市场参与者把股利政策的变化当作传递未来盈利变化的信号，但是利用股利故意发出信号的论点仍难确定其有效性。如前面讨论的，意外的高股利是好消息，意外的低股利被看作坏消息。

3.3.6 当地市场股利政策

3.3.6.1 一般考虑

在任何特定市场上，不同企业的股利政策是有很大区别的。同样，不同市场的股利政策也存在着巨大差距。这些差距是由以下影响公司股利政策的因素造成的：

- 代理问题；
- 交易成本；
- 税率；
- 经济增长率。

下面将讨论这些因素是如何影响当地公司的股利政策的。

3.3.6.2 交易成本

外部融资成本高的原因是筹集资金过程中交易成本的存在（聘用证券承销商、支付律师费、起草招股说明书、支付托管费和管理层所花费时间的机会成本等）。放弃股利并将其作为投资资金来源，似乎是明智的，因为如果不这样的话，投资资金必须从外部筹集。因此，在交易成本较低的金融市场上，高股利更为普遍；在交易成本高的市场上，人们更希望股利支付低一些。

3.3.6.3 税收

不同国家关于对股利征税有不同的政策。美国的股利分两次征税：一次以公司所得税形式，一次以股东分红所得税的形式。美国也用比股利所得低的税率对长期资本利得课税。这两种因素都可以阻止公司支付高股利。

在一些国家，避免了对股利的双重课税，对投资者的股利所得是免税的。

在这些市场中的公司可能会付出高股利。

税收对股利政策的相关性如例 3 – 15[①] 所述。

【例 3 – 15】 Wellington Fragrance 是一家进行肥皂制造、蜡烛生产、化妆品经营的企业，共有 100 万美元额外现金。公司已经投资净现值大于 0 的项目。公司可按如下原则分配这些现金：

A. 它可以保留现金，用于投资收益率为 10% 的短期国库券。

B. 或者，公司用股利形式将现金发给股东。股东也可以投资上述收益的国库券。

- 企业所得税的税率是 34%；
- 个人所得税的税率是 28%。

哪种选择对股东来说最有利呢？Wellington 公司是现在支付现金给股东还是以后支付？在两种不同策略下，5 年之后股东的现金收入各是多少？

A 情形：如果现在付，股东所得：

$1\ 000\ 000 \times (1-0.28) = 720\ 000$ （美元）

除去个人所得税后，股东再将现金投资国库券，他们 5 年后的收入：

$720\ 000 \times [1+0.1 \times (1-0.28)]^5 = 1\ 019\ 310$ （美元）

B 情形：Wellington Fragrance 公司持有现金的情况下，公司在 5 年内可得：

$1\ 000\ 000 \times [1+0.1 \times (1-0.34)]^5 = 1\ 376\ 531$ （美元）

公司然后再分红，股东的税后收入是：

$$\begin{aligned} & 100\ 000\ 000 \times [1+0.1 \times (1-0.34)]^5 \times (1-0.28) \\ = & 1\ 376\ 531 \times (1-0.28) = 991\ 102 \text{（美元）} \end{aligned}$$

因此在这个例子中，如果公司现在向股东支付现金，股东获利较多。

至于税收效果，是否支付现金取决于如下几个因素：如果股东个人税率比公司税更高，则股东愿意延期支付现金。事实上，他们将会利用公司作为节约个人收益所得的投资工具。否则，他们希望直接支付现金。

---

① 斯蒂芬 A. 罗斯，伦道夫 W. 威斯特菲尔德和杰弗利 F. 杰富（1993）.《公司理财》，533 – 535。

注意

从税收的角度讲，通过发行证券（特定普通股）来支付股利是不明智的。例如，假如由当前股东购买新股票的资金为分发红利提供资金，这些股东要付 28% 的税收。如果公司希望通过筹集资金来支付 100 美元股利的话，股东最后可得到下面数量的资金：

$$税后股利-现金费用=100\times(1-0.28)-100=72-100=-28\ (美元)$$

换句话说，损失了 28 美元。向当前股东发行股票来支付股利等于将财富转移到应纳税所得上。

经济增长率

处于高经济增长率环境的公司可能需要越来越多的资金来支持增长。在这种情况下，高股利支出是不可取的。在另外一种情况下，在成熟经济中经济增长较慢，公司产生的剩余资金找不到足够的投资机会。公司在这种成熟经济中很可能支出较高比例的现金作为股利。

第 4 章　投资决策原理

对接受或放弃某种投资机会进行判断是资本预算过程中至关重要的一步。为促进决策，人们开发出了很多种方法。在此讨论 3 种被广泛使用的方法，并指出其优缺点。

4.1　主要方法

这 3 种方法是：

- 净现值（NPV）法；
- 内部收益率（IRR）法；
- 投资回收期和贴现投资回收期法。

4.1.1　净现值（NPV）法

NPV 法是世界上用于资本预算中两种最常用的方法之一。项目的 NPV 可以用以下公式表示：

$$NPV = \sum_{t=1}^{N} \frac{NCF_t}{(1+k)^t} - NINV$$

并且，

当 NPV >0 时，接受该项目；

当 NPV≤0 时，拒绝该项目。

决策原则是：如果项目的 NPV 为正值，则可以接受该项目；否则应该拒绝实施该项目。

贴现率 k 由项目的风险决定。如果一家企业在与其核心业务相同的行业内实施一个替代型或扩张型项目，则可认为该项目的风险与企业本身的风险相同。在这样一种情况下，贴现率 k 等于该企业的加权平均资本成本。如果项目属于另一个行业，则分析师必须确定项目的风险，并且重新确定用于贴现项目现金流的贴现率。

这种方法具有两个优点：①它考虑了项目的所有现金流；②它建立在贴现现金流法基础之上。这样，NPV 就考虑了现金流发生的时期、数量及风险。

这种方法最大的特点是，运用这种方法所做出的决策与股东价值最大化的目标是一致的。在本书第一章中曾指出企业（或任何其他类型的资产）的价值等于企业未来现金流的现值。假设一家企业的未来现金流预期为CF_1、CF_2、CF_3……在项目实施之前，企业的价值为：

$$V_0 = \sum_{t=1}^{\infty} \frac{CF_t}{(1+k)^t}$$

当持续期为 T 年、净现金流为 NCF_t的新项目得到实施，企业的现金流就会变化为：

$$\begin{cases} CF'_t = CF_t + NCF_t & \text{当 } t \leqslant T \\ CF'_t = CF_t & \text{当 } t > T \end{cases}$$

换句话说，CF'_t是企业在项目存续期内的现金流。在项目完成之后，企业的现金流将回到项目发生前的状态。

这样，可以得出：

$$V' = \sum_{t=1}^{\infty} \frac{CF'_t}{(1+k)^t} - NINV$$

其中：V′——企业在实施项目后的新价值。

由于项目需要现金支出 NINV，企业的价值将等于企业未来现金流的价值减去 NINV。

把右侧的价值进行替换，得出：

$$V' = \sum_{t=1}^{\infty} \frac{CF'_t}{(1+k)^t} - NINV = \left[\sum_{t=1}^{\infty} \frac{CF_t}{(1+k)^t} + \sum_{t=1}^{T} \frac{NCF_t}{(1+k)^t} \right] - NINV$$

可以把上面等式重写为：

$$V' = \sum_{t=1}^{\infty} \frac{CF_t}{(1+k)^t} + \left[\sum_{t=1}^{T} \frac{NCF_t}{(1+k)^t} - NINV \right] = V_0 + NPV$$

换句话说，当实施 NPV 为正的项目之后，企业价值中就增加了项目的 NPV。这样，NPV 法就与股东价值最大化目标相一致。通过接受 NPV 为正值的所有投资机会，企业管理层将使企业价值最大化。

用以下例子来阐述 NPV 法的应用。

【例 4－1】 飞利浦（Philips）公司考虑一个替代型项目，其初始投资为 60 000 欧元，持续 4 年，年净现金流分别为 30 000 欧元（第 1 年）、25 000 欧元（第 2 年）、20 000 欧元（第 3 年）及 10 000 欧元（第 4 年）。如果该公司的加权平均资本成本（WACC）为 16%，则该项目是否应该接受？

解：必须分别计算以上每个现金流的现值并相加。然后减去净初始投资就得出 NPV。

$$NPV = -60\ 000 + \frac{30\ 000}{1.16^1} + \frac{25\ 000}{1.16^2} + \frac{20\ 000}{1.16^3} + \frac{10\ 000}{1.16^4} = 2\ 777 \text{（欧元）}$$

该项目的净现值(NPV) = －60 000 + 62 777 = 2 777（欧元）

由于该项目的净现值为正值，因此飞利浦公司应该实施该项目。

如前所述，在项目存续期间，现金流并不一定要在初始投资后为正值。

【例 4－2】 皇家荷兰石油公司（Royal Dutch Petroleum Company）的 25 亿欧元油田开发项目及项目的现金流如表 4－1 所示。

表 4－1　皇家荷兰石油公司项目现金流

年度	现金流（10 亿欧元）
0	－2.5
1	3.1
2	1.8
3	1.4
4	－4.4

如果该公司的资本成本为 15%，则是否应该接受该项目？

解：我们必须分别计算以上每个现金流的现值并且相加。然后减去净初始投资就得出 NPV。

$$NPV = -25 + \frac{31}{1.15^1} + \frac{18}{1.15^2} + \frac{14}{1.15^3} - \frac{44}{1.15^4} = -0.385 \text{（亿欧元）}$$

因此该项目的净现值等于 -0.385 亿欧元。由于该项目的 NPV 为负值，皇家荷兰石油公司应该不实施该项目。

4.1.2 内部收益率（IRR）法

内部收益率（IRR）可以被定义为使项目所有净现金流NCF_S贴现值之和等于初始投资的贴现率。用公式表示就是：

$$\sum_{t=1}^{N} \frac{NCF_t}{(1 + IRR)^t} = NINV$$

此外，正是由于贴现率而使项目具有的 NPV 为零。可以重组以下方程来表现这种情况。可以得出：

$$NPV_{IRR} = \sum_{t=1}^{N} \frac{NCF_t}{(1 + IRR)^t} - NINV = 0$$

IRR 的基本原理是它给出了唯一一个代表项目收益的数字。IRR 与资本市场上广泛使用的回报率没有关系。如其名称所示，其与项目固有或内在情况有关，只取决于项目的现金流。

运用 IRR 法的决策原则是：

- 如果 $IRR > k$，接受该项目；
- 如果 $IRR \leqslant k$，不接受该项目。

k 在这里指企业资本投资要求的必要回报率。如果拟投资项目的风险与该企业已经实施的现有项目的风险大抵相当，则 k 等于加权平均资本成本（WACC）。此外，k 需要根据风险差异来做一些调整。

由于 IRR 法涉及将内部收益率 IRR 与企业的资本成本相比较，因此该方法对许多业内人士具有极大的吸引力，这就解释了为什么它比净现值 NPV 法更加受到欢迎的原因。

【例 4-3】 飞利浦（Philips）公司正考虑一个替代型项目，净初始投资为 60 000 欧元，项目存续 4 年，年净现金流为 30 000 欧元（第 1 年）、25 000 欧元（第 2 年）、20 000 欧元（第 3 年）与 10 000 欧元（第 4 年）。如果该公司的加权平均资本成本（WACC）为 16%，则是否接受该项目？

解：由于每年的现金流各不相同，因此本项目的内部收益率无法使用年金方法计算。故使用 IRR 方法解决上述问题，IRR 计算如下：

$$\sum_{t=1}^{N} \frac{NCF_t}{(1+IRR)^t} - NINV = 0$$

或：

$$\frac{30\ 000}{(1+IRR)^1} + \frac{25\ 000}{(1+IRR)^2} + \frac{20\ 000}{(1+IRR)^3} + \frac{10\ 000}{(1+IRR)^4} - 60\ 000 = 0 \text{（欧元）}$$

运用诸如 Excel 表格之类的计算表中的 IRR 功能就能精确计算出来。这一功能函数的格式就是 IRR（现金流序列区域，内部报酬率猜测值），这个猜测值可以为诸如 0.10 或 10% 之类的任何数值，这不影响答案。甚至在没有输入猜测但只要其中一个现金流的符号与其他现金流的符号相反的情况下该功能函数仍然可以计算。在例中，净初始投资为负数以表示现金流出。这样就可以准确计算出上述项目的 IRR 为 18.7133%。

因为项目的 IRR 大于加权平均资本成本，该公司应该接受此项目。这样，运用 NPV 法来决策与运用 IRR 法来决策两者之间没有差别。

在进行初始投资之后，所有项目并不仅仅正在产生正的净现金流。在项目存续期间，可能会出现这样一些情况，如替代型投资或折旧成本会产生现金流出。此类成本应该在对项目进行评估时将其计算在内。

【例 4－4】 皇家荷兰石油公司（Royal Dutch Petroleum Company，该公司勘探、生产、提炼并销售石油产品，生产化工产品及太阳能电池）正考虑投资一个新油田开发项目，需要的净初始投资为 25 亿欧元。项目在其 4 年的存续期内现金流如表 4－2 所示。

表 4－2　　现金流情况

年度	现金流（10 亿欧元）
0	－2.5
1	3.1

续表

年度	现金流（10亿欧元）
2	1.8
3	1.4
4	-4.4

如果皇家荷兰石油公司的资本成本为15%，是否应该接受该项目？

解：该项目计算出两个IRR而不是一个值。因为出现两次符号变动（从现金流入变成现金流出并再次反向流动）所以有两个IRR，一个为17.8%，另一个则为39.6%。两个IRR产生的NPV均为0。哪个才是正确的？有没有甄选原则？图4-1就给出了答案。

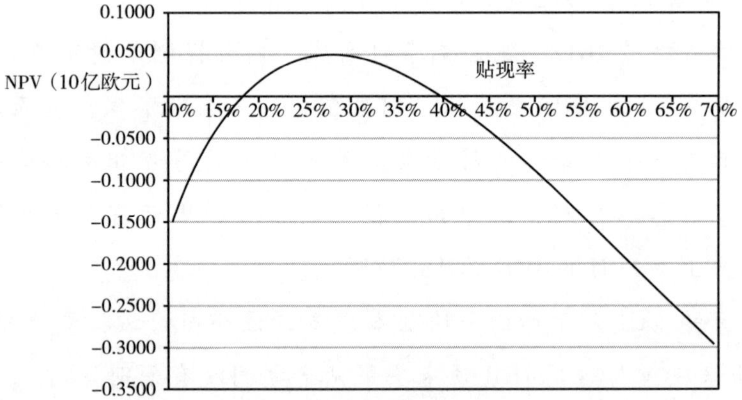

图4-1 NPV图

所有WACC在17.8%~39.6%范围内的项目具有正的NPV值，并且应该得到实施。由于WACC是15%并且不在17.8%~39.6%内，因此净现值为负数并且项目应该不实施为好。

4.1.3 投资回收期法

投资回收期法因为简单而被长期使用。回收期是指回收项目净初始投资所需要的年数。

运用回收期法的决策原理是：预期回收期PP必须小于或等于所接受项目预先设定的取舍期。这样，企业可能会只接受投资回收期为三年或更短的项目。

【例4-5】 西门子（Siemens）公司是德国首屈一指的电子与电气工程巨人，其正考虑实施一项初始投资为900万欧元的项目。今后9年内每年能从投资中获取150万欧元的净经营现金流。则该项目的投资回收期为多久？

项目存续期间每年的现金流相等。这样回收期（PP）就可以轻易计算出：

$$PP=\frac{900}{150}=6\text{（年）}$$

如果西门子规定只接受回收期为5年或更短时间的项目的话，则该企业就不会投资于该项目。

如果净经营现金流每年各不相同，则回收期的计算就变得稍微复杂起来。例4-6就阐述了这个问题。

【例4-6】 对前述项目进行更加深入的研究显示，9个净经营现金流的合计金额还是1 350万欧元（=9×150），但是该项目产生的净年度现金流并不相等，而是分别如下：300万欧元、200万欧元、150万欧元、150万欧元、150万欧元、110万欧元、110万欧元、100万欧元与80万欧元。则该项目的投资回收期为多少？

解：由于各年度的现金流并不相等，这样就必须先确定累积现金流，然后才能计算投资回收期（如表4-3所示）。

表4-3　　现金流与累积现金流　　单位：百万欧元

年度	现金流	累积现金流
1	3.0	3.0
2	2.0	5.0
3	1.5	6.5
4	1.5	8.0
5	1.5	9.5
6	1.1	10.6
7	1.1	11.7
8	1.0	12.7
9	0.8	13.5

在第 4 年时的累积现金流为 800 万欧元，而在第 5 年则为 950 万欧元。由于该项目只需回收 900 万欧元，因此回收期大于 4 年而小于 5 年。如果我们假设净现金流在该年内是均匀分布的话，那么我们就可以计算出精确的回收期。

到第 4 年该项目已经回收了 900 万欧元投资中的 800 万欧元，这样在第 5 年需要收回 100 万欧元（$=900-800$）的投资。项目第 5 年的总净现金流为 150 万欧元。基于此，正确的回收期为：

$$PP = 4 + \frac{100}{150} = 4\frac{2}{3}\ (\text{年})$$

如果西门子公司规定只接受回收期为 5 年或更短时间的项目的话，则其将会投资该项目。

（1）投资回收期法的优缺点

投资回收期法的主要优点在于其简洁性。一旦估计出现金流，则可以轻易计算出回收期并且很容易对此作出决策。

尽管如此，这种方法仍然有很多缺点。

第一，并且最主要的一点在于该方法建立在把现金流相加而不考虑其所处期间与风险。这样，该方法完全忽略了资金的时间价值原则。这也意味着这种方法忽略了股东价值最大化这一目标。

第二，不存在确定基准回收期的合理基础。换句话说就是为什么应该接受一个 3 年的回收期？为什么不是 2 年？

第三，这种方法完全忽略不计基准回收期之外的现金流。如果存在着两个相互竞争的项目，其中一个存续期为 5 年而另一个则为 20 年。如果基于投资回收期法进行决策的话就无需考虑 5 年之后的现金流。

由于回收期法的局限性，这种方法可能不太适合于确定项目的可接受度。如果计算回收期的话，应该只把它主要作为项目流动性的指数，即能够多快地从项目的现金流中回收投资？

（2）贴现回收期

贴现回收期可以被定义为通过计算预期现金流入的贴现价值，确定项目中回收初始投资所需时间。贴现回收期法与回收期法的相似之处在于其关注的是项目“回收”初始投资所需要的时间。区别在于贴现回收期法中对现金流贴现，这样就考虑到资金的时间价值，而在传统的回收期法中不对现金流进行贴现。贴现回收期法与回收期法相比更能够准确评测收支相抵期，这是因为其考虑到项目所产生现金流的时间价值。贴现回收期法在进行资本预算时比传统的回收期法更为保守。贴现回收期法的局限性在于其不对项目整个存续期内的投资回报进行评测，而是只关注对项目以贴现现金流进行足够支付所需的时间。为贴现现金流量，应使用适当反映现金流量风险的贴现率。贴现回收期法的另一个局限在于它比传统的回收期法更难计算。尽管如此，对于一个小型企业来说，这种方法仍然适合被用来替代传统的回收期法，这是因为前者几乎与后者一样简单。我们用案例来阐述贴现回收期法的概念。

【例 4-7】 西门子公司某项目的初始投资为 900 万欧元，回收现金流是不稳定的，如表 4-4 所示。该项目的资本成本为 10%，计算该项目的贴现回收期（PP）。

表 4-4　　**现金流情况**　　单位：万欧元

年度	现金流	现金流的现值	累积贴现现金流
1	3.0	2.73	2.73
2	2.0	1.65	4.38
3	1.5	1.13	5.51
4	1.5	1.02	6.53
5	1.5	0.93	7.46
6	1.1	0.62	8.08
7	1.1	0.56	8.65
8	1.0	0.47	9.11
9	0.8	0.34	9.45

$$PP = 7 + \frac{0.35}{0.47} = 7.74 \text{（年）}$$

根据表 4-4 可以看出贴现回收期约为 8 年。

如果西门子规定只接受回收期为 5 年或更短的项目的话，则该公司不会投资于此项目。

4.2 资本预算

正如在本文讨论的整个过程中所强调的，公司的主要目标是实现股东价值的最大化。当管理者最大化公司的价值时，这个目标就实现了。[①] 影响公司价值增长的最重要决定因素是成功实现有利可图的长期投资。只有通过成功利用长期投资机会才能实现增长。因此，产生和评估长期投资机会的过程是企业财务职能中最重要的一个方面。

所有这些预计为企业带来利益超过 1 年的资产被称为长期资产（或固定资产）。资本预算是长期资产投资计划。它包含此类投资的现金流量估计值。

长期投资机会被称为项目。对企业可用的项目进行分类的方式有很多种。可能有独立项目、相互排斥项目或相互依存项目。一组现金流量不相关的项目将被称为独立项目。例如，购买一批卡车的方案和建立新电脑设施的方案是两个独立的项目。另一方面，相互排斥项目执行相同的任务。两个或两个以上相互排斥项目中的一个项目被接受自动意味着其余项目不会被接受。当一家公司考虑购买电脑打印机时，惠普、佳能等打印机构成了一套互相排斥的项目。最后，当一个项目的接受与否取决于另一个项目的接受时，这两个项目可能被称为相互依存项目。两个相互依存项目的一个例子就是建造一座桥梁和修建通往大桥的引道。如果决定修建这座桥，就必须修建引道。在没有桥的情况下，不需要引道。

4.2.1 投资提案排序法

针对一系列相互排斥的项目进行决策，不是简单地接受或拒绝方法就能行得通的。很有可能发生不止一个项目可以被接受的情况。既然项目集合中的所有项目都能完成相同的任务，只有一个能够被接受，其他的项目则会被拒绝。因此，给定多个相互排斥的项目，分析人员必须作出决策，所接受的那个项目能为公司带来最大的增值。

① 我们假设债券持有人也免受征收。否则，公司价值的增加可能不会转化为股东财富的最大化。

当多个相互排斥的项目具有相同的生命周期时，制定决策就会相当简单。从多个具有相同生命周期的互斥项目中作出选择时，首先要根据项目的净现值对其进行评级排序，之后选择那个具有最高净现值的项目。

【例4－8】 Marconi公司是英国的电信设备生产商，其前身是GEC，现正在方案A和方案B之间作选择，它们的现金流如表4－5所示。假如Marconi公司的资本成本按8.5%计算，那么究竟是选方案A还是方案B呢？

表4－5　现金流情况　单位：英镑

年度	方案A	方案B
0	-90 000	-100 000
1	40 000	34 000
2	35 000	34 000
3	30 000	34 000
4	15 000	34 000

按8.5%的贴现率计算：

方案A的净现值(NPV_A) = 100 908 - 90 000 = 10 908（美元）

方案B的净现值(NPV_B) = 111 370 - 100 000 = 11 370（美元）

因为$NPV_B > NPV_A$，所以应该选择方案B。

然而，当多个互斥项目具有不同的生命周期时，如果不对上述决策规则进行修改，就不能用于项目决策。如果两个互斥项目的生命周期不同，分析人员首先要消除生命周期差异带来的影响。生命周期短的项目，可能有很低的净现值，但是在该项目生命周期的期末，能够为公司提供再投资的机会，从而获取更多的现金流。

举例来说，有两个项目，生命周期分别为3年和4年。如果接受第一个项目，该项目将在第3年末被终止。分析人员假设公司长期需要此设备，并且每3年更新一次。类似地，如果接受具有4年生命周期的项目，分析人员同样假设公司长期需要此设备，并且每4年更新一次。那么，评估这两个互斥项目时，不是依据3年或者4年的时间长短，而是依据两个项目假定的共同生命周期来做决定。因此，可以假定两个项目均具有无限的生命周期，或是采用两个项目的生命周期的最小公倍数。在上述例子中，评估两个项目的现金流需要按照 12 年（=3×4）来计算。

接下来的例子将更清晰地阐明这个方法。

【例 4-9】 Novartis 公司是世界上最大的制药企业之一，公司的管理者正考虑在未来 15 年内使用复制设备。现有 A、B 两种选择。选择 A 方案，公司要花费 13 000 欧元，生命周期为 3 年，年净现金流达 7 600 欧元。选择 B 方案，公司要花费 17 500 欧元，生命周期为 4 年，年净现金流达 8 000 欧元。如果两个方案中的设备分别是 3 年和 4 年更新一次，资本的机会成本是 15%，Novartis 公司应该接受哪项方案呢？

由于方案 A 和方案 B 具有不同的生命周期，不能直接比较两个方案的净现值，而是应当在它们具有相同生命周期的基础上作比较。照此方法，取这两个方案共同生命周期的最小公倍数为 12（=4×3）。对项目 A 进行一系列替换后，其产生的现金流如表 4-6 所示。

表 4-6　　项目 A 现金流　　单位：欧元

年度	投资	项目现金流	净现金流
0	-13 000		-13 000
1		7 600	7 600
2		7 600	7 600
3	-13 000	7 600	-5 400
4		7 600	7 600
5		7 600	7 600
6	-13 000	7 600	-5 400
7		7 600	7 600
8		7 600	7 600
9	-13 000	7 600	-5 400
10		7 600	7 600
11		7 600	7 600
12		7 600	7 600

替换链所产生的净现值是基于表中第 4 列所示净现金流基础上计算得来。可以确定，在生命周期为 12 年、贴现率为 15% 的基础上计算的 A 方案的净现值等于：

$NPV_A = 10\ 330$（欧元）

相似地，方案B（4年和8年后更换一次）的净现值等于：

$NPV_B = 10\ 139$（欧元）

由此可见，项目A更优。

但是，如果备选的两个项目的生命周期分别是11年和13年，用此方法做选择便显得不太合适。在遇到这种情况时，一个比较可行的方法是假设这两个项目可以做永久不断的更新，也就是说，比较两个具有无限生命周期项目的现金流。利用如下步骤比较两个方案的收益：

①以常用方式计算两个项目的净现值；

②计算等值年金（或称为等额年金，EAA）。所谓等值年金是指在整个项目的生命周期中，年度现金流所产生的净现值同项目所产生的净现值一致。因此，每个项目都能被有相等年现金流的项目替代。由于这些项目是可以永久地被替代，从每个项目中计算出的现金流不断地替代，从而形成一系列的年度现金流，每一现金流值都等于该项目的等值年金。等值年金可以用下面的公式来计算（注：$PVIFA_{k,n}$表示期限为n年，贴现率为k的年金系数的现值）。

$$EAA = \frac{NPV}{PVIFA_{k,n}}$$

表4－7提供了一个案例。考虑一个生命周期为3年的备选投资项目，原始投资10 000欧元，年现金流5 000欧元。假设贴现率是12%，3年12%的年金现值系数是2.402，那么这个项目的净现值是2 010欧元（=5 000×2.402－10 000）。计算等值年金用2 010欧元除以2.402，结果是837欧元。

表4－7 **项目现金流** 单位：欧元

年度	原有项目A	替代项目A′
0	－10 000	0
1	5 000	EAA＝837
2	5 000	EAA＝837
3	5 000	EAA＝837

项目 A 和项目A′的净现值相同。因此，我们在无限替换链中使用项目A′的现金流量。另外，一个竞争项目也用同样的方法计算。

由于我们有两个备选投资项目，每个项目的现金流数量都不同，所以我们能通过比较项目的等值年金来决定更具盈利性的项目，等值年金最高的投资项目就是我们选择的最佳方案。

【例 4 -10】 基于以上所列的数据，如果 Novartis 公司使用等值年金计算法，该选择哪个备选项目呢？

第一步，计算净现值：

$NPV_A = 4\ 353$（欧元）

$NPV_B = 5\ 340$（欧元）

第二步，计算等值年金：

$$EAA_A = \frac{NPV_A}{PVIFA_{15\%,3}} = 1\ 907 \text{（欧元）}$$

$$EAA_B = \frac{NPV_B}{PVIFA_{15\%,4}} = 1\ 870 \text{（欧元）}$$

第三步，比较等值年金，选择等值年金最高的投资项目。

由于$EAA_A > EAA_B$，所以应该选择项目 A。

虽然项目 A 的净现值较低，但是从整体看，还是优于项目 B。项目 B 的高净现值分布于 4 年，而项目 A 的低净现值分布于 3 年。上述比较表明，项目 A 为更佳的选择。

4.2.2　资金的定额分配

大多数公司都会处在这样一种经营环境中，即具有盈利性的投资项目所需要的资金往往超过公司现有的资金。资金的缺乏使公司管理者不得不对公司现有的资金实行谨慎的定额分配。通常，公司的管理者会以股东价值最大化这一目标为前提，把公司仅有的资金分配给那些具体的投资项目。由此可见，能够被公司管理者接受，获取公司现有资金的项目，是那些组合起来能为公司带来最大净现值的项目。

公司的管理者可以利用多种方法来决定哪些项目能够获得现有资金的资助，实现净现值最大化的目标。可以使用像 0－1 规划那样的线性规划技术。如果备选项目的数量较少，可以使用一些相对简单的方法来选择项目，如利用一个被称为获利指数的新的决策变量。

在对这一概念进行定义之前，有必要说明的是，对一个特定项目，尽管 NPV 和 IRR 能够系统地给出相同的决策（接受或者拒绝），但是当根据偏好对项目进行分类时，这种相同并不意味着总是可行的，特别是在公司处于资金定额分配情形时。这是一个极为关键的阶段。

【例 4－11】 项目 A 和项目 B 都是可以接受的，它们的 NPV 均为正，IRR 均高于资金成本（12%）。如果公司必须在二者之间择其一，这两个方法则会产生分歧：从 NPV 的观点来看，项目 A 优于项目 B；而如果基于 IRR，项目 B 要优于项目 A（如表 4－8 所示）。

表 4－8　　**项目情况**　　单位：欧元

年份	项目 A	项目 B
0	－1 500	－1 000
1	225	150
2	225	150
3	1 725	1 185
NPV	108.1	97
IRR	15%	16%

这一问题产生的根源在于，NPV 方法考虑的是绝对值（如美元、瑞士法郎等），完全整合了现金流在数量上的特点；而 IRR 方法是基于相对值的（项目的盈利能力），计算式并未考虑绝对量。

为摆脱这一僵局，可以采用获利指数（PI）这一指标，将其定义为项目的 NPV 与 NINV 的比值。因此有：

$$PI = \frac{NPV}{NINV}$$

【例 4－12】 利用 NPV 标准，在两个项目间无法进行决策。然而，可以合理地假定，项目 X 的 IRR 接近于 15%，这是因为相较于初始投资 1 412，NPV 较低；但是相对于资金成本，项目 Y 的 IRR 值较高，依此观点，更偏向于项目 Y。获利指数准确地反映了这一情况（如表 4－9 所示）。

表 4－9 项目情况 单位：欧元

项目	项目 X	项目 Y
流入	1 422.7	110.7
流出	1 412.0	100.0
NPV	10.7	10.7

$$PI(X)=\frac{10.7}{1\ 412.0}=0.0075$$

$$PI(Y)=\frac{10.7}{100.0}=0.107$$

因此，PI 反映了该项目每一美元的 NINV 能够带来的以 NPV 表示的回报。我们可以说，PI 越高，项目投资越是具有效率，这是因为每一美元的 NINV 能够带来最大的 NPV。公司的管理者为了从一系列可供选择的项目中实现 NPV 的最大化，必须从可供选择的项目中选择具有最大 PI 的项目。这一过程不断重复，直至耗尽可供支配的资金。这种方法能确保公司有限的资金被用于那些提供最大 NPV 的项目上。

【例 4－13】 Sara Lee 公司是一家业务遍及全球的，生产高质量、名牌商品的制造商，拥有知名品牌 Hanes、Champion、Hillshire、Farm 与 DIM。Sara Lee 公司现正考虑表 4－10 所示的一系列项目。

表 4－10 项目情况 单位：万美元

项目名称	NINV	NPV
A	12.0	1.5
B	9.0	1.2
C	6.0	0.9
D	14.0	2.2
E	12.5	1.9
F	7.5	1.3
G	9.0	1.5
H	3.0	0.5

如果 Sara Lee 公司当年只预期投资 525 000 美元，它该选择哪些投资项目呢？

第一步：计算获利指数，将获利指数按由低到高的顺序来排列各项目（如表 4－11 所示）。

表 4－11　　项目情况

项目名称	NINV（千美元）	NPV（千美元）	获利指数	排序
A	120	15	0.125	8
B	90	12	0.133	7
C	60	9	0.15	6
D	140	22	0.157	4
E	125	19	0.152	5
F	75	13	0.173	1
G	90	15	0.167	2
H	30	5	0.167	2

第二步：计算累积资金需求，选择每一个盈利能力高投资项目，直到公司的资金全部用完（如表 4－12 所示）。

表 4－12　　项目情况　　单位：万美元

项目名称	NINV	NPV	累计资金	累积净现值
F	7.5	1.3	7.5	1.3
G	9.0	1.5	16.5	2.8
H	3.0	0.5	19.5	3.3
D	14.0	2.2	33.5	5.5
E	12.5	1.9	46.0	7.4
C	6.0	0.9	52.0	8.3
B	9.0	1.2	61.0	9.5
A	12.0	1.5	73.0	11.0

从表 4－12 中可以清楚地看出，52 500 美元总共可以选择 6 个项目进行投资。除了项目 A 和项目 B 之外（因为它们的获利指数排在最后，投资资金已经不够再投）。选择的 6 个投资备选项目（即投资项目 C、D、E、F、G 和 H）将为公司增加 83 000 美元的价值。

回顾一下项目 A 和项目 B，可以很容易计算出：

$$PI(A)=\frac{108.1}{1\ 500}=0.072$$

$$PI(B)=\frac{97}{1\ 000}=0.097$$

依据 PI 指标，项目 B 要优于项目 A。

进行至此，必须强调一点，PI 值并没有太多关注项目的盈利能力。

实际上，可以通过例子得到（如表 4－13 所示）。

表 4－13　　项目情况

	项目 A	项目 B
内部收益率（IRR）	15%	16%
获利指数（PI）	7.2%	9.7%

最后，必须清楚的是，决策偏向于项目 B 而不是项目 A，留下了一个新的疑问：对余下的 500 美元将如何处理？如果它们完全不具有产出能力，严格来说，基于项目 B 应当计算一个新的指标 $PI^*(B)$：

$$PI^*(B)=\frac{97}{1\ 000+500}=0.065$$

从此角度来看，决策应该更偏向于项目 A。

然而，如果公司能够有效地利用项目 C 所余下的 500 美元，则 $PI^*(B)$ 变为：

$$PI^*(B)=\frac{97+NPV(C)}{1\ 500}$$

现在，由于项目 C 的特征，使得公司要在单独的项目 A 和综合项目（B＋C）之间作出决策。

这种方法的缺点在于，当公司的管理者需要进行多种资源的配置时，这一方法不再适用。

【例 4－14】 Embratel 公司是一家为全球以及巴西国内提供长途通信服务的企业。假设其市场与销售部能为第 1 年和第 2 年的新投资总共筹集 100 000 美元。资金的机会成本是 10%。该部门面临表 4－14 中列出的 4 个投资备选项目方案。方案 A、方案 B 和方案 C 是在第一年初实行，而方案 D 是在第 2

年初实行。应该接受哪项方案呢？

表 4-14　　4 个人投资备选项目方案　　单位：万美元

项目名称	第 1 年现金流量（年初）*	第 1 年现金流量（年末）*	第 2 年现金流量（年初）*	第 2 年现金流量（年末）*	NPV*	PI
A	-10	6		10	37	0.4
B	-6	4		7	34	0.6
C	-4	1		6	19	0.5
D			-16	24	53	0.3

从获利指数这一方面可以看出，在第 1 年初接受方案 B 和方案 C 是最佳选择，但实际上并不是最佳方案。虽然方案 A 的净现值低于方案 B 和方案 C 的净现值总和，但是应该采纳方案 A。因为 1 年后，60 000 美元现金流入加上 100 000 美元年初始投资为方案 D 提供了充足的资金。而如果选择方案 B 和方案 C，在第 2 年初只有 150 000 美元投资金额（包括在第 1 年内投资带来的现金流入和年初始投资金额），不能为方案 D 提供充足的资金。如果采纳方案 A 和方案 D，总的净现值是 90 000 美元。如果只从获利指数选择实行方案 B 和方案 C 看，总净现值只有 53 000 美元。因此，应该采纳方案 A 和方案 D。

4.2.3　常见的错误

在资金预算过程中会发生一些常见的错误。记下它们极为重要，以确保在分析中消除这些错误。

首先，最重要的是应该在增量或者边际的基础上估算相关的现金流。这意味着，如果公司现金流的变化是由于接受与实施项目引起的，才能列入考察范围。分析人员不用担心已有的现金流。

其次，现金流应该是税后的流量。在估算项目现金流之前应该考虑所有可能的税收负债。

最后，应该从整体上考虑项目的附带结果。例如，如果仅考虑一项铁路的扩张项目，可能会出现负的净现值，但考虑到新线路对已有线路运输能力的提升效应，则该项目也是有利可图的。

【例 4 – 15】Frito – Lay 公司是百事集团下属的休闲食品公司，是世界上最大的方便食品与包装饮料的生产商与销售商之一，现正计划在德国推出一种新的墨西哥薯片。这项新产品的生命周期估计是 5 年，在第一年销售额预计达到 5 000 万欧元，之后的每年增长率是 10%。但是对这种新产品的强制性销售活动同时也导致了该公司在德国的其他现有产品的销售量增长。预计对现有休闲食品销售额的积极影响是：第 1 年新增 250 万欧元，第 2 年新增 400 万欧元，第 3 年新增 50 万欧元。依据表 4 – 15 所示信息，在计算净现值时考虑的相关现金流量是什么？

墨西哥薯片的推出造成现有产品销售量的扩大。没有新产品，销售量也不会增加。我们把这种现象称之为销售创造或者正向协同效应。由于实施该项目使其他产品受益，这些额外的销售量应该被作为净现值的一部分来计算。因此，该项目的相关现金流量是：

表 4 – 15 Frito – Lay 公司推出新产品对现有食品销售额的影响 单位：百万欧元

	第 1 年	第 2 年	第 3 年	第 4 年	第 5 年
新产品的预计销售额	50.0	55.0	60.5	66.6	73.2
销售创造	2.5	4.0	0.5	—	—
相关的现金流	52.5	59.0	61.0	66.6	73.2

一个新产品不会只对现有产品产生正面影响。新产品可能会造成现有产品的销量减少，这种现象被认为是替代效应。可口可乐公司是不含酒精软饮料制造商中的领头羊，在 1983 年引入低热量可乐，使得其他同类产品下滑 25%。如果有负向协同效应，要从新项目的现金流量中减去替代效应那部分。

【例 4 – 16】加拿大的 Danone 公司打算生产一批新的奶酪，并利用这批新产品赢得 10% 的市场，但同时也使 Danone 公司其他同类产品的销售量下降了 25%。如果假设加拿大的市场容量是 54 000 万欧元，加拿大 Danone 公司目前的市场份额占 30%。此时，新产品产生的额外销售量是多少？

如果没有替代效应，增加的销售额计算公式为：

0.1 × 54 000 = 5 400（万欧元）

但事实上存在着替代效应，因为新奶酪的推出使 Danane 公司原有的同类产品销售量下跌。因此，虽然新产品的销售量上升到 5 400 万欧元，但同时其他同类产品下降到 405 万欧元（$=0.25\times0.3\times5\,400$），增加的销售额为 4 995 万欧元（$=5\,400-405$）。

通常很难估计替代效应的真实数量，因为需要估计未引入新产品的情况下，销售会有什么变化。例如，由于市场竞争，销售量也会或多或少地下降。

在实施项目中，营运资本的变化不能被忽视。通常在开始一个新项目时，由于存货和应收账款的增加，对营运资本的需求相应地增加。高额存货代表了投入商品生产的资金，应收账款则是投入赊销商品的生产资金。应付账款是赊销商品时由供应商提供的资金，将会导致营运资本的减少。无论是在项目开始时还是在实施过程中，高额的净营运资本都应被视作边际现金流出。项目结束时，公司通常可以回收一部分用在营运资本上的投资。这是在减少净营运资本，应该被视为项目的边际现金流入。

【例 4－17】 假设 Frito－Lay 公司（参照例 4－15）预计产品引进带来的额外影响：最初阶段，由于对原材料的高额需求，存货上升了 250 万欧元。应收账款和应付账款也分别增加了 400 万欧元（赊销量增加）和 150 万欧元（赊购量增加）。如果简化一点，在项目的生命周期中净营运资本不发生变化，但是在该项目即将结束时，必须要清算额外的流动资金。那么，在该项目开始与结束阶段，净营运资本发生变化后，相关的现金流量是多少？

由于资产（存货和应收账款）的增加可以被看作现金流出，而负债（应付账款）的增加可以被看作现金流入。因此，在净营运资本中，新项目引起的现金流量变化如表 4－16 所示。

表 4－16　　Frito－Lay 公司新项目引起的现金流变化　　单位：百万欧元

项目	第0年	第5年
存货变化	2.5	－2.5
应收账款变化	4.0	－4.0
应付账款变化	1.5	－1.5
净营运资本变化	5.0	－5.0
净营运资本中现金流量变化	－5.0	5.0

在例4－17中，我们假设在项目的生命周期中净营运资本不发生变化，这种处理过于简化。在估价模型中经常假设净营运资本的存量（不要与净营运资本的变化相混淆）与销售量相联系。因此，我们把项目的生命周期中净营运资本发生的变化视为项目评估中的边际现金流量。

【例4－18】 接续例4－17进行另一种假设。德国子公司计提下一年销售额的10%作为净营运资本。在项目即将结束时，必须要清算额外的净营运资本。那么，净营运资本发生变化后，边际现金流量是多少？

已知在项目的生命周期中净营运资本与销售量相联系。但是应该看哪个销售额呢？是看新产品的预期销售额还是看包括销售创造的销售额？要回答这个问题并不简单。如果没有更多确切的信息，一般情况下，不考虑正向和反向协同效应，还是很清楚该看哪个销售量。但是如果一个新产品的协同作用效果很大，就不太容易辨别。然而，在当前这个例子中，只关注新的墨西哥薯片的销售额。受到新项目的影响，净营运资本发生变化后边际现金流量如表4－17所示。

表4－17　　Frito－Lay公司受新项目影响的边缘现金流量　　单位：百万欧元

项目	第0年	第1年	第2年	第3年	第4年	第5年
新项目预期销售量		50.00	55.00	66.55	88.58	129.69
预期净营运资本	5.00	5.50	6.66	8.86	12.97	0.00
在净营运资本中预期变化	5.00	0.50	1.16	2.20	4.11	－12.97
净营运资本发生变化后预期现金流	－5.00	－0.50	－1.16	－2.20	－4.11	12.97

不考虑沉没成本。沉没成本是项目被接受的决策做出之前发生的成本。在不考虑沉没成本前提下，调查新产品的市场需求所花费的调查费用，不需要考虑。同样，也不需要考虑项目引起的相关费用。比如，律师费、顾问费、研究与开发费用。

【例4－19】 假设世界上顶尖的保险公司之一的Allianz公司，1年前开始了一个重要的投资项目。投资额是120万欧元。其中，50万欧元用于初始阶段，其余的资金当前支付。从当前开始1年内，该项目将产生5个金额为20万欧元的年现金流入量。如果简化一点，Allianz公司的资金成本率是12%，那么应该继续该项目吗？（假定继续该项目不会增加其他费用）

如果往回看，Allianz 公司不应该再投资，因为在初始阶段该项目的净现值为负数：[1]

$$NPV = -500\ 000 - \frac{700\ 000}{1.12} + \frac{1}{1.12} \times PVITA_{12\%,5} \times 200\ 000$$

$$= -481\ 290\ (欧元)$$

但是，投资了 50 万欧元后，应该继续该项目。从当前来看，净现值是：

$$NPV = -(1\ 200\ 000 - 500\ 000) + PVITA_{12\%,5} \times 200\ 000$$
$$= 20\ 955\ (欧元)$$

计算结果表明公司应该继续实施该项目。

项目利用全部资源的机会成本也要列入考察之列。当某些现有资源也能被用于其他被分析的项目时，适用于这一准则。举例来说，某公司正准备在市场上推出新产品。现有的仓库用于存储新产品。分析人员试图假定使用仓库不会引起付现成本，仓库也就不需要指定任何成本。但是，这种假定是错误的。其原因在于，如果仓库不堆放新产品，公司可以将仓库出售或出租，从而产生现金流入。一旦仓库用于堆放新产品，出售或出租的现金流也就不会发生，减少的现金流就是新项目使用仓库时所应考虑的机会成本。

【例 4-20】 Blohm & Voss 公司是德国著名的造船企业，它是 Thyssen Krupp的子公司，在德国汉堡港口已经拥有好几个仓库和造船厂。现在假定该公司考虑新项目：把现有的一个造船厂转变为一个娱乐中心，娱乐中心包括海鲜餐厅、水族馆和军舰博物馆。即使 Blohm & Voss 公司已经拥有造船厂大楼，但是如果继续使用这幢大楼，会给评估娱乐中心项目带来什么影响吗？

对此问题的回答要视以下两种情况而定：

（1）如果目前不使用这幢大楼，将来也不会使用，更不打算租售，仅仅是因为新项目（假如这个新项目在实行中）才需要使用这幢大楼，那么不需要考虑边际效应。因为这个新项目既不存在替代效应，又不需要把租售大楼的费用所引起的现金流入减去替代效应那部分，也不限制公司利用造船厂这

---

① 我们也可以假设 Allianze 公司的管理者不会接受有负净现值的项目。

幢大楼造船或者举办其他活动的权利。

（2）如果公司要使用这幢楼或者想把这幢楼租给其他公司，或者出售大楼，那么就要考虑边际效应。比如，如果要把造船厂转变为娱乐中心，Blohm & Voss 公司必须为造船厂另觅新的场所，取消与其他公司签订的租约或者不出售大楼。当评估新项目的盈利能力时，不仅要使由于取消租约或者停止出售不发生现金流入，而且还要把迁徙造船公司的额外费用所形成的机会成本视为现金流出的增加。

当一个新项目致使公司在未来无论如何都要实施的一项投资时，机会成本也会增加。

【例 4-21】 Roca Radiadores 公司是西班牙领先的卫生洁具生产商，公司正计划生产一款新的瓷砖。从现在开始的 2 年内，公司要为这款新产品购置新设备，一开始就应该购买（即使 Roca Radiadores 公司不实施这一项目，也要购置新设备）。如果新设备要花费 250 万欧元，购买价始终保持不变，Roca Radiadores 公司的资金机会成本率是 15%，那么替代公司投资项目的新项目的边际效应是多少？

机会成本有两种计算方法。

（1）如果 Roca Radiadores 公司在第 2 年而不是第 3 年购买设备，那么就要损失投资资金 1 年的利息收入。损失的利息收入与新项目导致机会成本的增加相一致。

$$损失利息收入在第3年末的终值 = (2\ 500\ 000 \times 1.15) - 2\ 500\ 000 = 375\ 000\ (欧元)$$

$$损失的利息的现值 = \frac{375\ 000}{1.15^3} = 246\ 569\ (欧元)$$

因此，Roca Radiadores 公司的管理者应该在项目成本中加入 246 569 欧元，作为边际现金支出。

（2）由于购买设备，Roca Radiadores 公司将在第 2 年有一笔 250 万欧元的现金花费。因为公司早就为投资做好了准备，将在第 3 年储存一笔 250 万欧元的现金作为费用支出。正如我们所知，储存的钱正好等于现金流入。因此，该项目机会成本的计算如下（现金流出符号为正，现金流入符号为负）：

$$\text{机会成本} = \frac{2\ 500\ 000}{1.15^2} - \frac{2\ 500\ 000}{1.15^3} \approx 246\ 569\ (\text{欧元})$$

相关的现金流中也不应考虑融资成本。融资成本包括利息成本、优先股股利或者普通股股利。计算相关现金流时，应把所有资金提供者提供的长期投入资本作为一笔现金流来计算。因此，不需要把不同的资金提供者提供的资金分开计算现金流。用于贴现项目现金流的贴现率是所有资金提供者得到回报的实际比率，稍后将做更进一步的讨论。以下一个简单的例子说明为什么在净现值计算中可以忽视融资成本。

【例 4-22】 Alisida 是希腊一家主要经营衣服和鞋子的生产与贸易公司，该公司的管理者分析以下项目：初始投资 500 000 欧元，而后每 4 年现金流入 170 000 欧元，资金的机会成本率是 12%。该项目的净现值应该是多少？

$$NPV = 500\ 000 + PVIFA_{12\%,4} \times 170\ 000 = 16\ 349\ (\text{欧元})$$

假设公司能为该项目筹借一笔利率为 12%，总额为 500 000 欧元的资金。投资后 3 年内，Alisida 公司将每年支付利息，而到了第 4 年，要支付本金和利息，那么净现值会发生变化吗？

解：以下是贷款产生的现金流：初始阶段现金流入是 500 000 欧元，从第 1 年至第 4 年，每年支付的利息是 60 000 欧元（=0.12×500 000），在第 4 年末支付本金 500 000 欧元。由此可知，该项目的净现值如图 4-2 所示。

$$NPV = \underbrace{500\ 000 - PVIIFA_{12\%,4} \times 60\ 000 - \frac{500\ 000}{1.12^4}}_{\text{融资决策}=0} - \underbrace{500\ 000 + PVIFA_{12\%,4} \times 170\ 000}_{\text{投资决策}=16\ 349}$$

$$= 16\ 349\ (\text{欧元})$$

图 4-2　Alisida 公司项目净现值构成

实施融资计划不会改变净现值。由此可知，在项目评估时，可以忽略融资成本。理由是，如果债务定价合理，现在的付息价加偿还本金等于为项目筹借资金的金额。因此，在投资决策中，净现值为零，并不影响净现值。

但这并不是说没有融资成本，而是指融资成本不是现金流量的一部分，因为在贴现时就已发生了。

必须谨慎地处理筹借资金时带来的负面影响。如果有债务税盾、筹资费用和补贴金等影响，在项目评估时我们不能忽视这些现金流量。债务税盾可以被视为净现金流的一部分，也可以被视为资金成本的一部分，即加权平均资本成本（WACC）。

在特别分析了净现值的缺陷后，可以利用所学知识分析一个较为综合的案例。

【例 4－23】[①] Reliable 电力公司正考虑制造一种新型的工业电动机，替代现有生产线上的设备。一项研究突破使 Reliable 公司领先竞争者两年。

Reliable 电力公司计划投资的现金流和现值如表 4－18 所示。

表 4－18　　Reliable 电力公司新投资计划的现金流和现值　　单位：美元

		2001 年	2002 年	2003 年	2004—2011 年
1	资本支出	－10 400 000			
2	研发	－2 000 000			
3	营运资本	－4 000 000			
4	销售收入		8 000 000	16 000 000	40 000 000
5	营业成本		－4 000 000	－8 000 000	－20 000 000
6	管理费用		－800 000	－1 600 000	－4 000 000
7	折旧		－1 040 000	－1 040 000	－1 040 000
8	利息		－2 160 000	－2 160 000	－2 160 000
9	税前利润	－2 000 000	0	3 200 000	12 800 000
10	所得税	—	0	420 000	4 480 000
11	净现金流	－16 400 000	0	2 780 000	8 320 000
	净现值＝13 932				

• 资本支出：800 万美元购置一台新机器，240 万美元扩建仓库。尽管目前只需要一半的仓库，但是扩建仓库的全部成本费用都被算入该项目。由于新机器被存放在现在工厂的大楼里，因此土地和建筑不产生费用。

• 研发：在 2000 年花费 182 万美元，从费用支出产生起到现在，根据 10% 的通货膨胀调整这个数字，即 200 万美元（＝182×1.1）。

---

① 改编自 Brealey 和 Myers（2000），145.

● 营运资本：作为初始投资进入存货。

● 销售收入：假定在 2002 年销售 2 000 台电动机，2003 年销售 4 000 台电动机，2004—2011 年每年销售 10 000 台电动机。预计最初每台销售价格是 4 000 美元，并且这个价格始终保持不变。

● 营业成本：包括所有直接成本和间接成本。假定间接成本（照明、取暖、能源费用及福利金等）占直接人工成本的 200%，预计每台机器的营业成本是 2 000 美元，这个成本水平始终保持不变。

● 管理费用：假定市场和行政管理费相当于 10% 的销售收入。

● 折旧：直线折旧的时间是 10 年。

● 利息：以 Reliable 电力公司目前 15% 的借款利率计算资本支出和营运资金成本。

● 税前利润：收入扣除研发费、营业成本、管理费用、折旧和利息。

● 所得税：税前利润的 35%。由于在 2001 年税前利润为负数。这笔损失是由上期转来的，并从 2003 年应纳税的利润中扣除。

● 净现金流：假定净现金流量等于税前利润减税。

● 净现值：以 15% 折现率计算净现金流的净现值。

可以在上述净现值计算中澄清如下问题：

● 资本支出：①只需弄清扩建仓库的全部成本费，不会使用剩下的那半个仓库，也不会把剩下的那半个仓库租出去。②必须核实工厂里新机器的安装是否会引起任何额外的机会成本。③应包括在项目结束期的残值。但是很可惜，没有足够的资料做一份完整的报告。

● 研发：这些成本是在 1 年前发生的。所以，为了净现值计算，它应列入沉没成本，忽略不计。

● 营运资本：整个项目生命周期中，净营运资本只发生一次改变。在项目结束期，应收账款、应付账款和回收库存会发生变化吗？我们需要更多的资料做一份项目评估。

● 营业成本：这个问题在于直接成本与间接成本的定义。为了计算净现值，只需看那些新项目引起的成本，即由于实施项目导致的额外成本。因此，不应该把工厂的用光、用热费用归入项目的现金流出中。

● 管理费用：正如前面所言，在项目评估中考虑边际市场和行政管理费是非常重要的。比如，由公司的秘书执行项目的行政管理任务。如果雇用的秘书以前是做兼职，现在由于新产品增加了薪水，想转为全职，那么在新项目预算中，应把这项费用归入现金流出增量中。

• 折旧：折旧不是上表中假定的现金流。折旧引起的 364 000 美元（=1 040 000×0.35）是税盾，类似于相关的现金流，在项目评估时要考虑到这点。

• 利息：一方面，利息付款是融资成本，在计算净现值时可以被忽略；另一方面，利息付款是计算所得税时可扣除的。因此，756 000 美元（=2 160 000×0.35）的税盾影响项目的现值，可以把这种税盾视为项目净现金流的一部分或者是加权平均资本成本的一部分。

• 折现率：折现率应该反映项目的风险程度，一般来说，与公司的借款率不同。

4.3 投资价值与企业价值之间的联系

公司是一个投资项目的集合，以资产形式报告（如图 4－3 所示）。合并财务报表显示投资资本为这些合计投资的总和加上为未来发展提供资金的现金账户。

在图 4－3 中，公司的投资资本包括 3 项。第 3 项投资于 2012 年开始，另外 2 项分别在 2009 年和 2011 年开始。与这些投资相关的数额出现在资产负债表中，代表着会计账户余额（初始值减年度累计折旧）。因此，单个投资项目的价值与整个公司的估值之间存在明确的联系。但是，也存在一些差异。

4.3.1 投资项目的估值与公司估值的相同之处

• 估值机制是一样的：两者均是一系列现金流量的贴现值。

• 投资决定是一样的：当内部收益率（IRR）高于加权平均资本成本（WACC）意味着投资方案应该被接受；当贴现现金流量（DCF）导致资本化水平高于其当前市场价值，意味着应该购买股票。

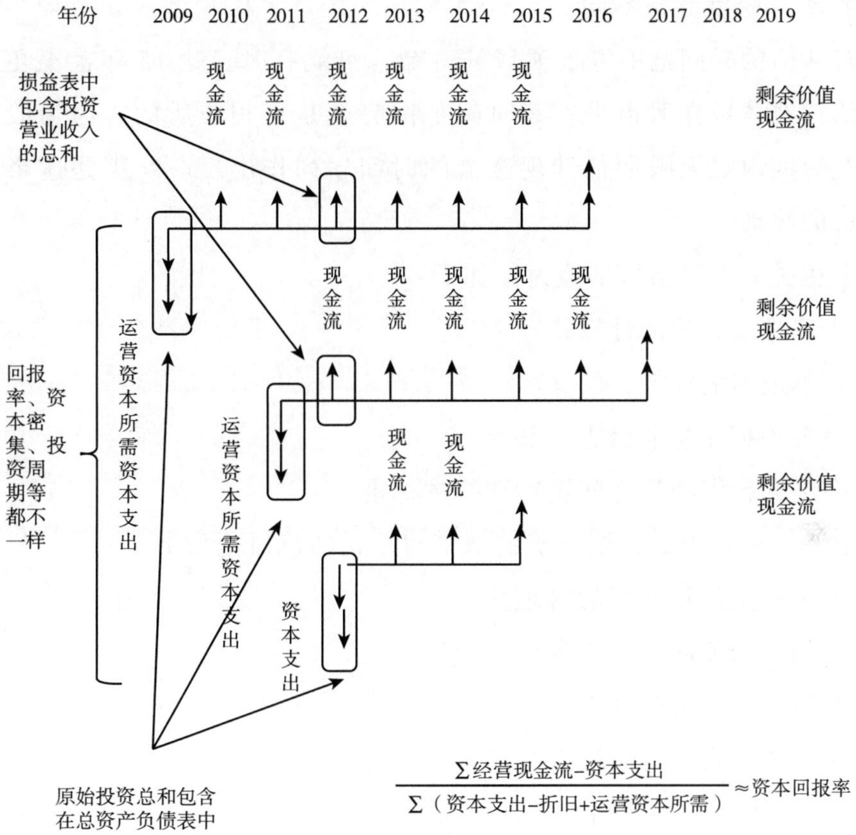

图 4-3 一段时间内各种投资的组合

4.3.2 投资项目的估值与公司估值的差异

（1）使用的流量不一样。

投资项目估值基于净经营现金流量。该投资第 0 年是第一次负流量，未来是现金流入。而公司的估值基于公司的自由现金流量。

用于贴现公司自由现金流量的折现率不一定与管理层在评估投资时使用的折现率相同。投资者认识的外部风险可能不同于管理层。例如，在一个国家发生武装冲突时，投资者急于避开该国家被牵涉过多的公司，并会对这些公司施加更高的风险溢价。然而，投资者很难判断销售的商品是来自该发生冲突的国家还是其他进口国，又或是附近的战区。管理层在这一问题上的观点可能与市场的观点截然不同。

（2）时间跨度非常不同。

投资估值的时间范围等于项目的寿命，可能有时长达 15 年甚至更长；而公司估值往往体现在股市上，其时间范围完全是自相矛盾的。因为股票市场经常会在短期内对无限期估计现金流的时间序列作出反应。正是这个矛盾解释了股价的波动。

本书相关章节对项目估值讨论如下：

- 未来现金流量的计算；
- 资本成本的计算；
- 贴现现金流量的概念；
- 在不同投资项目之间进行选择的标准。

本书关于金融市场股票分析的章节对公司估值讨论如下：

- 未来现金流量预测的合理性；
- 盈利的均值回归和资本成本的概念；
- 股权风险溢价的计算；
- 对非典型自由现金流量公司价值的计算。

例 4 – 24 解释了如何用折现现金流方法对一家公司进行评估。让我们用上述内容尝试对公司进行估值。

【例 4 – 24】 Florix，是一家虚构的成立于 2013 年初的公司，是一家成功的花店连锁经营商。这些连锁花店不仅销售鲜花与室内盆栽植物，也在线接受订单并配送给顾客。

2015 年初，Florix 公司公布 2014 年财务报告不久，一家大型多元化的消费品公司 Navora，对收购 Florix 产生了兴趣。为了确定 Florix 公司股票的价格范围，Navora 财务分析师从分析该公司成立两年来的财务报告着手如表 4 – 19、表 4 – 20 所示。

表 4 – 19　　Florix 公司成立两年以来的资产负债表　　单位：美元

项　目	2013 年	2014 年
现金与现金等价物	1 300 000	1 734 375
应收账款	2 000 000	2 093 750
应收账款占销售总额的百分比	12.5%	12.5%

续表

项　目	2013 年	2014 年
存货	3 000 000	3 140 625
存货占销售总额的百分比	18.8%	18.8%
预付费用与其他流动资产	500 000	500 000
流动资产总额	6 800 000	7 468 750
不动产与设备原值	2 000 000	2 800 000
减：累计折旧	-1 000 000	-1 500 000
不动产与设备净值	1 000 000	1 300 000
资产总额	7 800 000	8 768 750
应付款项与应计费用	1 000 000	1 046 875
占销售额的百分比	6.3%	6.3%
应付所得税	800 000	800 000
其他流动负债	200 000	200 000
长期负债	1 500 000	1 500 000
普通股股本	4 000 000	4 000 000
留存收益	300 000	1 221 875
负债与所有者权益合计	7 800 000	8 768 750

表 4-20　　Florix 公司 2013—2014 年利润表　　单位：美元

项　目	2013 年	2014 年
产品销售收入	15000 000	15 750 000
增长率		5%
其他收入	1 000 000	1 000 000
销售收入总额	16 000 000	16 750 000
产品销售成本	-10 000 000	-10 468 750
占销售额的比率	62.5%	62.5%
折旧	-500 000	-500 000
占不动产与设备比率	50%	50%
销售与管理费用	-2 000 000	-2 093 750
占销售额的比率	12.5%	12.5%
利息费用	-100 000	-100 000
利息收入	100 000	100 000

续表

项　目	2013 年	2014 年
税前利润	3 500 000	3 687 500
所得税	-1 750 000	-1 843 750
税率	50%	50%
税后利润	1 750 000	1 843 750

财务分析师也对 Florix 公司的财务比率进行了分析（如表 4-21 所示）。

表 4-21　Florix 公司的相关财务比率

项　目	2013 年	2014 年	2015 年	2016 年	2017 年	2018 年	2019 年
利润表							
销售增长率（%）		5.0	5.0	5.0	5.0	5.0	5.0
产品销售成本/销售额（%）	62.5	62.5	62.5	62.5	62.5	62.5	62.5
折旧/不动产与设备净值（%）	50.0	50.0	50.0	50.0	50.0	50.0	50.0
销售和管理费用/销售额（%）	12.5	12.5	12.5	12.5	12.5	12.5	12.5
税率（%）	50.0	50.0	50.0	50.0	50.0	50.0	50.0
资产负债表							
应收账款/销售总额（%）	12.5	12.5	12.5	12.5	12.5	12.5	12.5
库存/销售额（%）	18.8	18.8	18.8	18.8	18.8	18.8	18.8
应付账款和应付费用/销售额（%）	6.25	6.25	6.25	6.25	6.25	6.25	6.25
现金流量表							
资本支出（美元）	800 000	800 000	800 000	800 000	800 000	800 000	800 000

基于表 4-21 所示比率和 Florix 公司管理层会议的额外信息，财务分析师对该公司 2015—2019 年的财务报表数据进行了预测（如表 4-22、表 4-23 所示）。

由于财务分析师对于该公司 2019 年以后的预测持谨慎态度，所以必须确定终值。首先计算自由现金流（如表 4-24 所示）[①]。

① 在这个例子中，税后净营业利润（NOPAT）和税后利润相等。这是一个特例，因为财务收入和财务费用相互抵消而得到 0。通常这两个数额不相等，因为利息收入/费用不构成自由现金流量（FCF）的一部分。

表 4－22 利润表 单位：美元

项　　目	2013 年	2014 年	2015 年	2016 年	2017 年	2018 年	2019 年
产品销售收入	15 000 000	15 750 000	16 537 500	17 364 375	18 232 594	19 144 223	20 101 435
销售增长百分比		5%	5%	5%	5%	5%	5%
其他收入	1 000 000	1 000 000	1 000 000	1 000 000	1 000 000	1 000 000	1 000 000
销售收入总额	16 000 000	16 750 000	17 537 500	18 364 375	19 232 594	20 144 223	21 101 435
产品销售成本	－10 000 000	－10 468 750	－10 960 938	－11 477 734	－12 020 371	－12 590 140	－13 188 397
产品销售成本占销售总额的百分比	62.5%	62.5%	62.5%	62.5%	62.5%	62.5%	62.5%
折旧	－500 000	－500 000	－650 000	－725 000	－762 500	－781 250	－790 625
折旧占不动产与设备净值的百分比	50%	50%	50%	50%	50%	50%	50%
销售与管理费用	－2 000 000	－2 093 750	－2 192 188	－2 295 547	－2 404 074	－2 518 028	－2 637 679
销售与管理费用占销售总额的百分比	12.5%	12.5%	12.5%	12.5%	12.5%	12.5%	12.5%
利息费用	－100 000	－100 000	－100 000	－100 000	－100 000	－100 000	－100 000
利息收入	100 000	100 000	100 000	100 000	100 000	100 000	100 000
税前利润	3 500 000	3 687 500	3 734 375	3 866 094	4 045 648	4 254 806	4 484 734
所得税	－1 750 000	－1 843 750	－1 867 188	－1 933 047	－2 022 824	－2 127 403	－2 242 367
税率	50%	50%	50%	50%	50%	50%	50%
税后利润	1 750 000	1 843 750	1 867 188	1 933 047	2 022 824	2 127 403	2 242 367

表 4－23　　2013—2019 年 Florix 公司资产负债表

单位：美元

项　　目	2013 年	2014 年	2015 年	2016 年	2017 年	2018 年	2019 年
现金与现金等价物	1 300 000	1 734 375	2 321 094	3 005 898	3 762 756	4 579 800	5 452 306
应收账款	2 000 000	2 093 750	2 192 188	2 295 547	2 404 074	2 518 028	2 637 679
应收账款占销售总额的百分比	12.5%	12.5%	12.5%	12.5%	12.5%	12.5%	12.5%
存货	3 000 000	3 140 625	3 288 281	3 443 320	3 606 111	3 777 042	3 956 519
存货占销售总额的百分比	18.8%	18.8%	18.8%	18.8%	18.8%	18.8%	18.8%
预付费用与其他流动资产	500 000	500 000	500 000	500 000	500 000	500 000	500 000
流动资产总额	6 800 000	7 468 750	8 301 563	9 244 766	10 272 941	11 374 870	12 54 504
不动产与设备原值	2 000 000	2 800 000	3 600 000	4 400 000	5 200 000	6 000 000	6 800 000
减：累计折旧	－1 000 000	－1 500 000	－2 150 000	－2 875 000	－3 637 500	－4 418 750	－5 209 375
不动产与设备净值	1 000 000	1 300 000	1 450 000	1 525 000	1 562 500	1 581 250	1 590 625
总资产	7 800 000	8 768 750	9 751 563	11 726 445	13 429 330	15 179 078	16 980 610
应付款项与应计费用	1 000 000	1 046 875	1 096 094	1 147 773	1 202 037	1 259 014	1 318 840
占销售总额的百分比	6.3%	6.3%	6.3%	6.3%	6.3%	6.3%	6.3%
应付所得税	800 000	800 000	800 000	800 000	800 000	800 000	800 000
其他流动负债	200 000	200 000	200 000	200 000	200 000	200 000	200 000
长期负债	1 500 000	1 500 000	1 500 000	1 500 000	1 500 000	1 500 000	1 500 000
普通股股本	4 000 000	4 000 000	4 000 000	4 000 000	4 000 000	4 000 000	4 000 000
留存收益	300 000	1 221 875	2 155 469	3 121 992	4 133 404	5 197 106	6 318 289
负债与所有者权益合计	7 800 000	8 768 750	9 751 563	10 769 765	11 835 441	12 956 120	14 137 129

表 4 – 24　**自由现金流**　单位：美元

项　　目	2013 年	2014 年	2015 年	2016 年	2017 年	2018 年	2019 年
息税前净营业利润	1 750 000	1 843 750	1 867 188	1 933 047	2 022 824	2 127 403	2 242 367
折旧	-500 000	-500 000	-650 000	-725 000	-762 500	-781 250	-790 625
总现金流	2 250 000	2 343 750	2 517 188	2 658 047	2 785 324	2 908 653	3 032 992
流动资产增加	200 000	234 375	246 094	258 398	271 318	284 884	299 128
流动负债增加	40 000	46 875	49 219	51 680	54 264	56 977	59 826
资本支出（增加固定资产）	800 000	800 000	800 000	800 000	800 000	800 000	800 000
企业自由现金流	1 290 000	1 356 250	1 520 313	1 651 328	1 768 270	1 880 746	1 993 689
股利	-875 000	-921 875	-933 594	-966 523	-1 011 412	-1 063 701	-1 121 183
现金	415 000	434 375	586 719	684 805	756 857	817 044	872 506

对 Florix 公司终值进行估值时，分析师假设长期增长率为 5%。在咨询了 Florix 公司财务部门的意见后，资本成本率被定为 20%。因此，Florix 公司终值的计算如下：

$$\sum_{t=6}^{\infty}\frac{FCF_t}{(1.2)^t}=\frac{1}{1.2^5}\times\sum_{t=6}^{\infty}\frac{FCF_5\times(1.05)^{(t-5)}}{(1.2)^{t-5}}=\frac{1}{1.2^5}\times\frac{FCF_5\times 1.05}{0.2-0.05}$$

$$=\frac{1}{1.2^5}\times\frac{1\ 993\ 689\times 1.05}{0.2-0.05}=5\ 608\ 532\text{（美元）}$$

则公司的价值如表 4 – 25 所示。

表 4 – 25　**2015—2019 年 Florix 公司价值**　单位：美元

项　　目	2015 年	2016 年	2017 年	2018 年	2019 年
自由现金流现值（1）	1 266 927	1 146 756	1 023 304	906 995	801 219
自由现金流终值（2）					5 608 532
企业价值					10 753 733
债务价值					1 500 000
股权价值					9 253 733

截至 2014 年底，Florix 公司的债务价值为 1 500 000 美元，Navora 公司最多愿意支付 9 253 733 美元收购 Florix 公司的股权。

第 5 章　兼并与收购*

在这一章中将讨论兼并与收购中遇到的各种问题。首先讨论目标企业的估值方法，其次论述收购一家目标企业的各种方式，最后讨论收购者的策略与目标企业的反收购策略。

长期以来，兼并和收购一直被认为是不受欢迎的。在 20 世纪 80 年代互联网泡沫破灭之前，许多交易都损害了收购公司的股东利益。[①] 分析师们普遍采用的一个经验法则是，2/3 的交易都损害了收购方股东的价值。以下内容反映了在这些交易中出现的问题：

• 管理层为了追求业绩过度竞争。如果他们获准进入全球顶级市场，收购的费用往往过高。

• 支付的溢价远远高于交易带来的协同效应[②]。

• 大部分溢价都渡让给了目标公司的股东。

• 为什么在竞争激烈的市场中，目标公司的股东最终获取了收购方所增加的价值？这是一个很有趣的问题。

假设一家公司有许多分散的股东，而公司的管理层在管理公司方面做得不好。因此，该公司的股票在交易中有相当大的折扣，交易价格为 45 瑞士法郎/股。而如果经理们能够胜任的话，该公司的股票交易价格则为 75 瑞士法郎/股。另一家公司希望通过以 60 瑞士法郎/股的价格收购一半已发行股票的收购要约来解决这种困境（并同时实现盈利）。同时，采取控制措施，用新的管

---

① 关于这一学说的概述，可参考 Tim Loughran and Anand M. Vijh. Do Long - Term Shareholders Benefit From Corporate Acquisitions. Journal of Finance, 1997 (52): pp. 1765 - 1790; Sara B. Moeller, Frederik P. Schlingemann and René M. Stulz. Wealth Destruction on a Massive Scale? A Study of Acquiring - Firm Returns in the Recent Merger Wave. Journal of Finance, 2005 (60): pp. 57 - 782。

② "协同"这一概念由德国物理学家赫尔曼·哈肯于 1971 年提出。协同效应（Synergy Effects）即"1 + 1 > 2"效应，可分外部和内部两种情况，外部协同是指一个集群中的企业由于相互协作共享业务行为和特定资源，因而将此作为一个单独运作的企业取得更高的盈利能力；内部协同则指企业生产、营销、管理的不同环节、不同阶段、不同方面共同利用同一资源而产生的整体效应。

理层取代现有管理层使公司的运营状况变好。如果收购没有完成，则60瑞士法郎/股的报价将超过股票价值。因此，对于股东来说，这个报价是一笔好买卖。但是，如果所有股东都出售他们的股份，个人股东可以通过不投标自己的股票来获得更好的回报。如果新公司掌握了控制权，其股票价值将达到75瑞士法郎/股，而不是通过投标股票的方式获得的60瑞士法郎/股。在这种情况下，不投标是一个更加明智的选择。当然，如果所有股东都这样想，则没有人会投标他们自己的股份。说服股东投标股票的唯一方法是向他们提供每股至少75瑞士法郎的价格，这为收购公司排除了所有的获利机会。这里存在的问题是，现有股东在不必投入时间和精力的情况下，仍然可以获得收购公司所产生的收益。这被称为"搭便车问题"。[①] 对于并购中产生的搭便车问题的详细分析，请参考Grossmann和Hart（1980）。

重视价值创造这一策略使很多事情发生了改变。在过去的十年里，管理层为了不为收购付出过高代价而变得更加谨慎。

以法国制药公司Sanofi为例。这家公司由几家法国制药公司合并而来，从Elf Aquitaine的子公司开始，然后收购Synthélabo并与Rhône - Poulenc - Aventis合并。法国政府欢迎有足够规模的全国领军企业出现，以保护自己免受外国竞争对手任何敌对行动的侵害。然而，这项政策导致不具有互补性的公司组合在一起，与竞争对手相比，其资本回报率更低，产品渠道更弱。在更换首席执行官和董事会主席之后，战略转折点出现了。随着新任首席执行官（Glaxo，Smith Kline的前任）和新任监事会主席（Rexel、PPR，Accor和Schneider的前任）的到来，战略重点便转向了价值创造。对Genzyme的收购旨在对抗Sanofi产品渠道的缺陷，因为Genzyme专注于生物技术并提供互补的地理覆盖。尽管收购战略具有高度战略性，并且Genzyme董事会持续反对，Sanofi在2011年2月中旬的最终报价为74美元，相比于2010年8月底69美元的原始出价，基本没有改变，支付条件为未来药品的成功。此时，Genzyme的价格为收入的4.9倍，而生物技术行业的平均交易值为9倍，且该价格是资产价格的2倍。董事会多次解释了预期的协同效应以及不会为该集团支付过高费用的必要性。与以前的管理层相比，这是一个明显的文化变革。由于优先发展外部

① 这一例子引用于Berk和DeMarzo（2014），pp. 950 - 951。

更具增长前景的业务，Sanofi 的股价飙升。

除了构成本部分的预期协同效应和分配方式之外，必须强调的是，形成一个行之有效的外部发展战略需要特别的管理才能，鲜有轻易取得成功的例子的。好的例子包括通用电气公司，以及美国的工业公司如 Danaher 和 Tyco（在会计问题出现之前），或者欧洲的 LVMH。管理问题有很多：整合两种不同的企业文化，防止目标公司的管理层受到任何报复，确保这两个实体不会在新组织中分立。这无疑是收购和兼并交易中必须经历的学习过程。与那些试图走向全球的组织相比，老牌国际组织具有显著的竞争优势。新进入者通常不得不接管该行业内竞争力较弱的公司，这是一个更大的挑战。可以看到的是，20 世纪 90 年代的日本公司、20 世纪 80 年代欧元区成立之前的欧洲国家的公司，以及今天的印度和中国的公司之间具有令人惊讶的相似之处。

新近成为主流的观点已经改变了对许多（被收购）公司的态度，转而对被收购公司外部业务的盈利前景抱有更多正面看法。

最新研究几乎不再承认与内部增长有关的投资盈利能力与外部增长运营相关的投资盈利能力之间的差异（特别是 Aktas、Bodt，2008）。

咨询公司（埃森哲和麦肯锡）提供了有关这些业务的丰富统计数据。这些数据显示，虽然目标公司的股东仍然从公司收购中获益很多，但发起这一业务的公司股东仍在稳步增加。就这些公司股东的价值创造而言，这些业务首次不带有任何倾向性。股东总体回报率与行业标准如图 5－1 所示。

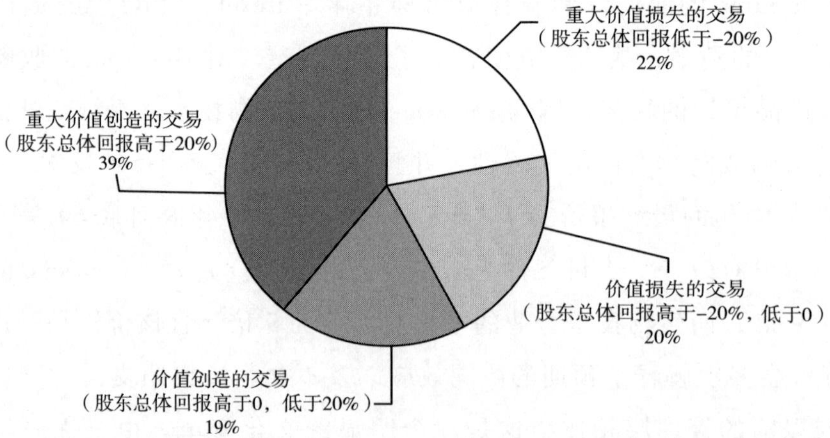

图 5－1　股东总体回报率与行业标准（股东总体回报率以交易宣告后 24 个月来衡量）

资料来源：埃森哲分析。

管理层更加重视资本成本。创造价值的交易比例正在增加。

5.1　估值问题*

在这一部分，我们将讨论并购中遇到的一些特殊问题。

5.1.1　目标企业的估值*

目标企业的估值涉及对由于兼并或者收购而带来的协同性增长以及促成公司业务重组的公司控制所带来收益的评估。在这些问题之后，我们将讨论如何用折现现金流技术进行目标企业的估值。

5.1.1.1　协同性*

协同性通用的定义是整体大于部分之和，用公式表示为：

$$V(AB) > V(A) + V(B)$$

协同性溢价可能有各种经营性或者财务性的来源。下面我们将讨论经营协同性与财务协同性的来源及其估值。

（1）经营协同性*

协同性得以存在的关键在于这样一个事实：目标公司控制的特殊的资源一旦结合兼并公司的资源，将更有价值。这种特殊的资源将会因为兼并类型的不同而有所不同。

横向兼并。在横向兼并中，从事相同业务的企业合并会以规模效应或者增加市场控制力的形式获得协同性收益。美国航空公司（U. S. Airways）与联合航空公司（United Airlines）之间的合并就是这样的一个例子。这两家美国航空公司很多航线是重叠的，合并则有助于整合各自的航线，从而能够获取规模经济收益。而且，借助于这样的整合，合并后的公司占领了较原来明显更大的市场份额。

纵向兼并。在纵向兼并中，协同性收益主要来自于对供应链更有效的控制。但是这种协同性收益必须能够抵销专属供应商由于缺乏降低成本和积极参与竞争的激励所带来的效率损失。炼油厂对勘探与开采企业的兼并就属于这种类型。

功能性整合。在功能性整合中，在某个功能领域具有优势的企业与另一家在其他功能领域具有优势的企业进行联合。协同性收益通过这些功能领域的优势得到发挥而实现。比如，提供滑雪设备的商店与提供网球设备商店的合并，将使得新成立的企业无论在夏季还是在冬季都能够取得均衡的销售额。

（2）财务协同性*

财务协同性主要包括以下几个方面：

多元化。资金充裕企业的经理人员经常把多元化经营作为兼并的理由。但是，公司多元化实际上远不如资金充裕企业的股东多元化投资组合来得容易，在公开交易的市场上，他们只要付出低得多的成本就可以实现这样的多样化。

现金宽裕。如果一家公司有盈利能力良好的投资项目，但缺少相应的融资手段，也许它只能够放弃该项目。但是，另外一些公司却有多余的现金，而缺少有盈利能力的项目。这样，一家资金比较充裕的公司与另外一家资金比较缺乏公司的结合，在合并企业投资机会的现值大于合并前两个分开企业的投资机会现值的情况下，就能够产生协同性。以希望公司（Promising Inc.）为例。假设希望公司遭遇到了资金短缺问题。该企业不得不放弃投资额7亿美元的项目，该项目的净现值为1.25亿美元。现在，我们考虑另外一家公司——富裕公司（Rich Ltd.），其没有投资机会但累计有10亿美元的现金。因此，如果希望公司与富裕公司合并，合并公司将会获得1.25亿美元协同性带来的新增收益。也就是说，希望公司的投资项目的净现值借助富裕公司的多余资金得以实现。

税收利益。合并公司可以获得税收减免的好处。如果一家企业正在亏损，则它的税收利益并没有被利用起来。如果另外一家净利润为正、每年都付出一大笔所得税的公司接管了该公司，那么合并公司将享受到税收减免的利益。而且，被收购企业的资产可能会为了反映其市场价值而增值，合并企业未来将因为折旧获得更多的税收节约。

负债能力。如果两个或者更多企业的现金流量不是完全相关的，那么合并企业的现金流会比合并前单个企业的现金流更为平稳。这会增强合并企业的负债能力，同时提高合并企业的价值。当然，负债能力增加的收益要与从股东手里向债权人手里转移的财富相权衡。在并购之后，合并企业相对于合并前企业的风险更低。公司未偿还债券的价值也得以提高，这是因为公司拥有了更为安全的现金流。未偿还债券价值的增长正是债券持有者因为并购而获得的财富增值。

(3) 评估协同性*

一些人认为，协同性太模糊，以致难以进行评估；如果确实要对它进行评估，则要求做出太多的假定，这会使得评估经营协同性本身变得没有太大意义。但是，如果真是这样的话，那么通过审查合并交易来证实协同性溢价就变得更加困难了。

协同性是可以评估的。虽然评估协同性的确需要太多的假定，但这并不意味着我们不能够对协同性价值进行无偏的估计。为了评估协同性，两个基本的问题需要尽可能详细地回答：

• 协同性会以哪种形式帮助合并企业？是降低了占销售收入一定百分比的成本且增加了利润率（如在规模经济的情形下）？或者是提高了未来的增长率（如在增强市场控制力的情形下）？

• 协同性收益什么时候开始影响现金流量？（协同性收益是在合并刚完成就表现出来的吗？或者如果需要时间，协同性收益预期将在什么时候表现出来？）

回答了上面的问题后，就可以在下面的步骤中应用折现现金流（DCF）技巧的扩展形式对协同性价值进行评估：

• 合并中涉及的公司分别根据各自的加权平均资本成本对各自的预期未来现金流量进行折现，从而分别进行评估。

• 不考虑协同性的情形下，合并公司的价值就等于前一步骤计算得出的各个公司价值相加之后的结果。

• 协同效应体现在预期的增长率与现金流上。在考虑协同性的情形下，对合并企业进行重新评估。

• 合并公司在考虑协同性与不考虑协同性情形下价值的差异，就是协同性的价值。

【例 5-1】A 企业和 B 企业是两个独立经营的企业，它们的财务数据如表 5-1 所示。

表 5-1　A 企业和 B 企业的主要财务数据

财务指标	A 企业	B 企业
销售收入（百万美元）	10 000	5 000
商品销售成本（百万美元）	8 000	3 400
息税前利润（百万美元）	2 000	1 600
息税前利润的预期增长率（%）	4	6
资金成本（%）	9	10

两家企业均处于稳定状态，且资本支出能够被折旧补偿。两家企业均不需要营运资本，均按 50% 税率征收所得税。每家企业的自由现金流量①计算如下：

$$A\text{ 企业的自由现金流量} = EBIT \times (1-T) = 2\,000 \times (1-0.5) = 1\,000\text{（百万美元）}$$

$$B\text{ 企业的自由现金流量} = EBIT \times (1-T) = 1\,600 \times (1-0.5) = 800\text{（百万美元）}$$

分别评估这两家企业的价值，用公式表示如下：

$$A\text{ 企业价值} = \frac{1\,000 \times 1.04}{0.09-0.04} = 20\,800\text{（百万美元）}$$

$$B\text{ 企业价值} = \frac{800 \times 1.06}{0.1-0.06} = 21\,200\text{（百万美元）}$$

在不存在协同性的情形下，合并企业的价值用公式表示如下：

合并企业的价值 = 20 800 + 21 200 = 42 000（百万美元）

- 存在协同性的情形 1：降低成本。

假定企业的合并能够创造规模经济，这将把商品销售成本从占销售收入 76%（= 11 400 ÷ 15 000 × 100%）降低到 70%。协同性存在与否对合并企业的价值将产生较大影响的（如表 5-2 所示）。

① 所谓自由现金流，就是企业在完成所有必要的再投资后，剩余的现金流。

表 5－2　通过降低成本取得协同性对企业价值的影响

财务指标	不存在协同性情形下的企业价值	存在协同性情形下的企业价值
销售收入（百万美元）	15 000	15 000
商品销售成本（百万美元）	11 400	10 500
息税前利润（百万美元）	3 600	4 500
息税前利润的预期增长率（%）	5	5
资本成本（%）	9.5	9.5
企业价值（百万美元）	42 000	52 500

$$合并企业的资本成本率 = 9\% \times \frac{20\ 800}{20\ 800 + 21\ 200} + 10\% \times \frac{21\ 200}{20\ 800 + 21\ 200} = 9.5\%$$

$$预期增长率 = 4\% \times \frac{20\ 800}{20\ 800 + 21\ 200} + 6\% \times \frac{21\ 200}{20\ 800 + 21\ 200} = 5\%$$

协同价值 = 52 500 － 42 000 = 10 500（百万美元）

- 存在协同性的情形 2：提高了未来的增长率。

假定两家企业合并之后，预期合并企业未来的收入增速从 5% 提高到 6%，商品销售成本依然保持在销售收入的 76% 的水平，下面再次计算合并企业的价值以及协同价值（如表 5－3 所示）。

协同价值 = 54 514 － 42 000 = 12 514（百万美元）

表 5－3　通过提高未来增长率取得协同性对企业价值的影响

财务数据	不存在协同性情形下的企业价值	存在协同性情形下的企业价值
销售收入（百万美元）	15 000	15 000
商品销售成本（百万美元）	11 400	11 400
息税前利润（百万美元）	3 600	3 600
预期增长率（%）	5	6
资本成本（%）	9.5	9.5
企业价值（百万美元）	42 000	54 514

5.1.1.2　评估公司控制*

为了控制市场，恶意收购也是一种完全正当的手段。并购企业或意欲并购的企业往往愿意付出较目标企业市场价格高得多的溢价。

从当前的管理层手中取得一家企业控制权的价值，与可观察到该企业管理层的素质及其最大化股东价值的能力呈反向关系。总的说来，一家管理糟糕的企业要比一家管理良好企业的控制权价值大得多。

企业控制权价值就是重组企业与未重组企业的价值差异。并购后企业的管理层可以通过改变融资结构和重新评估股利政策，变现被并购企业的资产以及重组该企业，以实现企业价值的最大化。企业控制权价值可以用公式表示如下：

控制权价值 = 重组后企业的价值 - 重组前企业的价值

对于一个已经管理良好的企业来说，控制权的价值将是微不足道的。这是因为如果企业在当前的管理层管理下已经达到或者接近其最优价值，那么重组将几乎不产生额外价值；而对于一个当前管理糟糕的企业而言，情形恰好相反。

【例 5 -2】 Mismanaged Inc. 是一家经营管理水平远远在其潜力以下的企业。现有的管理层实施了回报低于行业平均水平的项目。表 5 -4 列示了该企业未来 5 年的预期现金流量。

表 5 -4　　Mismanaged Inc. 未来 5 年的预期现金流量表　　单位：百万美元

项　　目	未来 1 年	未来 2 年	未来 3 年	未来 4 年	未来 5 年
销售收入	150.0	155.0	159.0	166.0	170.0
可变成本（占销售收入的 70%）	105.0	108.5	111.3	116.2	119.0
固定成本（给定）	25.0	26.0	26.0	27.0	27.0
折旧（给定）	15.0	16.0	16.0	17.0	17.0
息税前利润	5.0	4.5	5.7	5.8	7.0
利息	0.0	0.0	0.0	0.0	0.0
税前利润	5.0	4.5	5.7	5.8	7.0
税收（税率为 40%）	2.0	1.8	2.3	2.3	2.8
税后利润	3.0	2.7	3.4	3.5	4.2
加回折旧	15.0	16.0	16.0	17.0	17.0
净营运资本增加（给定）	3.8	3.9	4.0	4.2	4.3
股东的现金流量	14.2	14.8	15.4	16.3	16.9

假定在第 5 年后，股东的现金流量将按每年 4.45% 的速度增长。虽然实

际上没有任何负债，但是该企业现金流将可以支持所有者权益 50% 左右的负债水平（其信用评级为 A，利率为 9%，负债的 β 值为 0.4）。目前，该公司股票的 β 值为 0.8。国债利率是 7%，市场风险溢价为 5%。

原管理层的挑战者确信他们可以运用 50% 的负债股权比率（debt - equity ratio）来重组该企业。他们相信在未来的 5 年能够获得比原管理层高 5% 的年销售收入，同时营运资本比现在高 2.5%。而且，挑战者还希望把可变成本降低到占销售收入的 65%。每年的负债利息支出估计约为 760 万美元左右。5 年后，股东的现金流预计每年增长 6%。那么，不良管理公司的控制权价值是多少呢？

在原管理层经营下，股权资本成本如下：

$$K_E = R_F + (\mu_m - R_F) \cdot \beta = 7\% + 5\% \times 0.8 = 11\%$$

利用这个结果，计算股东现金流的现值如下：

$$PV = \frac{CF_{E,1}}{1+K_E} + \frac{CF_{E,2}}{(1+K_E)^2} + \frac{CF_{E,3}}{(1+K_E)^3} + \frac{CF_{E,4}}{(1+K_E)^4} + \frac{CF_{E,5}}{(1+K_E)^5} + \frac{CF_{E,5} \cdot (1+g)}{K_E - g} \cdot \frac{1}{(1+K_E)^5}$$

$$= \frac{14.2}{1.11} + \frac{14.8}{1.11^2} + \frac{15.4}{1.11^3} + \frac{16.3}{1.11^4} + \frac{16.9}{1.11^5} + \frac{16.9 \times 1.0445}{0.11 - 0.0445} \times \frac{1}{1.11^5}$$

$$= 216.8 \text{（百万美元）}$$

因此，股东现金流的现值为 216.8 百万美元。

为了计算公司控制权变动的效应，首先要调整股权的资本成本，这是由于企业资本结构发生了变动。调整结果如下：

$$\beta_{E,old} = \beta_{E,无杠杆} = \beta_{资产} = 0.8$$

原管理层的挑战者设定的目标负债股权比率（D/E）为 50%。给定该比率，则总资本中的负债与股东权益的比例可以计算如下：

$$\frac{D}{E} = 0.5 = \frac{\frac{D}{D+E}}{\frac{E}{D+E}} = \frac{\frac{D}{D+E}}{1 - \frac{D}{D+E}}$$

因此，

$$0.5 \times \left(1 - \frac{D}{D+E}\right) = \frac{D}{D+E}$$

$$0.5 - 0.5 \times \frac{D}{D+E} = \frac{D}{D+E}$$

$$0.5 = 1.5 \times \frac{D}{D+E}$$

$$\frac{D}{D+E} = \frac{0.5}{1.5} = \frac{1}{3}$$

$$\frac{E}{D+E} = 1 - \frac{D}{D+E} = 1 - \frac{1}{3} = \frac{2}{3}$$

利用资产的β值（$\beta_{资产}$）和负债与权益在总资本中所占的比例，可以计算新的权益β值。

$$\beta_A = \beta_D \cdot \frac{D}{D+E} + \beta_{E,new} \cdot \frac{D}{D+E}$$

$$0.8 = 0.4 \times \frac{1}{3} + \beta_{E,new} \cdot \frac{2}{3}$$

$$\beta_{E,new} = \frac{0.67}{0.67} = 1$$

因此，新的权益资本成本用公式表示为：

$$K_E = R_F + (\mu_m - R_F) \cdot \beta_E = 7\% + 5\% \times 1 = 12\%$$

现金流量表也必须作如表 5 - 5 的调整：

表 5 - 5　　调整后的现金流量表　　单位：百万美元

项目	未来 1 年	未来 2 年	未来 3 年	未来 4 年	未来 5 年
销售收入	157.4	162.8	167.0	174.3	178.5
可变成本（占销售收入的 65%）	102.4	105.8	108.5	113.3	116.0
固定成本	25.0	26.0	26.0	27.0	27.0
折旧	15.0	16.0	16.0	17.0	17.0
息税前利润	15.1	15.0	16.4	17.0	18.5
利息	7.6	7.6	7.6	7.6	7.6

续表

项目	未来 1 年	未来 2 年	未来 3 年	未来 4 年	未来 5 年
税前利润	7.5	7.4	8.8	9.4	10.9
税收（税率为 40%）	3.0	2.9	3.5	3.8	4.3
税后利润	4.5	4.4	5.3	5.6	6.5
加回折旧	15.0	16.0	16.0	17.0	17.0
净营运资本增加	3.9	4.0	4.1	4.3	4.4
股东现金流量	15.6	16.4	17.2	18.3	19.1

现在可以计算股东现金流量的现值。利用同样的方法：

$$PV = \frac{15.6}{1.12} + \frac{16.4}{1.12^2} + \frac{17.2}{1.12^3} + \frac{18.3}{1.12^4} + \frac{19.1}{1.12^5} + \frac{19.1 \times 1.06}{0.12 - 0.06} \times \frac{1}{1.12^5}$$
$$= 253.2 \text{（百万美元）}$$

因此，该企业的控制权价值为 36.4 百万美元（$=253.2-216.8$）。

5.1.1.3　收购的获利性*

假设 A 企业正考虑收购 B 企业。只有在收购创造经济利益的情形下，该项收购才是有意义的，也就是说两家企业合在一起要比分开更有价值。设 V_A 表示 A 企业的价值，V_B 表示 B 企业的价值，V_{A+B} 则表示合并后企业的价值。则收购 B 企业增加的价值用公式表示为：

$$\text{收购增加的价值} = V_{A+B} - V_A$$

设收购 B 企业的价格为 P_B。因此，A 企业通过收购 B 企业获得的净收益用公式表示为：

$$\begin{aligned} \text{A 企业收购获得的净现值} &= \text{收购增加的价值} - \text{收购支付的价格} \\ &= V_{A+B} - V_A - P_B \end{aligned}$$

换句话说，并购的净现值等于并购带来的价值增长减去 A 企业为购买 B 企业所支付的价格。如果不考虑为该收购进行融资，那么 A 企业能为收购 B 企业支付的最高价格 Max P_B，将使得净现值为零。令上述等式等于零，将得到 A 企业愿意为收购 B 企业支付的最高价格用公式表示为：

$$\text{Max } P_B = V_{A+B} - V_A$$

【例 5－3】 A 企业是一家法国制药和保健公司，B 企业是一家德国的注射器生产商。已知，A 企业价值 V_A 为 2 500 万欧元，B 企业价值 V_B 为 1 400 万欧元，A 企业与 B 企业合并后的企业价值 V_{A+B} 为 4 500 万欧元。请问 A 企业愿意为收购 B 企业支付的最高价格是多少？

令：$V_{A+B} - V_A - P_B = 0$

$P_B = 2\ 000$（万欧元）

因此，A 企业原意为并购支付的最高价格是 2 000 万欧元。

A 企业已经发行普通股 100 万股，并决定用已发行的股票而不是现金来进行并购支付。

假定 1：被收购目标企业 B 发行了 200 万股普通股，没有负债。则：

$$B\text{企业每股价格} = \frac{14\ 000\ 000}{2\ 000\ 000} = 7\ （欧元/股）$$

假定 2：A 企业将增发 600 000 股支付给 B 企业的股东。那么 B 企业的股东将最终成为合并后企业的股东。更具体地说，B 企业股东将在新合并企业中占有的股份份额 K 计算如下：

$$K = \frac{600\ 000}{1\ 600\ 000} \times 100\% = 37.5\%$$

此时，A 企业为收购 B 企业支付的价格为：

$K\ V_{A+B} = 0.375 \times 45\ 000\ 000 = 16\ 875\ 000$（欧元）

$$B\text{企业每股价格} = \frac{16\ 875\ 000}{2\ 000\ 000} = 8.44\ （欧元/股）$$

假设 3：按上述计算出的 A 企业愿意为并购支付的最高价格为 2 000 万欧元，A 企业可以最多提供给 B 企业股东的股票数量 S^* 的计算如下：

$$\frac{S^*}{S^* + 1\ 000\ 000} \cdot V_{A+B} = 2\ 000\ （万欧元）$$

$$\frac{S^*}{S^* + 1\ 000\ 000} \times 4\ 500 = 2\ 000\ （万欧元）$$

解上述方程得到S^*等于 80 万股。因此，B 企业每一股股票占合并后企业价格的比例 K^* 计算如下：

$$K^* = \frac{800\ 000}{1\ 800\ 000} \times 100\% = 44.4\%$$

此时，A 企业为收购 B 企业支付的价格为：

$K^* \cdot V_{A+B} = 0.444 \times 45\ 000\ 000 = 20\ 000\ 000$（欧元）

B 企业股票每股价格 $= \frac{20\ 000\ 000}{2\ 000\ 000} = 10$（欧元/股）

如果 A 企业为 B 企业每股支付 10 欧元，所有协同性带来的净现值增加将全部给予 B 企业的股东，而 A 企业的股东什么增值也没有得到。

5.1.2　兼并动机*

试图收购其他企业的经理总能够举出各种各样的理由。下面列举一些他们经常提出的理由。

5.1.2.1　专业技能*

公司通常需要特定领域的专业技能才能更有效地进行竞争。获得所需专业技能的一种方法是在劳动力市场聘用具备所需技能的人员。但是，聘请具有适当才能的、有经验的工人可能会比较困难。一个更有效的解决方案可能是通过收购现有公司，将该技能作为一个已经运作的单位进行购买。这种做法在高科技行业中很常见。比如，思科系统（Cisco Systems）以购买已经开发出有前景的新网络技术的年轻创业公司而闻名。

5.1.2.2　规模经济*

关于兼并，一个经常提到的理由就是兼并扩大了生产规模，从而能够降低单位生产成本。比如，在两家纺织厂的合并中，同样的营销队伍可以服务于合并后覆盖更大市场领域的企业生产的产品，这会降低产品的营销费用。

在横向兼并中，规模经济往往是一个看似合理的理由。混合型兼并也能够带来这样一些好处，可以分享诸多集中服务。比如，办公室管理、会计与财务控制、行政人员发展以及高层管理等。

5.1.2.3 纵向兼并带来的经济性*

纵向兼并也能带来经济性。比如，运输成本和加工处理成本这样的技术上的经济性。又如，炼铁厂和炼钢厂整合后能够避免重新加热。若能够更好地协调管理从购进、制造到销售等公司运营的不同阶段，也会产生经济性。纵向兼并消除了与供应商或者顾客谈判协商的需要，并在降低相互间沟通费用的同时，使得投入品供给和产品需求的不确定性最小化。进行纵向兼并的另一个重要理由是一家企业的资产特定地吻合另一家企业的需要。后者可能采取机会主义的做法，仅支出平均生产成本以下的价格。为了避免出现这样的情形，企业只有寻求纵向兼并。

5.1.2.4 结合互补性的资源*

当企业拥有互补性的资源——每家企业都拥有另一家企业需要的资源时，企业间更倾向于合并。比如，考虑一家企业，它在某地拥有自己的生产基地和销售团队。它的大部分销售发生在冬季，在夏季产能利用率将下降。同时有另一家生产同类产品的企业，需求主要发生在夏季，它的产能利用在冬季则是下降的。因此，当两家企业合并时，它们能够扩大产能利用率和避免销售额的流失，双方均能够从中获益。

5.1.2.5 税收考虑*

兼并收购还有一个动机就是降低税负。通过收购一家只支付很少甚至不支付股利的成长型企业，待其度过成长期后卖掉它，收购公司就能实现资本利得。这一做法将允许收购公司支付资本利得税而不是所得税。

另一个出于税收考虑的策略是收购一家亏损企业，被收购方的亏损可以让收购方的正收益免于缴纳所得税。例 5－4 可以简要说明税收是如何影响兼并的。

【例 5－4】2002 年，琼斯先生（Mr Jones）通过购买一架价值 6 000 000 美元的 Learjet 31A 飞机组建了商业航空公司（Business Air）。假定该飞机有 20 年的使用寿命，也就是说，以税法为依据它将按照直线法在 20 年里折旧完毕（无残值）。此时，该公司每年的折旧费用为 300 000 美元（＝6 000 000÷20）。2012 年，该飞机的账面净值为3 000 000美元。

归功于良好的维护、通货膨胀以及有利于航空业发展的外部环境，Learjet 31A 飞机在 2012 年价值 5 600 000 美元，而且商业航空公司还有价值 1 000 000 美元的有价证券。

假定琼斯先生在 2012 年以 6 600 000 美元的价格把该公司出售给了 Aircorp 公司，收购的税收结果如表 5－6 所示。

表 5－6　收购的税收结果

影响	课税的兼并	免税的兼并
对琼斯先生的影响	琼斯先生必须确认 600 000 美元的资本利得	资本利得可以延迟至琼斯先生考虑卖出 Aircorp 公司的股票时确认
对 Aircorp 公司的影响	Learjet 31A 飞机被重估为 5 600 000 美元。Aircorp 公司必须要为 2 600 000 美元的评估增值纳税，但是税务折旧增加到每年 560 000 美元（5 600 000÷10，假设剩余为折旧期 10 年）	Business Air 公司价值依然为 3 000 000 美元，税务折旧依然为每年 300 000 美元

在上述交易中，如果 Learjet 31A 飞机被重估增值以得到更多折旧抵税的好处，Aircorp 公司将因为重估增值而不得不交税。因此，这是课税的兼并。若 Aircorp 公司接受免税的兼并，Learjet 31A 不进行重新评估。虽然 Aircorp 公司很重视课税兼并将产生“税盾效应”（Tax Shield），但是并不能够据此证明为2 600 000美元的增值交税是应当的。为说明这一点，用 6% 的折现率对未来的税收利益进行折现，同时假定 40% 的所得税率。兼并对 Aircorp 公司的税收影响如下：

在课税兼并下：税收影响＝－重估增值的税收＋未来折旧抵税的现值

$$= -0.4 \times 2\ 600\ 000 + 56\ 000 \times 0.4 \times PVIFA_{6\%,10}$$

$$= 608\ 659\ \text{（美元）}$$

在免税兼并下：税收影响 $= 300\ 000 \times 0.4 \times PVIFA_{6\%,10} = 883\ 210$（美元）

虽然节税动机是兼并的推动性力量，但是禁止这类只能够从税收方面获利而没有长期商业利益的兼并行为的相关法律已经颁布。

5.1.2.6 资金富裕公司的出路*

一家资金富裕且内部没有多少投资机会的公司一般有两种选择：①以股利的形式把钱还给股东；②回购本公司股票。但是，如果企业不希望使用这些选择，它可以寻找收购形式的投资机会。

5.1.2.7 消除无效率*

对于一家管理糟糕的公司来说，现金并不是唯一未得到有效使用的资产。在这样的公司中有充裕的空间通过削减成本和增加销售及利润来增加企业的价值。因此，在当前的管理层未能采取纠正措施时，任何形式无效率的公司都会成为兼并的目标。

5.1.2.8 一些受到质疑的兼并理由*

本章提到的兼并利益在经济学上是站得住脚的。有时人们给出的一些其他理由似乎就不那么具有说服力了。下面给出的“解靴带游戏”就是这样一个例子。

在20世纪60年代的美国，一些大型综合性公司进行一些看上去没有明显经济利益的收购。然而，这些综合性公司的进取性策略使得其每股收益能够维持数年的增长。可以用例5-5来演示这种情况是怎样发生的。

【例5-5】考虑两家虚构的公司Solium和Itarsa，假定Solium收购Itarsa。表5-7列示了并购对Solium的市值和每股收益的影响。

表5-7　　并购对Solium的影响

序号	项　目	Solium	Itarsa	Solium（并购后）
1	每股收益（美元）	4	4	5.34
2	每股价格（美元）	80	40	80
3	市盈率（倍）	20	10	15
4	股票数量（股）	100 000	100 000	150 000
5	总收益（美元）	400 000	400 000	800 000
6	总市值（美元）	8 000 000	4 000 000	12 000 000
7	每投资于股票1美元所获收益（1÷2）	0.05	0.1	0.067

在例5-5中，假设企业并没有从兼并中获得收益，并购后企业应该与并购前企业的价值是完全一致的（在不存在交易成本的情形下）。因此，并购后的总收益（第5行）与总市值（第6行）应该等于并购前各企业相应值的加总值。

由于Solium的股票价格是Itarsa股票价格的两倍，Itarsa的股东仅获得合并企业50 000股股票。因此，合并企业的股本将为150 000股。作为兼并的结果，总收益上升了一倍即800 000美元（=2×400 000），但是股本仅仅上升了50%，于是每股收益从4美元上升到5.33美元（=800 000÷150 000）。兼并并未创造真正的收益而仅使公司市盈率发生了改变，这就是所谓的“解靴带效应”（Bootstrap Effect）。图5-2显示了兼并中究竟发生了什么事情。投资于Solium的1美元将获得5美分的当前收益以及比较快的增长前景，投资于Itarsa的1美元将获得10美分的当前收益以及比较慢的增长前景。如果市场价值在兼并前后不发生变化，那么投资于合并企业的1美元将获得6.7美分且相对于并购前的Solium要慢的增长速度。Itarsa的股东将在合并企业中获得较低的当期收益，但比Itarsa并购前较快的增长速度。

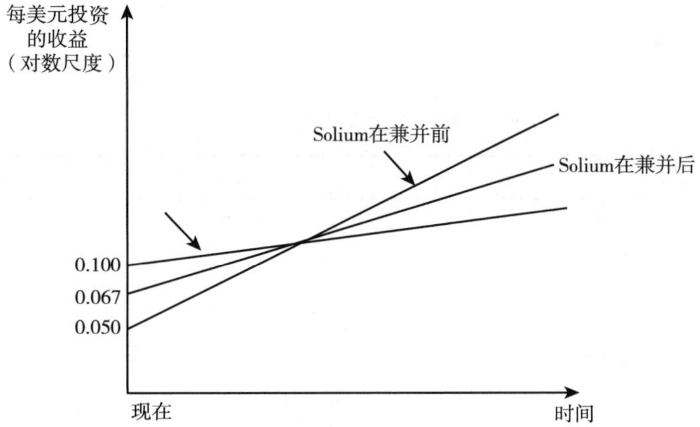

图5-2　解靴带效应

5.2　收购方式*

虽然收购可被宽泛地定义为兼并，但是收购可以通过多种方式实现。

- 新设合并，是指两家或者多家企业联合起来组成一家全新的企业，从而形成了一个新的法律主体。

• 收购可以通过取得目标企业的股权得以完成。最基本的特点是出价企业通过用股票、现金以及其他证券来交换目标企业的股权，从而取得其资产与负债。

• 收购可以通过仅仅取得目标企业的资产而完成。如果目标企业向出价者出售了所有的资产，该项销售的总收入（在偿还了所有的负债后）可以被分配给目标企业的股东，目标企业自身解散。

• 控股是另一种获得控制其他企业的方式，尽管在该方式中，控股公司可能不会持有被控股公司的全部股权，但只要一家企业持有另一家企业40%～50%的股权，也能够对后者实施有效控制。

5.2.1 接管*

要约收购。在要约收购中，一方一般是试图寻求控制另一家公司，即要求对方公司的股东提交或者出让手中的股票。表5－8中列举了近年来大型收购的案例。

表5－8　　近年来大型收购举例

收购者	目标公司	金额（亿美元）
雪佛龙（Chevron）	海湾石油（Gulf）	133
德士古（Texaco）	格蒂石油（Getty Oil）	101
杜邦（Du Pont）	康菲石油（Conoco）	75
通用电气（General Electric）	RCA	61
美孚（Mobil）	超级石油（Superior Oil）	57
菲利普·莫里斯（Philip Morris）	通用食品（General Foods）	56
荷兰皇家/壳牌（Royal Dutch/Shell）	壳牌石油（Shell Oil）	55
通用汽车（General Motors）	休斯飞机（Hughes Aircraft）	50
雷诺烟草（R. J. Reynolds）	纳贝斯克（Nabisco）	49
联合化学（Allied Chemicals）	信号公司（Signal）	45
宝来（Burroughs）	史伯利（Sperry）	44
壳牌石油（Shell Oil）	Belridge Oil	37
百特（Baxter Travenol）	美国医院设备供应（Amercian Hospital Supply）	37
雀巢（Nestle）	康乃馨（Carnation）	29

续表

收购者	目标公司	金额（亿美元）
比阿特丽斯食品公司（Beatrice Foods）	Esmark	27
通用汽车（General Motors）	电子数据系统（Electronic Data Systems）	25
俄亥俄标准石油（Standard Oil Ohio）	卡尼科特（Kennecott）	23
福陆公司（Fluor Corp.）	St. Joe Minerals	20
汉诺威制造商银行（Manufacturers Hanovor）	CIT Financial	15
美国通用（American General）	海湾联合保险（Gulf United Insurance）	12
美国商店（American Stores）	宝石公司（Jewel Companies）	12
邓白氏（Dun & Bradstreet）	AC 尼尔森（A. C. Nielsen）	11

如果一家公司希望获得另一家公司的控制权，典型情况下会获得对方的管理层与董事会的批准[①]。这可能涉及以下情形：

- 熊式拥抱（Bear Hug）。在这种情形下，收购方会给目标公司的董事发一封信，信中会宣布收购提议，并要求董事对该提议迅速作出决定。

- 敌意收购（Hostile Takeover）。如果不能取得管理层与董事会的批准，收购方可能通过要约收购直接诉诸于股东。除非目标公司管理层与董事持有足够的股票能够保持控制权，否则一旦股东赞成该收购，收购方将取得控制权，且有权更换在收购过程中不合作的董事。

5.2.2　经批准的收购*

从法律角度来讲，兼并与合并有许多不同点。兼并，是指从两个或者两个以上的经济主体中产生一个新经济主体。不同形式的兼并描述如下。

横向兼并，涉及两个从事相同商业活动的公司。例如，德国的戴姆勒—克莱斯勒航空公司（German）与法国宇航公司（Aerospatiale）等合并，创立了一个欧洲国防与航空工业的巨头——欧洲宇航防务集团（EADS）。

纵向兼并，涉及的企业从事生产经营的不同阶段。瑞典最大的银行集团 Skardinaviska Enskilda Banken（SEB）为了扩展其网上银行部收购德国零售银行 German BfG Bank 就是这类兼并的典型例子。

① 在要约收购中不是这样的情形。

混合兼并，涉及从事不相关业务领域的企业。混合兼并通常存在3种不同的类型：

①产品扩展兼并扩展了企业产品线；

②地理市场扩张兼并涉及两个在不重合的地理区域内运营的企业；

③纯粹混合兼并涉及不相关的业务领域，且不能归类为上述两种类型。美孚石油（Mobil Oil）与蒙哥马利·沃德公司（Montgomery Ward）之间的兼并一般就被认为是混合兼并。表5-9列示了一些混合兼并的案例。

表5-9 典型的混合兼并

合作伙伴		合并后市值（亿美元）
Nabisco	Standard Brands	20
Dart Industries	Kraft	24
Schering	Plough	14
Pacific Corp	Utah Power & Light	19

5.2.3 逐步接管*

逐步接管（Creeping Take-over）是指企业试图通过它在公开市场上逐步获得目标公司的股份，从而规避法律特定条款的过程。比如，在美国逐步接管主要是为了规避《1969年威廉法案》（the Williams Act of 1969）。该法案主要要求要约收购延长时间，这有利于目标企业获得更好的价格。在大多数国家，接管方面的法律有在特定的时间框架下逐步收购的限制。依据法律，出价者需要通过告知相关的管理当局公开出价。比如，澳大利亚公司法允许在每6个月增持不超过3%股份的情况下，持有目标公司超过20%的股权（这是通常的要约门槛），而不触发关于全面要约的要求。

5.2.4 消除少数股东的权益*

转换要约（Exchange Offer），是指给予一类（或者多类）证券持有者一项权利或者一项选择权，他们可以把自己持有的部分或者全部证券转换成该企业其他种类的证券的交易。比如，用债券交换普通股。这样的转换将重组企业的资本结构。

股票回购（Share Repurchase），是指上市公司通过要约收购方式，在公开市场上或者从大宗股票持有者手中回购自己的股票。

私有化（Going Private）。在这种交易中，上市公司转换成了私人持股企业。该类交易经常通过杠杆收购或者管理层收购的方式完成。

5.2.5　私有化与资本重组运作*

私有化就是把上市公司转变成私人持股公司。私有化之后将只有少数投资者持有该公司的股票。私有化一般有两种基本方式：

- 被一家私人公司接管；
- 一小部分投资者（通常包括目前的管理层），购买了全部股份。

私有化的典型动机包括：

- 防止另一家公司的接管，或者说，公司找到一群“友善的”的投资者。
- 投资者认为公司在证券交易市场上被低估了。若变卖非营业资产有利可图，往往会引发接管，接管之后就是分拆公司和变现（即“资产剥离”）。
- 管理层倾向于规避来自于股东和主要对每季度报告利润感兴趣的公众的压力（在美国尤其如此）。因此，具有长远眼光的管理团队经常宁愿公司变成私人公司。
- 重组的结果。

通常情况下，私有化因有吸引力的出价会吸引少数股东。即便他们认为出价太低，他们也没有公开卖出他们股票的备选项。一家企业私有化后，其股票将不再具有变现的市场。而公司的购买者，即使在公共市场上要约收购时已经付出了溢价，依然希望从该交易中获得充分的回报。他们期望通过自己的管理来提升企业的价值。

5.2.6　杠杆收购（LBO）*

20 世纪 80 年代，收购的特征就是迎来了用借来的资金进行公司收购的狂潮，这导致了杠杆的高度运用。这种浪潮在美国尤为显著，在英国和西欧则规模较小。发生在20世纪80年代的知名的杠杆收购案例之一就是科尔伯格·克拉维斯集团（Kohlerberg Kravis Roberts & Co. L. P，KKR）收购雷诺兹·纳贝斯克（RJB Nabisco）。

杠杆收购的主体是一部分上市公司或者私人公司的股权投资者，其主要利用负债进行融资并收购。当经理人以负债从所有者手中购买公司时，杠杆收购（Leveraged Buy - out，LBO）就变成了管理层收购（Management Buy - out，MBO）。权益持有者主要用运营过程中产生的（或出售资产获得的）现金来进行高额利息及本金的给付。权益持有者通常希望在3～7年内通过公开上市或者向另一家公司转让公司而实现杠杆收购的退出。因此，只有该企业在早些年里产生了足够的现金流偿还了债务，并且在收购进入成熟期时，公司有可能对其他购买者产生足够的吸引力，杠杆收购才有可能成功。

5.2.6.1 杠杆收购的融资工具

收购融资除了银行贷款外，还有如垃圾债券、私募、过桥融资、风险资本等工具可以采用。

德崇证券公司（Drexel Burnham Lambert）的迈克尔·米尔肯（Michael Milken）率先使用了垃圾债券。这些债券具有较高的风险，因而也提供较高的收益。为了防止债券在规定日期低于面值进行交易，许多垃圾债券发行时附有迫使发行者提高支付给债券持有者利息的条款。

所谓私募，就是不向一般公众发行的债务，它仅面向诸如保险公司、养老金等特定投资者发行。私募一般要求比公开发行更高的回报。但私募发行对发行者来说费用低廉，因为向监管机构的注册不是必需的，节省了注册的费用。此外，私募同样也节省了注册所要求的进行尽职调查的时间，这也是其相对其他收购融资工具的一项优势。

私募发行和垃圾债券与银行收购贷款的不同在于，前者是典型的无担保与次级的债务形式，而后者往往必需担保式有抵押物。从另一个角度来看，作为债务持有者，债权人比股东对公司的财产有更高的求偿权。由于债权人的求偿权位于有担保的银行债权与股东权益之间，用于杠杆收购融资的私募与垃圾债券通常被称为夹层资金（Mezzanie Money）。

在过桥融资中，投资银行向收购人提供过渡性融资直至其获得更为稳定的融资。投资银行除了可以获得过桥融资的利息外，还可以通过参与该项交易的其他事项获得诸如并购广告费和承销费等收益。如果在其他人有机会反对收购人的出价前或者目标公司有机会采用防御性策略使得该项收购变得代价高昂之前，交易就得以达成，那么投资银行将更有可能赚得这些收入。过桥贷款可以使得收购交易快速且顺利地进行。投资银行的目标是尽早收回过桥贷款。

风险资金可以通过持有部分私募债券或者在收购中拥有部分股权而发挥作用。当投资银行在收购活动中持有股权时，经常被称为商人银行（Merchant Bank）。

5.2.6.2　杠杆收购创造的价值及原因

一般而言，杠杆收购方要在股票的市场价格之上支付溢价。考虑到股票是在有效市场上交易，杠杆收购需要创造出足够的价值才能保证以显著高于市场的价格收购原有股东手中的股票后还能挣得可观的利润。

杠杆收购之所以有创造价值的能力，主要基于以下两个重要理由：

- 税收利益；
- 效率提升。

杠杆收购无疑会带来税收利益。首先，额外的债务必然伴随大量的利息支出。这些税前的利息支出导致大量的税收节约。其次，资产重组使得公司能够重新评估其资产，从而增加其折旧费用。最后，员工持股计划（ESOP）等工具也能带来好处，这类工具在许多杠杆收购中都扮演着重要角色。

杠杆收购一般会使得经理变成所有者，从而增加其努力工作的动力。增加的债务由于经理必须挣得超过债务支付的收入才能获得利润，构成了对经理更进一步的激励。同时，由于收购后的企业不再是上市公司，也无须遵守政府部门的许多相关规定[①]，效率也会因为决策迅捷以及只需少数股东首肯而得以提高。

---

① 更多细节请参考 Steven N. Kaplan. The effects of management buyouts on operating performance and value [J]. Journal of Financial Economics, 1989, 24 (2): pp. 217 - 254; David Thesmar, Quentin Boucly and David Sraer. Growth LBOs [J]. Journal of Financial Economics, 2011, 102 (a): pp. 432 - 453.

5.2.6.3　杠杆收购的目标企业

杠杆收购若想取得成功，其典型的目标企业必须具有如下的部分或全部特征：

- 稳定的市场与稳定的现金流；
- 处置资产能够获得盈利；
- 低流动性股票，即大部分股份被私人所持有的股票。

例 5 - 6 展示了一例典型的杠杆收购。

【例 5 - 6】 一家虚构的法国化学公司 Oxygène SA，2000 年底的资产负债表显示其流动资产为 8 000 万欧元，可折旧固定资产为 24 000 万欧元，不可折旧固定资产为 4 000 万欧元。可折旧固定资产已经全部折旧完毕，但依然处于良好的使用状态。这些资产的公允价值估计大约为 20 000 万欧元。该公司的流动负债为 3 000 万欧元（其中，应付票据 1 000 万欧元），长期负债为 5 000 万欧元，普通股股东权益（包含留存收益）为 4 000 万欧元。公司流通在外的普通股为 100 万股。公司的销售收入非常稳定，利润水平也与往年一致。公司短期票据的利率为 10%，长期负债的利率为 12%。由此可知，公司的利息费用为 700 万欧元。该公司的资产负债表与损益表如表 5 - 10、表 5 - 11 所示。

表 5 - 10　　Oxygène SA 资产负债表（2000 年 12 月 31 日）　　单位：百万欧元

资产		负债与股东权益	
流动资产		流动负债	
现金	4	预提费用	5
有价证券	31	应付账款	15
存货	35	应付票据	10
应收账款	10	流动负债合计	30
流动资产合计	80	长期负债	50
固定资产		长期负债合计	50
可折旧固定资产	240	股东权益	
减：累计折旧	-240	普通股票	10
资产净值	0	留存收益	30
不可折旧固定资产	40	股东权益合计	40
固定资产合计	40		
总资产	120	负债与股东权益合计	120

表5-11　**Oxygène SA 损益表（2000年度）**　单位：百万欧元

1	销售收入	300
2	商品销售成本	160
3	毛利润（1-2）	140
4	销售与管理费用	110
5	折旧前的营业利润（3-4）	30
6	折旧	0
7	营业利润（5-6）	30
8	利息费用	7
9	税前利润（7-8）	23
10	税（9×40%）	9.2
11	税后利润（9-10）	13.8

2000年，该企业的每股收益（EPS）是13.8欧元，每股价格为160欧元，市盈率大约为11.6倍（=160÷13.8）。长久以来，管理层一直认为如果能够不受过于保守的公司董事会的影响，他们自己能够改善公司的表现。但是，管理层由于害怕丢掉自己的职位，并不愿意过于强悍地抨击董事会的保守做法。与此相反，他们不是寻求提高公司的业绩从而获得更高的薪水与奖金，而是安然享受包括不必要的豪华办公室与可观的津贴等在内的福利待遇。2000年底，部分归因于竞争对手试图发起接管的传言，管理层寻求一家顶尖投资银行提供服务，希望该公司实现私有化。按照投资银行的建议，管理层成立了一家壳公司来充当本次收购活动的法律主体。这家公司的名称为Sepofi Holding。

在投资银行的帮助下，Sepofi Holding以240欧元/股（17.4倍的市盈率）向Oxygène SA所有股份发出要约收购。最后，Sepofi Holding的收购获得了成功，并且按照240欧元/股（公司的投资银行认可的公允价值）购买了所有的股票。而后，这两家公司合并为Sepofi - Oxygène SA存续下来。

Sepofi Holding的收购成本为24 000万欧元（=240×100）。其中，10 000万欧元使用有担保的银行收购贷款筹集，资本成本率为12%；8 000万欧元通过发行垃圾债券筹集，资金成本率为18%。投资银行通过投入2 400万欧元自由资金持有40%的股权，管理层则投入3 600万欧元持有60%的股权。管理层拥有一项选择权，即5年后按照每年40%的回报率回购投资银行持有的股份（换算后的价格大约为12 900万欧元）。合并后，Sepofi－Oxygène SA将并购资产中的可折旧资产增加到20 000万欧元。

不考虑该项交易与可折旧资产重新评估对税收的影响，可编制如修正后的Sepofi－Oxygène SA资产负债表（合并后）（如表5－12所示）。

表5－12　　Sapofi－Oxygène SA资产负债表（2000年12月31日）　　单位：百万欧元

资产		负债与股东权益	
流动资产		流动负债	
现金	4	应计费用	5
有价证券	31	应付账款	15
存货	35	应付票据	10
应收账款	10	流动负债合计	30
流动资产合计	80	长期负债	
固定资产		垃圾债券	80
可折旧资产	200	以前的长期负债	50
减：累计折旧	0	新长期负债	100
资产净值	200	长期负债合计	230
不可折旧固定资产	40	股东权益	
固定资产合计	240	普通股票	60
		留存收益	0
		股东权益合计	60
总资产	320	负债与股东权益合计	320

新的所有者立即把他们的办公室搬到了相对便宜的街区，并且采取了其他措施减少公司的管理费用。其效果是每年减少企业销售与管理费用3 000万欧元。管理层这时也发现了，可以要求退还Oxygène SA前几年多缴的税款。为了增加现金流，公司决定采用加速折旧法对可折旧资产进行折旧。企业使用前4年的全部现金流来偿还其债务。较高成本的垃圾债券首先被偿还。在第5年现金流量的一部分被用来偿还债务后，债务降到了收购前的水平。Sepofi－Oxygène SA收购后6年的收益被列示在表5－13中。第6年的收益水平被认为是可持续的，且维持80%的股利支付率。

表 5 - 13　**Sepofi - Oxygène SA 损益表**　单位：百万欧元

	项　目	2001 年	2002 年	2003 年	2004 年	2005 年	2006 年
1	销售收入	300.00	300.00	300.00	300.00	300.00	300.00
2	商品销售成本	160.00	160.00	160.00	160.00	160.00	160.00
3	毛利润（1 - 2）	140.00	140.00	140.00	140.00	140.00	140.00
4	销售与管理费用	80.00	80.00	80.00	80.00	80.00	80.00
5	折旧前营业利润（3 - 4）	60.00	60.00	60.00	60.00	60.00	60.00
6	折旧	50.00	50.00	45.00	40.00	15.00	0.00
7	营业利润（5 - 6）	10.00	10.00	15.00	20.00	45.00	60.00
8	利息费用	33.40	26.93	19.76	14.45	9.25	7.00
9	税前利润（7 - 8）	- 23.40	- 16.93	- 4.76	5.55	35.75	53.00
10	税（9 × 40%）	- 9.36	- 6.77	- 1.90	2.22	14.30	21.20
11	税后利润（9 - 10）	- 14.04	- 10.16	- 2.86	3.33	21.45	31.80
12	股利	0.00	0.00	0.00	0.00	0.00	1.27
13	现金流（11 + 6）	35.96	39.84	42.14	43.33	36.45	31.80
	剩余负债						
14	短期负债 10%	10.00	10.00	10.00	10.00	10.00	10.00
15	长期负债 12%	150.00	150.00	112.06	68.73	50.00	50.00
16	垃圾债券 18%	44.04	4.20	0.00	0.00	0.00	0.00
17	累积留存收益	- 14.04	- 24.20	- 27.06	- 23.73	- 2.28	28.27

在第 5 年底，管理层按照 12 900 万欧元的约定价格行使了收购投资银行股权的权利，然后管理层再度把公司变成上市公司。这种上市方式被称为二度公开发行（SIPO）。管理层以 2006 年预测收益 15 倍的价格卖出其股票。此次发行在扣除发行费用前将给管理层带来 47 700 万欧元收入，扣除发行费用后约为 44 500 万欧元。再减去支付给投资银行的 12 900 万欧元之后，管理层运用其初始投资 3 600 万欧元净获得 31 600 万欧元收益，其年平均回报率约为 54%。

分析师必须考虑到上述预期显示的年平均回报率（54%）的敏感性，并关注以下情况：

①若该公司在未来 5 年都未进行新投资，人们将担心其竞争地位受到严重损害。这个情况将令人们对其 4.77 亿欧元的市值产生怀疑。

②2006 年底的市场状况无疑可以令同行公司获得 15 倍的市盈率。然而，情况并非总是如此。

伴随着2007年和2008年的次贷危机，市场状况发生了巨大的变化。在这种情况下，退出的市盈率会低得多，也就是说，在9~10倍的区间内，交易的整体盈利能力将大幅下降。

例5-6说明了与私募股权或杠杆收购业务相关的风险。市场上的退出条件无法事先预知。这一额外风险部分解释了历史上从这一类别资产获得的更高回报。

5.2.7　管理层收购（MBO）*

管理层收购就是目前的管理层收购一家公司或者其一部分。

管理层收购的典型动机是：

- 原来的所有者希望卖出公司；
- 大公司希望卖出某项业务（现在公司的某些部分）。

管理层收购相对于外部管理团队收购（Management Buy In，MBI）的优势：

- 购买者已经了解该公司，预期不会出现由于新管理层而出现重大问题；
- 购买者很清楚公司的价值。

5.2.8　外部管理团队收购（MBI）*

外部管理团队收购，是指外部投资者收购一家公司或者其一部分，且这些投资者将成为该公司的新管理层。

外部管理团队收购相对于管理层收购的劣势：

- 收购者不是很了解新公司。信息不对称可能导致公司较高或者较低的卖出价格；
- 全体职员与顾客必须接受新的管理层。

外部管理团队收购的典型动机：

- 原来的管理层不成功；
- 原来的管理层没有融资渠道收购公司；
- 原来的管理层不希望收购公司；
- 出售者是一个年老的经理人，且他没有任何适当的继承人。

5.3 收购策略*

以下仅对收购策略中的敌意收购和协议收购加以说明。

大多数兼并都需要各方的同意。但是，有时收购者会不顾对方的意愿夺取公司的控制权。这类可以通过以下两种方式完成：

- 收购者可以在目标企业的年度大会上寻求股东的支持。基于别人的股份进行投票的权利被称为代理权，因而这又被称为“代理权战争”。代理权战争往往代价高昂，并且很难取得胜利。

- 收购者可以采取“要约收购”。在这种方式下，收购者直接向目标企业的股东提出要约，目标公司的管理层可能建议股东同意该要约，或者反击该要约。要约收购战的经典的案例是发生在 1982 年的 Cities Service 接管。

【例 5 –7】 Cities Service 与 Mesa Petroleum 之间的争斗始于 1982 年 5 月 28 日。其后的几个星期里，双方不断提出要约与反要约。Mesa 起初提出一项善意收购，以 50 美元/股的价格收购 Cities Service 一半的股份，并用自己的股票交换剩下的另一半股份。此时，Cities Service 股票的收盘价是 35. 5 美元，因此该出价意味着 41% 的溢价。Cities Service 反收购 Mesa 的股票出价 17 美元/股，仅仅 1. 5% 的溢价，几乎没有成功的可能性。Mesa 收购 Cities Service 的第二次出价为 45 美元/股，试图收购 Cities Servia 15% 的股份，表明 Mesa 无能力或者不愿意为更大的要约进行融资。Cities Service 在反击中报出一个善意出价，即以 21 美元/股的价格收购 Mesa 51% 的股份，并按 Cities Service 股票及自身价值 16. 31 美元/股收购 Mesa 剩余的股份。同时，也报出一个敌意出价，即仅以 21 美元/股收购 Mesa 51% 的股份。

Gulf 在 1982 年 6 月 17 日对 Cities Service 的出价（以 63 美元/股收购 Cities Service51% 的股份，并以 63 美元的固定收益证券收购其余的股份）有力地把 Mesa 挤出了竞争行列。作为对 Gulf 收购报价的回应，Cities Service 溢价回购自己的股票并与 Mesa 达成收购中止协议。按照该协议 Cities Service 从 Mesa 回购股票，Mesa 同意在未来 5 年内放弃任何敌意收购的企图。与实证研究相反的是，Cities Service 的股东并未在回购中经历异常回报（研究预计会出现负的回报），而 Mesa 的股东则遭受了 15. 83% 的损失。这可能归咎于这样的事实，协议虽然终结了 Mesa 兼并 Cities Service 的努力，但是也同时结束了 Cities Service 兼并 Mesa 的努力。

但是，联邦贸易委员会发出的临时性禁令也终结了 Gulf 的收购努力。不久以后 Occidental Petroleum 也加入收购战。其先是报出一项善意要约（按照 50 美元/股收购 Cities Sertice 50% 的股份，以优先股与零息票据收购剩余股份），而后又报出一项敌意要约（按照 50 美元/股收购 Cities Service 49% 的股份，其余部分以 52 美元/股的现金支付）。Cities Service 开始积极寻求其他收购者，甚至一度考虑清算。这时的情况已经相当明朗，没有其他竞争者能够实现收购。美孚（Mobil）在被允许查阅秘密信息后，决定放弃收购；Amerada Hess 被传言考虑收购计划，但是并未采取行动。1982 年 8 月 28 日，Cities Service 接受了 Occidental Petroleum 修改后的要约（按 55 美元/股收购 45% 的股份，以优先股与零息票据收购剩余部分）。这场商战终于落下了帷幕。

例 5－7 表明了收购者的多种选择。收购者是采取协议（善意）方式还是敌意方式，主要取决于收购目标企业时的具体情况与目标企业的反应。

5.4 防御策略*

5.4.1 预防性策略*

面临收购威胁的目标公司可以采取多种策略来反击威胁。目前，目标公司越来越多地采用预防性的防御策略。

5.4.2 预防性（长期）策略*

董事会轮换制（Staggered Board Election），也称为分类董事会，是企业的董事会成员被分为几类，在任何一年只能就其中一类成员进行选举。该策略延缓了收购中控制权向新所有者的实际转移进程。

超级多数（Supermajority）：表决公司控制权的改变时，要求超过简单多数；最低同意率一般在 67% ~90% 。

公允价格：如果所有被收购的股票均被支付了公允价格，公司将放弃必须超级多数才能够同意控制权变动的要求。它针对的是不需要董事会同意的两阶段收购（Two - tier Offers）。

毒丸（Poison Pills）：该防御类型是创造一种证券，赋予其持有者以特殊的权利（比如，购买目标公司或者收购公司的股票），该权利仅在触发事件（比如，要约收购或者累积持有一定百分比的目标公司股份）发生后才可以行使。这些权利的行使将会使得收购者违背董事会的意愿收购目标公司变得更加困难/或者代价高昂。

双级资本化（Dual Class Re - capitalization）：重组公司，创立两类普通股，有高级投票权的股票集中在管理层手中。

5.4.3　预防性（短期）策略*

帕克曼（Pac - man）防御：该策略提出反要约收购收购者的股票。在这种策略中，成功的必要条件是目标公司相对于收购者拥有更雄厚的资金实力，或者广泛的融资渠道，从而可以获得信贷融资。

诉讼：向收购者提起诉讼，控告其违反《反托拉斯法》或者《证券法》，目标是获得一项临时性的或者永久性的禁制令（Injunction），或者临时性的限制命令（Restraining Order），阻止收购者的收购。颁布禁制令的基础通常是收购方违反法律。

资产重组：购买收购者不想要的或者会引发反托拉斯问题的资产；卖出“皇冠上的宝石”，即卖出收购者需要的资产。

债务重组：向友善的第三方发行股票或者增加股东的数目。溢价从现有股东手中回购股票。

5.4.4　除上述目标公司反击收购的主要防御策略，还有一些其他策略值得考虑

白衣骑士（White Knight）：目标公司可能会出于避免被收购而求助于另

一家公司，甚至愿意与之合并。因此，目标公司可能试图从它认为更理想的合作者那里获得收购要约。

承担更多债务：作为一项反击收购的防御策略，目标公司可能选择进行资产结构调整，诸如提议用借债的方式向股东支付一大笔现金股利。同外部的收购要约比，公司股东可能更愿意这样的调整，而这样的调整可能大大降低目标公司对收购者的吸引力。

绿票讹诈（Greenmailing）：这往往发生在恶意收购者买进目标公司的大量股份时。通常为了摆脱令人讨厌的收购者，目标公司会在当前市场价值的溢价水平上回购本公司的普通股。作为该项交易的一部分，收购者同意在特定期间内不再购进任何目标公司的股票。

5.5 清算和重组

无论何时，当一家公司无法为债权人履行合同义务，或是不愿履行合同义务时，都有两种选择——清算或者重组。

清算，是指公司因某种原因终止时，对公司进行整体出售的行为。出售所得的费用，即净交易费按偿付次序付给债权人。

重组，是指公司进行整顿以维持经营的行为，包括发行新证券代替旧证券。

公司破产时要进行清算和正式重组。破产是一种法律程序，破产申请可以由债务人提出，也可以由债权人提出。

5.5.1 破产清算*

5.5.1.1 清算程序及申请条件

美国1979年施行的《联邦破产改革法典》第七章内容是直接清算。直接清算的程序如下：

(1) 联邦法庭受理清算申请。该申请可以由债务人提出，也可以由债权人提出。

（2）委派接管公司资产清算的委托人进行清算。

（3）清算资产、调整行政管理成本后，资产归债权人所有。

（4）调整成本、剩余资产分配给债权人后，其余的资产分配给普通股持有人。

当如下条件满足时，债权人可以提出非自愿的破产清算申请：

（1）公司未清偿到期的应还债务；

（2）如果有 12 位以上的债权人，并且至少有 3 位求偿额总计达 5 000 美元或以上的债权人联合提出申请；如果债权人少于 12 人，只需要有一位求偿额达到 5 000 美元的债权人提出申请。

5.5.1.2　清算顺序

一旦公司决定破产，就要进行清算。公司破产清算应依据如下的清偿次序：

（1）与公司破产清算有关的管理费用；

（2）来自非自主破产申请的无担保的偿付；

（3）提出申请前的 90 日内，每位索偿者可得到不超过 2 000 美元的工资、薪水和酬劳费；

（4）在提出申请前 180 日内发生的雇员福利计划的支出；

（5）不超过 900 美元的客户的偿付；

（6）应缴税款；

（7）有担保和无担保债权人的偿付；

（8）优先股持有人的偿付；

（9）普通股持有人的偿付。

清算程序中有绝对优先规则（ARR）。清算单上的一条附加条款与有担保债权人有关。扣押财产权不属于绝对优先规则的范畴。如果有担保财产的清算值低于有担保债权人的应偿额，有担保债权人应连同无担保债权人一道共同分配剩余的清算资产。相反，如果有担保财产的清算值高于有担保债权人的应偿额，清算净额应该分配给无担保债权人和其他相关人。

【例 5－8】 Flop 公司要进行清算。该公司的清算价值是 270 万美元。价值 150 万美元的债券由总公司的建筑物为抵押担保，建筑物以 100 万美元出售；

20 万美元用来偿付管理成本和其他赔偿金（包括拖欠的工资、养老金、客户赔偿费和税费）。支付了 20 万美元的管理成本优先赔偿后，可偿付有担保和无担保债权人的金额是 250 万美元，这笔钱要比拖欠 400 万美元的债务略低些。如果委托你对 Flop 公司进行清算，你将如何分配清算资产？

解：在绝对优先规则下，债权人优先于股东得到清算资产，抵押债券持有人优先得到出售总部建筑物所得的 100 万美元受偿金。表 5－14、表 5－15、表 5－16 显示了清算资产的分配情况。

表 5－14　　Flop 公司资产清算的分配　　单位：美元

偿付对象	优先偿付	清算后获得的现金
债券持有人（有抵押担保）	1 500 000	1 500 000
次级债持有人	2 500 000	1 000 000
普通股持有人	10 000 000	0
合计	14 000 000	2 500 000

计算注释如表 5－15 所示。

表 5－15　　相关计算　　单位：美元

从资产出售中获得的现金	金　额
可分配的现金	2 500 000
出售抵押资产获得的现金用于偿付有担保的债券持有人	1 000 000
全部剩余的偿付金（4 000 000 美元－1 000 000 美元有担保的债券）	3 000 000
债券持有人可获得的现金（2 500 000 美元－1 000 000 美元）	1 500 000

分配剩余的 1 500 000 美元，用它来填补剩余的 3 000 000 美元的补偿金如表 5－16 所示。

表 5－16　　Flop 公司补偿金分配　　单位：美元

剩余的偿付类型	清算收入的偿付	收到的现金
债券	500 000	500 000
次级债券	2 500 000	1 000 000
总计	3 000 000	1 500 000

5.5.2　破产重组*

美国1978年颁布的《联邦破产改革法典》第十一章内容是公司重组。该法案规定重组公司的重组程序如下：

（1）债务人或者债权人向法院提出破产申请。

（2）联邦法院的法官受理申请或者驳回申请。如果受理申请，对债券持有人及股东提交证据设置了一定的期限。

（3）在大多数案例中，公司（债务人）会继续经营业务。

（4）公司要在120日内提交重组计划。

（5）对股东和债权人进行分类。如果占债权金额2/3及以上或者数量过半的债权人或股东赞成，那么就接受重组计划。

【例5-9】假设Camedied有限责任公司决定依照《联邦破产改革法典》第十一章的规定进行重组。通常，优先债权要优先于其他债权全额偿付。假定Camedied公司的持续经营价值为300万美元，且该公司的资产负债表如表5-17所示。Camedied公司的管理者应该如何制定重组计划？

表5-17　Camedied有限责任公司资产负债表　单位：美元

	余额
资产	3 000 000
负债	0
抵押债券	1 500 000
次级债	2 500 000
股东权益	-1 000 000

解：该公司的管理者提出如表5-18的重组计划：

表5-18　Camedied公司重组计划　单位：美元

旧证券	旧补偿金	重组计划中的新增补偿金
抵押债券	1 500 000	1 500 000
次等信用债券	2 500 000	1 500 000

基于重组计划的要求发行新证券（如表5-19所示）：

表 5-19 Camedied 公司新发证券

旧证券	重组计划中的新增补偿金
抵押债券	9%债券得到 1 000 000 美元
	11%次级债得到 500 000 美元
债券	8%优先股得到 1 000 000 美元
	普通股得到 500 000 美元

然而，公司很难说服有担保的债权人（抵押债券持有人）同意接受具有同等面值的未担保债券。此外，公司也许希望原有股东保持对公司的参股。不必说，这是对绝对优先规则（ARR）的破坏，公司债券持有人对此会极为不满。

5.6 对近期并购业务的分析——诺华（Novartis 公司）*

2014 年 4 月，Novartis 公司宣布与制药公司葛兰素史克（GlaxoSmithKline，GSK）和 Eli Lilly 公司签署并购协议。协议的条款如下：

- 以 145 亿美元收购 GSK 公司的肿瘤业务，另加 15 亿美元的有条件支付；
- 以 53 亿美元的价格向 GSK 公司出售大部分疫苗业务，另加 18 亿美元的额外付款；
- GSKVX 以 130 亿美元收购 Novartis 公司在消费者医疗合资企业中拥有的 36.5%的股份，并在几年后拥有退出选择权；
- 以 54 亿美元的价格向 Eli Lilly 公司出售动物保健业务。

本书希望能研究出这些操作的优势及其原因。为此，对 2014 年 4 月 23 日至 5 月 7 日（交易宣布后 15 天）公布的 10 家国际经纪商（瑞士 4 家，其他欧洲国家 2 家，美国 4 家）进行研究，换言之。该样本包括了业内最好的卖方分析师。

5.6.1 并购业务的原因

利润率数据显示了 Novartis 公司各部门之间的巨大差异（如表 5-20 所

示）。仅以自由现金流量与投资资本的比率为依据，就可以看出：

- 疫苗业务盈利能力很低；
- 除商誉外，在现金流利润率方面，消费者医疗是盈利能力倒数第二的业务。

表 5－20　　Novartis 集团相关业务部门数据　　单位：万美元

2013 年	医药	Alcon	Sandoz	疫苗	消费者医疗	公司	集团
净营运资本	1 052	1 274	940	773	379	－244	4 174
厂房设备与长期资产	13 774	4 000	4 896	2 303	982	10 890	36 845
用于无形资产的投资资本	14 826	5 274	5 836	3 076	1 361	10 646	41 019
商誉与无形资产	6 099	37 133	12 640	2 176	786	33	58 867
投资资本	20 925	42 407	18 476	5 252	2 147	10 679	99 886
核心营业收入	9 523	3 694	1 541	65	298	－636	14 485
税率估计	12%	20%	20%	20%	20%	15%	13.4%
税后净营业利润	8 380	2 955	1 233	52	238	－541	12 318
折旧	822	319	307	150	47	110	1 755
非现金费用	659	256	107	5	21	－44	1 003
资本支出	－1 775	－523	－500	－182	－79	－126	－3 185
净营运资本的变化	－479	－186	－77	－3	－15	32	－760
核心自由现金流	7 608	2 821	1 069	21	212	－569	11 131
Novartis 公布的各部分自由现金流	8 332	2 755	1 055	104	208	－783	11 671
包含无形资产的自由现金流收益率	36.4%	6.7%	5.8%	0.4%	9.9%	－5.3%	11.1%
不包含无形资产的自由现金流收益率	51.3%	53.5%	18.3%	0.7%	15.6%	－5.3%	27.1%

因此，从总体资本配置的角度来看，为了增加对高盈利部门——医药部门的配置（收购 GSK 的肿瘤业务后，该业务并入医药部门），出售并购协议相关业务似乎是一个正确的选择。

5.6.2　评估每笔交易的盈利能力

首先评估将动物保健业务转让给 Eli Lilly 这一交易的影响。以 10% 的权益成本率贴现出售动物保健业务的现金流估计该交易的未来净利润，得出的结果接近该集团的权益成本。该估计覆盖了未来20年，终期增长率为3%。本研究给出预测，在自2017年起营业利润率持续保持18%的情况下，该业务的盈利能力将逐步提升（如表5-21所示）。适用税率为15%。

表5-21　交易的未来能力评估

项　目	2015年	2016年	2017年	2018年	2019年	2020年	2035年	终期
销售量（亿美元）	14	14.7	15.4	16.2	17.0	17.9	37.1	547
增长率（%）		5	5	5	5	5	5	
营业利润率（%）	10	15	18	18	18	18	18	18
净利润（亿美元）	1.2	1.9	2.4	2.5	2.6	2.7	5.7	83.6

基于Novartis公司投资在该业务上的资产净值为36亿美元，销售价格为54亿美元，得出以下估计：

- Novartis公司通过这笔交易创造了近18亿美元的股东价值；
- Eli Lilly支付的溢价必须符合其现有业务的协同效应，这是基于在交易完成后，新实体将成为该行业的全球龙头企业的认识。

表5-22显示的是卖方分析师评估的动物保健业务所创造的价值（只使用了对4项交易均进行了估算的经纪商的评估评论）。

表5-22　经纪商对Novartis向Eli Eilly出售动物保健业务创造价值的评估结果

单位：亿美元

经纪商名称*	创造价值估计值
CH1	25
CH4	13
EU1	25
US2	17

注：*为了保密，在此不公布各家经纪商的名字。例如，CH4是指所研究样本中的4个瑞士经纪商之一。

各家经纪商很少详细说明他们如何重建未来的资金流动或资金成本。但是，这些数字很接近本研究的估计，并且相对来说是同质化的。[①]

除了交易双方之外，本研究还试图分析市场如何解读这些交易。通过对公司在路演中所做的各种内容的重复利用，并将这些文件与10家国际经纪商

① 值得注意的是，上述4家经纪商之外的某经纪商，当时向Eli Lilly提供咨询意见，并认为Novartis公司的收购价格不能为位于巴塞尔的Novartis集团创造价值。

的研究进行比较，可以得出以下结论：

• 绝大多数经纪商（10 家中有 8 家）认为该交易为 Novartis 公司创造了价值，但对该价值的金额认定从 20 亿美元到 100 亿美元不等。几乎所有的经纪商都使用了现金流贴现法进行计算。

• 10 家经纪商中有 7 家提高了对 Novartis 公司未来几年的盈利预测，尤其是 2016 年。

• 5 家经纪商提高了这笔交易的目标价。

• 从战略角度而言，各家经纪商均强调，管理层现在可以集中精力改善 Alcon 公司和医药业务的盈利能力。

• 各家经纪商均广泛地使用了 Novartis 公司提供的材料和指导数据。在两个案例中，基于有限信息范围的最初即时反应在与公司进一步接触后得到缓解。

• 分析师们最主要的分歧在于折现现金流的计算和交易产生的预期价值（这些均是集团没有提供的信息），以及使用不同方法（包括现金流折现法、行业市盈率法以及合理资本溢价法）计算的目标价。此部分将在本书关于金融市场的股票分析的章节中再次论述。

• 计算了 Novartis 公司在 2014 年 4 月 22 日（即公告发布之日）至 5 月 7 日的表现，并与代表性市场指数及行业竞争对手的表现进行了比较（如表 5 - 23 所示）。

表 5 - 23　　Novartis 公司时段内的表现比较

以美元计价的表现	4 月 22 ~ 5 月 7 日	超过 2 个月
Novartis	2.1%	2.4%
瑞士市场指数	0.6%	0.5%
美国标准普尔 500 指数	-0.1%	4.5%
欧洲制药行业	2.5%	2.7%
美国制药行业	0.5%	3.6%

Novartis 公司的表现比瑞士市场的整体表现更好。与美国市场和制药行业相比，结果尚不明朗。然而，基于以下因素，通常应该对该结论报以更谨慎的态度：

• 所考虑的时间非常短（3 周）；

- 与制药公司的其他并购公告相吻合（Pfizer 和 Astra Zeneca 的交易尝试）；
- 该交易只涉及 7% 的投资资本。

然而，这个例子说明了市场对并购公告的反应：

- 不同分析师逐渐获取财务信息；
- 这些信息转化成股价表现。

第 6 章　项目融资*

6.1　长期融资*

项目评估过程可以分为以下四个阶段：

形成项目建议书：公司的各职能部门确定投资机会，通过增加收入或降低成本来增加公司的价值。制造部门可以采用新机器取代现有的机器，降低制造成本。采购部门可以确定新的供应商，以便内部生产的部件能够以较低的成本外包。营销部门可以发现能由公司提供的新产品或服务。

项目建议书分析：评估项目建议书的任务一般分配给财务部门。对项目建议书的评估涉及比较复杂的工作，如确定项目的参数，这包括项目的寿命、项目将带来的收入以及项目建立和运行的成本等。这些参数被当作项目分析最重要的方面的投入：估计项目的现金流量。分析师的任务是确定项目现金流的规模、时间和风险。

开展项目评估：一旦确定了项目现金流量，下一步就是评估项目对公司的价值。长期投资建议涉及大量的资金支出。此外，这些项目可能会影响公司未来数年的业绩。曾有错误的投资决策导致公司破产的案例。因此，公司仔细审查每一个项目，以确定投资该项目是否会增加公司价值这件事是非常重要的。公司只会投资那些可能为公司增值的项目。

项目实施和审计：资本预算过程的最后阶段是项目的实施。在此阶段，确保项目实际发生的现金流量与计划支出保持一致是非常重要的。如果实际支出与计划支出存在差异，则必须找出原因并采取纠正措施，以避免再次发生此类问题。

前面关于项目评估方法的讨论只是处理个别项目。因此，允许分析师对单个项目做出接受或拒绝决定的方法只对一组独立的项目有用。每个独立项目可以作为一个单独的项目进行处理，并根据项目的净现值或内部收益率来决定项目是否应该被接受。

6.1.1 从投资者的角度来评估项目*

投资者和贷款人都应该进行项目评估。下一节将介绍与贷出方（贷款人）项目评估相关的内容。

从投资者的角度来看，项目需要从财务和非财务两方面进行评估。一个项目的财务评估是在讨论资本预算时处理的。总而言之，项目的财务评估涉及估算项目在整个项目期间获得的边际/增量现金流量，估算这些现金流量的风险，从而确定需要应用于这些现金流量的贴现率，最后汇总所有这些现金流量的现值，以确定项目的净现值（NPV）。如果 NPV 大于零，则该项目被视为值得投资；否则，项目就会被放弃。

一个项目的一些非财务方面也需要考虑：

项目规模：项目规模可能由项目所需投资决定。大多数公司会允许它们的业务部门评估小型项目，而大型项目或涉及公司战略重大变化的项目将由董事会处理。

对业务和财务风险的影响：投资新项目的决策对公司的风险有一定的影响。增加固定资产将会改变公司的经营风险，也会改变公司的盈亏平衡点。另外，投资可能不在同一业务领域，这也将改变公司业务组合的结构，从而改变其经营风险。最后，融资决策可能会改变公司的资本结构，从而改变公司的财务风险。

无论是扩建项目、更新项目还是增长项目：大多数公司发现，做更新项目或涉及增加产能的扩建项目的决策更容易，涉及新产品的项目比较棘手。有关这些项目的决策需要有远见者或冒险者。关于这种决策的典型例子是 1984 年乔布斯引入 Apple Macintosh（麦金塔）电脑。当时，苹果电脑公司由于在个人电脑市场的市场份额越来越小而面临严重的财务问题。麦金塔的推出使公司未来几年的命运得以重振。史蒂夫·乔布斯在 20 世纪 90 年代中期推出 iMac 时再次展现了他的创业智慧。

相互依赖程度：在评估一个项目时，决策者必须考虑其是一个独立项目、一个互补项目，还是一组互斥项目。在每种情况下，决策规则都会有所不同。

6.1.2　从贷出方角度评估项目*

前面关于资本预算的部分讨论了评估长期资本投资机会或项目的技巧，如回收期法、NPV 法和 IRR 法。这些评估方法严格遵循股东财富最大化的原则。然而，项目的资金贷出方（贷款人）必须关心项目融资的安全性和贷款的及时偿还等。因此，贷出方须考虑与项目相关的许多其他方面。这些考虑包括以下方面：

（1）市场潜力

一个项目的最终目标是制造一种产品并将其销售给消费者。判断潜在市场的规模很重要。贷出方必须：

- 使用他们自己的独立资料，检查公司提出的需求预测。
- 判断公司是否拥有足够的基础设施来进行必要的促销、营销和分销工作。
- 评估公司是否聘用了有能力的营销人员来执行必要的营销工作以实现收入预测。

（2）技术能力

贷出方必须确信，公司在对项目进行现金流量预测时，考虑了以下因素：

- 适当的产品组合；
- 充足的生产能力；
- 需要的技术技能；
- 充足的原材料和消耗品的供应 。

（3）财务因素

贷出方需要对进行项目评估时所使用的不同财务变量的合理性进行评估，比如资本成本、所需资本投入、营运资本需求和融资模式等因素。

与项目成功或失败有关的最重要因素之一是资本成本的估计。资本成本作为一个项目中所用资金的机会成本的概念还不是很清楚。其中一个著名的例子就是洛克希德·三星（Lockheed Tristar）项目。三星项目的失败使得洛克希德公司处于破产的边缘。对这个项目的财务预测分析显示，该公司没有估计出该项目适当的资本回报率。

贷出方还必须对项目所需的资本投资进行评估。如果没有对项目所需的资本投资进行适当的估计，盈利指标的有效性就会受到质疑。

营运资金的充足性也是确保项目可行性的关键因素。贷款人必须分析决策项目所需营运资本需求的假设，如库存水平、收入增长率、应收账款回收期和商业信用有效性等。如果低估这些变量可能会导致营运资金缺乏，从而使项目出现问题。

贷出方还必须确保项目融资时考虑了以下几点：

公司以权益形式出资：为了减轻贷款人的风险，贷款人必须确保公司以权益形式提供了所需资本总额的合理比例。根据项目的经营风险，贷款人必须为项目确定适当的债务或债务/权益比率，以避免项目现金流量极度波动。

偿债：理想情况下，项目的资金应该是自我摊销，即项目寿命应与债务期限相等，项目现金流量应足以偿还债务。偿还债务被定义为借入资金的年利息加本金还款。为了保证某个项目能够满足这个要求，贷款人计算偿债覆盖率如下：

$$\text{偿债覆盖率} = \frac{\text{现金流量} + \text{折旧} + \text{利息费用}}{\text{利息费用} + \text{贷款偿还}}$$

在项目运营期内的每一年，偿债覆盖率都应大于1。这个数字越大，放贷人的安全性越大。

最后，贷出方还必须考虑管理团队管理项目的能力。这是通过审查管理层对所审议项目的理解和承诺来完成的。

（4）银团贷款

银团贷款是在一组贷款人和借款人聚在一起并签署协议时制定的，规定了可以提前贷款的条款和条件。银团贷款技术已经在很多国家的市场上存在。这种贷款的最大来源是欧洲货币市场。欧洲联合信贷是一项全面的公共安排，其用于组织贷款交易。它被广泛宣传，来自世界各地的银行和借款人都参与其中。

一个典型的银团贷款为期7年。但是，找到3~5年的交易也并不少见。偶尔还可以找到10年或更长时间的贷款交易。

根据贷款的期限，借款人可以得到两三年的宽限期。宽限期过后，必须按半年分期偿还贷款。

银团贷款允许提取贷款。因此，如果一个公司需要分阶段融资，银团贷款对融资来说很方便。然而，贷款人将收取按该银团贷款未提取余额计算的承诺费。贷款人的承诺在提款期结束时终结。

这些贷款的利息通常表示为银行间利率（一般为伦敦银行同业拆借利率）加上利差。利差表示为基点（100个基点等于1%）。这些利差取决于借款人的市场状况和信誉，并随着时间的推移而变化。

银团欧元贷款是可变利率贷款。利率在每6个月内是固定的。基准利率Libor是根据利息计算日期上午11：00时报出的3家或4家参考银行的报价率的平均值确定的。然后将实际利率计算为Libor加上利差。该利率适用于未来6个月的利息计算。

银团贷款的属性可概括如下：

财务属性：

- 利率基础和利差；
- 前端费用；
- 代理费用；
- 承诺费用；
- 实付费用。

其他属性：

- 抵押品；
- 期限到期和宽限期；
- 摊销模式；
- 提款设施；
- 文件要求；
- 管辖权 。

6.2 租赁

本节将讨论租赁，并将展示如何评估购买与融资决策。

6.2.1 租赁的原理

企业实施投资项目，必须获得生产性资产和设备。通常情况下，需要购买长期生产性资产的公司通过债务融资和股权融资的方式购买。偶尔，公司发现从资产的所有者那里出租，而不购买资产更符合股东的利益。租赁是一种出租安排，即资产的所有权与资产的使用权分开。租赁资产的所有者称为出租人，资产的使用者称为承租人。

在过去几十年里，租赁行业迅速发展，许多公司都参与了租赁。租赁有许多不同的形式，例如在经营租赁中，出租人是资产的制造商和一级经销商。一个例子是 Xerox 公司，它出租复印机。在直接租赁中，出租人不是制造商，而通常是专门购买资产并将其出租给客户的独立公司。例如，GE Capital Aviation Services 是一家重要的独立租赁公司，专门向全球航空公司出租飞机。

售后租回是一种特殊类型的融资租赁。在这种安排下，因为对现金的需求，租赁资产的原始拥有者需要利用资产募集资金。然后，业主将资产出售给第三方，同时与资产新的所有者签订融资租赁协议。泛美公司和三菱公司之间几年前就曾出现过这样的安排。泛美将其在纽约的公司总部出售给三菱公司以筹集急需的现金，同时从新的业主处把该建筑物租赁回来。

售后租回是一种特殊类型的租赁。在这种安排下，租赁资产的原所有者需要筹集现金。然后所有者将资产出售给第三方，同时与资产的新所有者签订租赁协议。此类安排的一个著名案例发生在现已倒闭的泛美公司和三菱公司之间。泛美公司将其在纽约的公司总部出售给三菱公司以筹集急需的现金，同时将大楼从新公司租回拥有者。

另一种租赁是杠杆租赁。顾名思义，杠杆租赁涉及借入资金。出租人从商业银行或其他贷款人处借入租赁资产的部分成本。租赁付款用作贷款的抵押品。出租人从承租人处收取租赁付款。由于支付给银行的利息和资产折旧，出租人还享有税收盾。租赁付款和折旧收益足以为租赁资产提供贷款服务，并为出租人提供适当的股本回报。

6.2.2　租赁动机

要使租赁对出租人和承租人都具有吸引力，租赁安排必须提供一些经济利益。本节考虑了一些正当但也有些可疑的租赁原因。

6.2.2.1　正当的租赁原因

（1）税收差异：如果出租人和承租人按照相同的税率缴纳税款，那么双方都不会因此受益。只有承租人以低于出租人支付的税率缴纳税款，租赁才能对承租人产生吸引力。在这种情况下，资产所有权所产生的折旧税收优惠对出租人来说比对承租人的价值更高。然后出租人和承租人可以就租赁付款进行谈判，这将为出租人和承租人带来正的净现值。因此，税率差异是租赁业背后的主要推动力。

（2）专业化：当一家公司需要购买高度专业化的设备时，可能没有专业知识来评估不同类型设备之间的合适选择。它可能会选择常规处理这种专业设备的租赁公司。租赁公司也可以为承租公司提供装配和维护设备的帮助。因此，出租人在维护或运营某些类型的资产方面通常比承租人具有效率优势。

（3）较低的转售成本：如果公司仅在相对较短的时间内需要一项资产，则租赁它可能比购买和转售该资产的成本更低。例如，一家专营卡车的租赁公司在租赁期结束时比一家小型客户公司更有能力出售卡车。出租人专门从事卡车市场，连接更好，成本更低。部分优势可以通过较低的租赁费率传递。

6.2.2.2　租赁的可疑动机

（1）避免资本支出控制：通过选择租赁设备，经理可以避免购买资产所需的大量资本支出的审批程序。这种动机也可能存在于公共部门，那里经常出租大量资产。这种动机的问题在于，从长远来看，租赁可能比购买成本更高，浪费纳税人或股东的钱。

（2）保存资本：支持租赁的一个常见论点是租赁可以保存资本，使公司可以节省现金用于其他事情。但该公司也可以通过从银行借款来保存资本并节省现金。租赁没有什么特别的。在任何一种情况下，无论是租赁还是借贷，公司都将面临未来的负债。

6.2.3 租赁协议中的会计和税务问题

有两大类的租赁安排——经营租赁和融资租赁。

- 经营租赁，是指租赁期限远远小于租赁资产经济年限的短期租赁。显然，租赁期限内支付的租赁费用不足以支付租赁资产的成本。这样的租赁可以任由承租人自行决定是否取消，但可能会有违约金。出租人承担维护资产的责任。出租人也支付资产的保险费用。设备制造商通常会提供经营租赁，尤其是在大型计算机和复印机等设备上，因为这些设备的报废成本非常高。
- 融资租赁（有时也称为资本租赁）是资产融资的一种形式。其特点与经营租赁明显不同。

首先，融资租赁的期限与资产的经济寿命几乎相同。融资租赁合同通常是不可撤销的。融资租赁安排中的承租人负责与资产运营相关的维护保险和其他费用。租赁付款是使用适当折现率使这些付款的现值能让出租人完全收回租赁资产的成本。

直到20世纪70年代中期，公司都只在脚注中披露租赁协议。租赁被认为是“表外”融资。但是，从那时起，会计准则规定，短期可撤销租赁（“经营租赁”）应与长期不可撤销的融资租赁（也称为资本租赁）区别开来。经营租赁不必在公司的资产负债表上显示。融资租赁被称为资本租赁，因为这些租赁必须在公司的资产负债表中资本化。租赁资产出现在资产负债表的资产方面，而租赁付款的现值与公司的长期债务一起出现。该资产在租期内摊销。

财务会计准则委员会（FASB）和国际会计准则委员会（IASB）对与租赁相关的会计实务进行了重大修订。这些新标准于2019年全面生效。与旧标准相比的主要变化是，除短期租赁（少于12个月）和低价值租赁（如电脑、家具等）外，所有租赁必须出现在承租人的资产负债表上。也就是说，承租人需要在其财务状况表中确认一项使用权资产和相应的负债。虽然根据IFRS 16，经营租赁和融资租赁之间的区别消失，取而代之的是单一的租赁会计模型，但根据US GAAP，经营租赁和融资租赁之间的区别仍然存在。经营租赁和融资租赁这两种类型的租赁都需要在资产负债表上确认。这种会计实践变化的主要目标是使公司的财务状况对投资者更加透明。

租赁在财务报表上的报告方式会影响资产负债表上的资产价值。但是,它们对租赁交易产生的现金流量没有直接影响。与现金流更相关的是租赁的税务处理。租赁的税务处理取决于公司运营所在的司法管辖区,各国之间存在很大差异。在一些国家,税务处理反映了租赁的会计处理。然而,在其他国家,租赁的会计和税务处理可能不同。由于税收处理确实会影响现金流量,因此从估值的角度来看,这些规则更为相关。

6.2.4 从承租人的角度计算租赁费用

企业应该如何决定是租赁还是购买资产?本节展示了如何估计租赁与资产购买的现金流,以及企业应该如何在两者之间做出选择。本节区分了两种情况:情形一,承租人可以全额扣除租赁付款作为经营费用以减少应纳税所得额(但不扣除折旧费用);情形二,承租人可扣除折旧费用,仅扣除租赁费用的利息部分,减少应纳税所得额。

6.2.4.1 情形一:承租人可将租赁款作为经营费用扣除

当企业进入租赁期为 L 年的租赁时,其现金流受到如下影响:

(i) 企业在租赁期内支付了 P 的年初租赁付款。这些现金流可以按税率 T 进行税收抵扣,并产生 P·T 的税盾。因此:

$$每年的现金流 = -P \cdot (1-T)$$

(ii) 在 t=0 时,企业通过不购买该资产节省的金额等于该资产的成本 C。由于公司不拥有该资产,在接下来的几年里,它将失去折旧税盾 D·T。

(iii) 为简单起见,我们假设租赁合同不提供维护或服务。因此,无论机器是租赁还是购买,这些成本都是相同的。表 6-1 概述了与租赁交易有关的与购买资产有关的现金流。

表 6－1

时间	0	1	2	…	L－1	L
租赁时现金流(1)	－P·(1－T)	－P·(1－T)	－P·(1－T)	…	－P·(1－T)	
不购买的现金流(2)	C	－D·T	－D·T	…	－D·T	－D·T
租赁现金流流量增量(1)＋(2)	CF(0)	CF(1)	CF(2)	…	CF(L－1)	CF(L)

与购买相比，租赁可以节省前期现金，但会导致未来现金流量减少。为了从承租人的财务角度确定哪种方案更具吸引力，我们可以通过将增量租赁现金流量[CF(0)到 CF(L)]与税后贴现来计算租赁的净现值（NPV）借款利率。当 NPV 为负时，公司更愿意购买；当 NPV 为正时，公司更愿意租赁。

租赁的 NPV 也可以用以下公式表示，其中 $PVIFAD_{k,L}$ 是到期年金的现值因子，债务的税后成本为 k，租赁期为 L 年：

$$NPV_{lease} = C - \left[P \cdot (1 - T) \cdot PVIFAD_{k,L} + \sum_{t=1}^{L} \frac{(D_t \cdot T)}{(1 + k)^t}\right]$$

【例 6－1】 Total 的子公司 Elf，正在考虑购买一项价值 750 000 欧元的资产，或者也可以从法国租赁公司 Auxifip 租赁资产。两家公司协商每年以 163 000 欧元的租赁付款，于每年年初支付。租期为 5 年。Elf 处于 25% 的税率范围内，它可以使用直线折旧来纳税，其税前借款成本为 4%。Elf 应该租赁还是购买资产？

解：表 6－2 总结了租赁和购买备选方案的现金流，以及租赁的增量现金流。

表 6－2

时间	0	1	2	3	4	5
租赁现金流（1）	－122 250	－122 250	－122 250	－122 250	－122 250	
不购买的现金流（2）	750 000	－37 500	－37 500	－37 500	－37 500	－37 500
现金流增量（1）＋（2）	627 750	－159 750	－159 750	－159 750	－159 750	－37 500

税后借款利率 $= 0.04 \times (1 - 0.25) = 0.03 = 3\%$

因此，增量租赁现金流的 NPV 为：

$$NPV = 627\ 750 - \frac{159\ 750}{1.03} - \frac{159\ 750}{1.03^2} - \frac{159\ 750}{1.03^3} - \frac{159\ 750}{1.03^4} - \frac{37\ 500}{1.03^5}$$

$$= 1\ 595.70\ （欧元）$$

NPV 为正，这意味着从 Elf 的角度来看，租赁比资产购买更具吸引力。Elf 应该租赁该资产。我们也可以应用这个公式得到：

$$C = 750\ 000\ （欧元）$$

$$P \cdot (1 - T) \cdot PVIFAD_{k,L} = 163\ 000 \times (1 - 0.25) \times 4.7171$$
$$= 576\ 665.28\ （欧元）$$

$$\sum_{t=1}^{L} = \frac{D_t \cdot T}{(1+k)^t} = \frac{37\ 500}{1.03} + \frac{37\ 500}{1.03^2} + \frac{37\ 500}{1.03^3} + \frac{37\ 500}{1.03^4} + \frac{37\ 500}{1.03^5}$$
$$= 171\ 739.02\ （欧元）$$

这将产生相同的 NPV：

$$NPV = 750\ 000 - 576\ 665.28 - 171\ 739.02 = 1\ 595.70\ （欧元）$$

6.2.4.2 情形二：承租人可扣除折旧费用及租赁付款的利息部分

在这种类型的租赁合同中，承租人收到折旧扣除（类似资产是购买的）。但是，出于税收原因，只有租赁付款的利息部分可以扣除。在这种情况下，租赁的现金流量可直接与通过定期贷款购买的现金流量进行比较。为了确定租赁是否提供更好的利率，我们可以按贷款的税前借款利率对租赁付款进行折现，并将现值与资产的购买价格进行比较。

【例 6－2】 假设在例 6－1 的租赁中，Elf 不能将租赁付款作为经营费用扣除。然而，Elf 获得折旧税盾，它可以扣除租赁付款的利息部分，以达到税收目的。在这种情况下，租约对 Elf 有吸引力吗？

解：Elf 将每年支付 163 000 欧元的租赁付款，而不是购买 750 000 欧元的资产。换句话说，Elf 通过每年支付 163 000 欧元的租赁付款，实际上是在借入 750 000 欧元。鉴于 Elf 的借款利率为 4%，每年支付 163 000 欧元的标准贷款将使 Elf 能够借入：

$$PV = 163\ 000 + \frac{163\ 000}{1.04} + \frac{163\ 000}{1.04^2} + \frac{163\ 000}{1.04^3} + \frac{163\ 000}{1.04^4} = 754\ 672.92\ （欧元）$$

Elf 可以借到超过 75 万欧元的机器费用，因此，在这种情况下，租赁按这些合同条款不具吸引力。

对于所讨论的两种情况，我们都忽略了资产的剩余价值、任何取消或其他租赁选择，以及租赁与购买在维护和服务安排方面的任何差异。如果存在这些特征，则在将租赁与购买进行比较时也应包括在内。

6.2.5 从出租人的角度评估租赁

本节讨论显示了如何推导出租人可接受的最低租赁费用。出租人以 C 的价格购买资产。资产交换给承租人以换取年度付款 P，他按照 T 的税率缴纳税款。出租人也有权获得由于折旧而产生的税收优惠，计算方法为 $D_t \cdot T$。为了使出租人达到收支平衡，税后租赁付款的现值和折旧税收优惠必须加在资产的成本上。从而：

$$C = P \cdot (1 - T) \cdot PVIFAD_{k,L} + \sum_{t=1}^{L} \frac{D_t \cdot T}{(1 + k)^t}$$

【例 6-3】 Auxifip 公司在五年内每年收到 163 000 欧元的租赁付款，资产成本为 750 000 欧元。该金额在 5 年内以直线法折旧。Auxifip 的税率也为 25%，借贷成本为 4%。租给 Auxifip 的 NPV 是多少？它应该向承租人要求的最低租赁付款额是多少？如果 Auxifip 在 10% 的税率范围内，租赁的净现值是多少（租赁付款额为 163 000 欧元）？

解：相关现金流见表 6-3。

表 6-3

时间	0	1	2	3	4	5
购买现金流（1）	-750 000	37 500	37 500	37 500	37 500	37 500
租赁现金流（2）	122 250	122 250	122 250	122 250	122 250	
总现金流（1）+（2）	-627 750	159 750	159 750	159 750	159 750	37 500

以 3% 的税后借款利率评估现金流，从出租人的角度来看，该租赁安排的 NPV 为：

$$NPV = -627\ 750 + \frac{159\ 750}{1.03} + \frac{159\ 750}{1.03^2} + \frac{159\ 750}{1.03^3} + \frac{159\ 750}{1.03^4} + \frac{37\ 500}{1.03^5}$$

$$= -1\ 595.70(\text{欧元})$$

NPV 为负。Auxifip 不应接受包含这些条款的租赁合同。请注意，在上一个示例中，从 Elf 的角度来看，负 NPV 正好反映了正 NPV。

Auxifip 需要的最低租赁付款可以通过将 NPV 设置为零并求解租赁付款来找到。这产生了 163 451 欧元的付款。或者，我们可以求解上面的等式 P 并将数字代入公式：

$$P = \frac{C - \sum_{t=1}^{L} \frac{D_t \cdot T}{(1+k)^t}}{(1-T) \cdot PVIFAD_{k,L}} = \frac{750\ 000 - 171\ 739.02}{3.53782} = 163\ 451(\text{欧元})$$

使用 163 000 欧元的租赁付款，并假设 Auxifip 在 10% 的税率范围内，折旧税盾、税后租赁付款和税后借款成本将发生变化。结果，NPV 也会发生变化。购买和租赁现金流量以及由此产生的 NPV 为：

$$NPV = -603\ 300 + \frac{161\ 700}{1.036} + \frac{161\ 700}{1.036^2} + \frac{161\ 700}{1.036^3} + \frac{161\ 700}{1.036^4} + \frac{15\ 000}{1.036^5}$$

$$= 1\ 798.40\ (\text{欧元})$$

由于税率较低，从 Auxifip 的角度来看，NPV 为正。Auxifip 应该接受这个租约。由于税率不同，双方（Auxifip 和 Elf）都从租赁合同中获益。

6.3 短期财务决策*

短期融资主要关注影响流动资产和流动负债的决策以及公司的流动性管理。由于流动性不足将导致资不抵债，因此短期融资或流动性管理对每个公司来说都是非常重要的。

公司可以获得许多短期融资来源。来源的选择取决于对诸如成本、匹配度、适用性和灵活性等因素的仔细考虑。初创公司只能使用数量有限的短期融资来源。随着公司的发展和业务的扩大，其必须考虑很多短期融资来源，以确保为流动资产提供充足的融资。

通常情况下，公司并不是一次购买所有资产，而是逐渐购买所有资产。公司资产的总成本被称为公司的累积资本要求。大多数公司的累积资本要求不规则地增长，但是具有典型的季节性模式（如图 6 - 1 所示）。

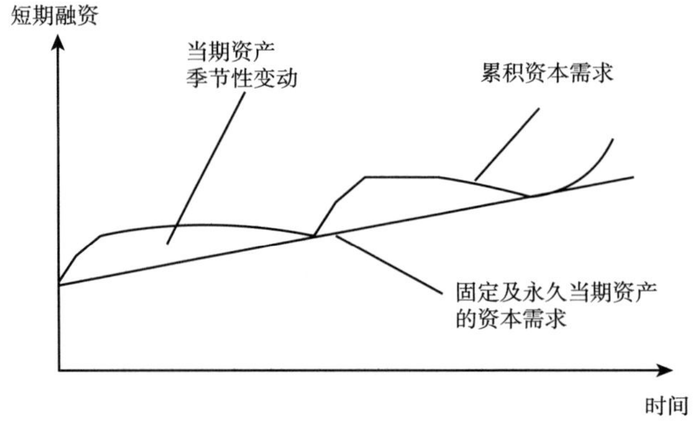

图 6－1　总资本要求

成长型企业的路线通常呈现季节性变化的上升趋势。另外，还有不可预测的逐周和逐月波动，这些波动在图中没有显示。

短期或流动资产和负债构成公司资产负债表的重要组成部分。投资于这些短期资产/负债的资金被称为公司的营运资本。因此，营运资本管理涉及短期或流动资产和负债的管理。

6.3.1　短期融资*

短期财务政策决定了：

• 流动资产投资的规模：可以衡量相对于公司的总营业收入水平。灵活的、宽松的或保守的短期财务政策将维持相对较高的流动资产与销售收入的比率。限制型的或激进的短期财务政策将导致流动资产与销售收入的比率较低。

• 短期资产融资：可以用短期债务（或流动负债）和用于流动资产融资的长期债务的比例来衡量。限制型（激进的）的短期财务政策意味着短期债务相对于长期融资的比例较高，而灵活的（保守的）政策意味着更少的短期融资和更多的长期债务。

由于灵活的政策意味着由相对较少的短期债务进行相对较大的流动资产投资，因此灵活政策的净效应是相对较高的净营运资本水平。

当长期资本超过总资本要求时，公司有可用的剩余现金用于投资有价证券。图 6－2 中的灵活政策意味着短期的现金盈余和大量的净营运资本投资。

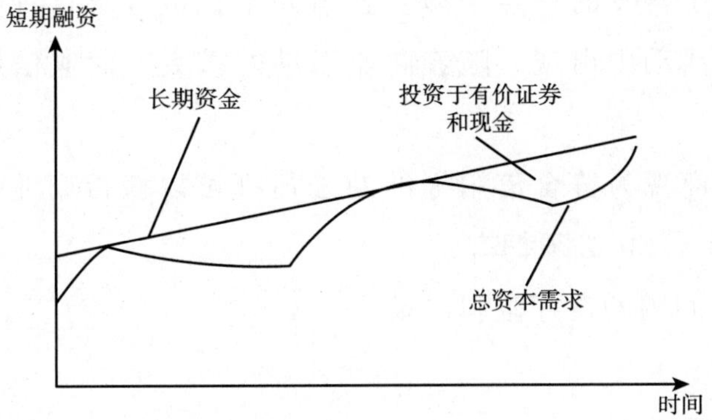

图 6－2　灵活的短期财务政策

当长期融资不能满足总资本要求时，企业必须通过短期借款弥补亏损。在图 6－3 中，限制型（激进的）融资政策意味着对短期借款的持续需求。每当流动资产因季节性变化而上涨时，该公司就利用短期借款来为增长提供资金。当这些资产被转换成现金时，公司就利用这些资产转换成现金流入来偿还短期债务。因此，根据累积资本要求，长期融资额决定公司是短期借款人还是贷款人。

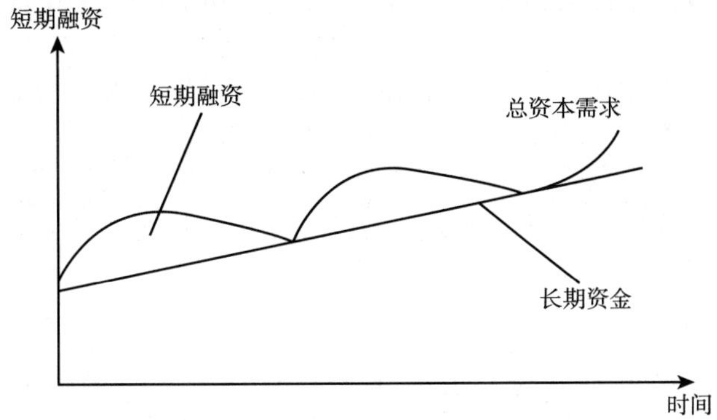

图 6－3　限制型短期财务政策

当流动资产仅以短期债务和固定资产为长期债务和权益融资时，净营运资本始终为零。但通常公司不能严格地匹配到期日。最优融资组合主要取决于公司和行业的具体特点。

6.3.1.1　短期融资资源*

企业短期融资的主要来源是商业信用。商业信用是指供应商向企业提供的信用。这是一个自发的资金来源。公司并不积极寻求这种融资，而是会在公司正常的经营活动中出现。随着商业活动的扩大，商业信用所提供的融资也在增加。

任何被供应商视为符合信用标准的公司都可以获得商业信用。因此，为了获得商业信用，公司必须拥有：

（1）一段时间内的良好盈利记录；

（2）流动性；

（3）以往付款记录；

（4）与供应商有良好的关系。

具有上述特点的知名公司在获得商业信用方面不会有任何困难。

商业信用所提供的融资最好的一方面是，它对企业来说是免费的。例如，如果公司被提供 30 天结清货款的信用条件，这意味着供应商向公司贷款 30 天，没有任何利息。就商业信用而言，如果提前付款，供应商会提供折扣。在这种情况下，公司必须仔细考虑不取得现金折扣的成本。假设公司享有“2/10，N/30”条款（在 30 天必须结清货款，在 10 天内付款可以取得 2% 的现金折扣），则不取得现金折扣的成本可以计算如图 6 – 4 所示：

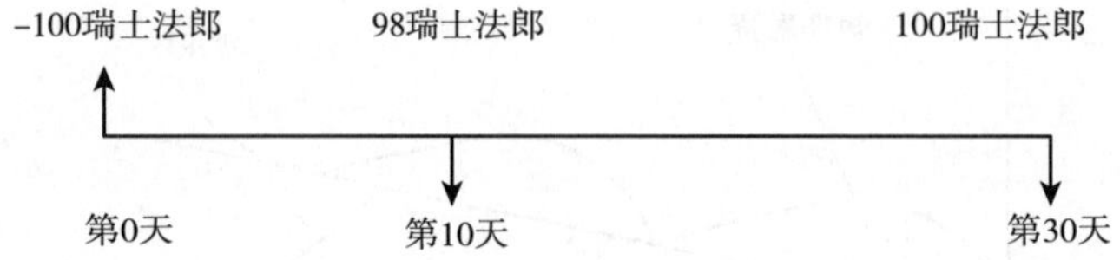

图 6 – 4　无现金折扣的成本计算

购买价值 100 瑞士法郎的货物发生在第 0 天。该公司有两种付款方式：第 10 天支付 98 瑞士法郎，或在第 30 天支付 100 瑞士法郎。如果公司决定不取得现金折扣（100 瑞士法郎 – 98 瑞士法郎 = 2 瑞士法郎），那么相当于它在第 10 天有效地借用了 98 瑞士法郎，需兑现在第 30 天偿还 100 瑞士法郎的承诺。因此，该公司拿出了 98 瑞士法郎的贷款，并在 20 天期的贷款中支付了 2 瑞士法郎的利息。这笔贷款的年化资金成本可以计算如下：

$$r = \frac{2}{98} \times \frac{360}{20} \times 100\% = 36.73\%$$

使用类似的计算，可以确定不取得现金折扣的隐性资本成本的几个信用条件如表 6 –4 所示。

表 6 –4　　信用条件和现金折扣

信用条件	不取得现金折扣的成本
1/10，Net /20	36.36%
2/10，Net /45	20.99%
3/10，Net /60	22.27%
2/15，Net /45	24.49%
2/10，Net /30	36.73%

从表 6 –4 中可以清楚看出，没有现金折扣的成本总是超过了企业的借贷成本。因此，当供应商向公司提供现金折扣时：

- 没有融资约束的公司必须始终取得现金折扣。接受现金折扣的选择将允许公司降低资本成本。
- 无法取得现金折扣的公司只能在信贷期末或稍后支付。

商业信用对企业有很多好处。首先，如上所述，它可以作为商业的正常组成部分，对公司不施加任何限制条件。其次，这是一种灵活的融资形式，根据公司的商业活动自动扩大或缩小。最后，它是免费的，甚至可以让公司降低成本或采用现金折扣购买。

企业也可以从商业银行和货币市场筹集短期资金。6.3.3.1 部分描述了来自这些来源的企业可用的各种融资方法。

6.3.1.2　现金预算*

现金预算是短期财务计划编制人员的重要工具。它允许短期财务计划编制人员确定他的需求（和机会）。这将显示财务计划编制人员在短期内需要借多少钱。这仅仅是现金流量时间表上的现金流量缺口。现金预算记录现金收入（流入）和支出（流出）的估计值。现金预算允许财务计划人员对公司未来的现金需求或盈余保持警觉。它也提供了一个可以判断后续表现的标准。在编制现金预算时，必须包括公司预期的所有现金流入和流出。为此，需要对过去的现金流进行详细的分析。虽然未来不可能像以前一样，但对过去的现金流动趋势进行彻底检查是通过现金预算进行有效现金流量预测的第一步。估算现金预算时要考虑的主要项目如表6－5所示：

表6－5 现金预算中的项目

现金流入	现金流出
* 现金销售	* 现金购买
* 应收账款的收回	* 偿还应付账款
* 投资收益	* 支付工资和薪金
* 子公司投资收益	* 租金、保险和公用事业费
* 来自国际风险投资的股息	* 广告、销售和其他相关的现金支出
* 出售资产收入	* 税（地方、州、联邦和国际）
* 证券销售收入	* 资本投资
* 贷款	* 利息和股息
	* 偿还贷款

以下例子可以说明如何编制现金预算。

【例6－4】[①]表6－6是吉百利史威士对明年糖果销售现金流入的季度预测：

表6－6 季度预测

时间	一季度	二季度	三季度	四季度
销售额（百万英镑）	1 000	2 000	1 500	1 000

吉百利史威士的销售具有季节性的特点，且由于圣诞节的原因，在第二季度的销售额通常非常高。公司通过赊销销售给超市，因此销售不会立即产生现金。收回应收账款后会收到现金。吉百利史威士有90天的收款期，下一季度将收取百分之百的销售额。用公式表示为：

回收金额＝上季度的销售

这意味着，上个季度末的应收账款＝上一季度的销售额。

就计算而言，假设上一年第四季度的销售额为10亿英镑。从上面的等式可得：

① 该例子部分改编自Ross，Westerfield和Jaffe（1999），703－706.

上一年第四季度末的应收账款 = 10（亿英镑）

第一季度的收入 = 1（亿英镑）

因此，

期末应收账款 = 期初应收账款 + 销售 - 收款 = 10 + 10 - 10 = 10（亿英镑）

表6-7显示了接下来4个季度的现金收入情况。在简化的例子中，现金的唯一来源是收款，而事实不一定总是如此。其他现金来源如表6-7所示。

表6-7 **现金来源** 单位：百万英镑

项目	第一季度	第二季度	第三季度	第四季度
销售额	1 000	2 000	1 500	1 000
现金收账	1 000	1 000	2 000	1 500
期初应收款	1 000	1 000	2 000	1 500
期末应收款	1 000	2 000	1 500	1 000

接下来考虑现金流出。它们可以分为4个基本类别：

（1）应付账款的支付：这些是采购货物和服务的支付，如原材料。这些付款通常会在购买后进行。采购将取决于销售预测。以吉百利史威士为例，假设：付款 = 上个季度的采购；采购 = 下个季度的销售预测的一半。

（2）工资、税收和其他费用：这一类别包括所有其他需要实际支出的正常经营成本。例如，折旧通常被认为是正常的业务成本，但不需要现金流出。

（3）资本支出：这是长期资产的现金支出。吉百利史威士计划在第四季度出现重大资本支出。

（4）长期融资：此类别包括长期未偿还债务的利息和本金付款以及向股东派发的股息。

表6-8给出了预计现金流出总量。

表6-8 **现金流出** 单位：百万英镑

项目	第一季度	第二季度	第三季度	第四季度
销售	1 000	2 000	1 500	1 000
购买	1 000	750	500	500

续表

项目	第一季度	第二季度	第三季度	第四季度
现金的支付				
偿还应付账款	500	1 000	750	500
工资、税和其他费用	200	400	300	200
资本支出	0	0	0	1 000
长期融资费	100	100	100	100
总的现金支付	800	1 500	1 150	1 800

注：该项目在明年第一季度的销售额是10亿英镑。

最后编制现金余额。吉百利史威士希望保持2 500万英镑的最低现金余额，以促进交易，防范突发事件，并保持商业银行的补偿余额。从表6-9的现金余额可以看出，二季度有大量的净现金流出。这种大量现金外流不是由于公司无法赚取利润而造成的，而是销售延迟收款的结果。这导致第二季度出现3亿英镑的累计现金缺口，财务赤字需求为3.25亿英镑（由于最低现金余额为2 500万英镑）。

表6-9 现金余额表 单位：百万英镑

项目	第一季度	第二季度	第三季度	第四季度
现金收入总额	1 000	1 000	2 000	1 500
现金支出总额	800	1 500	1 150	1 800
经营活动产生的净现金流	200	-500	850	-300
最低现金余额	25	25	25	25
经营所需的现金	175	-525	825	-325
累计超额现金余额	200	-300	550	250
最低现金余额	25	25	25	25
累计财务盈余（赤字）要求	175	-325	525	225

6.3.1.3 短期财务计划*

表6-9显示，吉百利史威士不能满足二季度内部预测的现金流出。其融资方案包括：无担保借款、担保借款、延迟应付账款。

（1）无担保贷款

为临时现金赤字融资的最常见的方式是安排短期无担保银行贷款。吉百利史威士可以通过向银行申请一笔非承诺的或承诺的信用额度来实现。非承诺的信用额度是一种非正式的安排，允许公司在没有通过正常文书工作的情况下借用达到先前指定的限额。银行的利率为银行的主要贷款利率加上一个百分比（在该例子中是15%）。该银行还要求吉百利史威士在信贷额度上保持相当于10%的补偿余额。实际上，这意味着吉百利史威士将不得不借贷3.611亿英镑用于第二季度3.25亿英镑的财务赤字。此外，每年15%的利率约为5 417万英镑（=0.15×36 110）。实际利率等于16.67%（=54.17÷325×100%）。承诺的信用额度是正式的法律安排，通常涉及公司向银行支付承诺费。对于大型企业而言，利率常常与伦敦银行同业拆借利率（Libor）或银行的资金成本挂钩，而不是最优惠利率。对于吉百利史威士来说，这是一个非承诺的信用额度。

（2）担保借款

吉百利史威士的另一种选择是担保贷款。贷款的担保通常包括应收账款融资或存货。在应收账款融资的情形下，应收账款被转让或被保理。根据转让条款，贷款人不仅对应收账款有留置权，而且还向借款人求助。保理涉及销售应收账款。被称为保理公司的购买者必须收回应收账款。保理公司承担坏账的全部违约风险。顾名思义，存货抵押贷款使用存货作为抵押品。一些常见的存货抵押贷款类型是：

- 一揽子存货留置权：一揽子存货留置权向贷出方提供对所有借款人存货的留置权。
- 信托收据：在这种安排下，借款人为贷款人持有存货。承兑贷款的文件称为信托收据。存货销售收入立即汇给贷出方。

吉百利史威士可以从一家非银行金融公司获得高达90%的应收账款担保融资，利率为15%；反过来，它必须将其应收账款作为担保。

（3）延迟应付账款

在这个计划中，当需要融资时，吉百利史威士可以推迟应付账款，以在本季度拥有更多的现金。但即使没有商誉损失，延迟应付款也是昂贵的，因为大多数供应商提供快速付款的现金折扣。因此，如果吉百利史威士推迟付款，则会失去这个延期金额的5%的现金折扣。

如果吉百利史威士公司采用无担保贷款和延迟应付账款，那么下面就是相应的模型（如表6－10所示）。假设公司只能通过信用额度借到最高达3亿英镑的金额。为了弥补第二季度累计财务赤字3.25亿英镑的需求，吉百利史威士必须推迟应付账款的支付。

表6－10　　预置模型　　单位：百万英镑

编号	项目	第一季度	第二季度	第三季度	第四季度
	新的款项				
1	贷款限额	0.0	300.0	0.0	0.0
2	延迟付款	0.0	52.4*	0.0	0.0
3	总计（1+2）	0.0	352.4	0.0	0.0
	偿还款项				
4	贷款限额	0.0	0.0	300.0	0.0
5	延迟付款	0.0	0.0	52.4	0.0
6	总计（4+5）	0.0	0.0	352.4	0.0
7	筹集的现金总额（3－6）	0.0	352.4	－352.4	0.0
	需要的现金				
8	贷款限额的利息 （每年15%，每季度15%÷4=3.75%）	0.0	0.0	11.3	0.0
9	延迟付款的利息（延迟金额的5%）	0.0	0.0	2.6	0.0
10	扣除有价证券的利息	1.3	1.3	1.3	1.3
11	支付的净利息（8+9－10）	－1.3	－1.3	12.6	－1.3
12	补偿性余额的额外资金**	0.0	5.0	－5.0	0.0
13	经营公司所需的现金（上表中）	－175.0	525.0	－825.0	325.0
14	需要的现金总额（11+12+13）	－176.3	528.7	－817.4	323.7
15	需要的现金总额（14）	－176.3	528.7	－817.4	323.7
16	筹集的现金总额（7）	0.0	352.4	－352.4	465.0
17	前一季度的现金余额合计		176.3	0.0	465.0
18	现金余额合计（－15+16+17）	176.3	0.0	465.0	141.3

注：*52.4百万英镑=在第二季度需要的现金总额5.287亿英镑－在第二季度的贷款限额3亿英镑－在第一季度的现金余额合计1.763亿英镑；

**要求一笔能维持贷款限额10%补偿性余额的金额，这笔金额要多于25百万英镑。吉百利史威士公司25百万英镑的最低现金余额作为对250百万英镑的贷款限额（25÷0.1）的补偿性余额。

如果吉百利史威士公司对其应收账款进行抵押贷款，则如表6－11所示。

表 6－11　利用应收账款作担保贷款　单位：百万英镑

编号	项目	第一季度	第二季度	第三季度	第四季度
	新借款				
1	有担保的贷款	0.0	347.4	0.0	0.0
	偿还款项				
2	有担保的贷款	0.0	0.0	374.4	0.0
3	筹集的现金总额	0.0	347.4	－374.4	0.0
	需要的现金				
4	有担保贷款的利息 （每年 15%，每季度 15% ÷4 =3.75%）	0.0	0.0	13.0	0.0
5	扣除有价证券的利息	1.3	1.3	1.3	1.3
6	经营公司所需要的现金	－175.0	525.0	－825.0	325.0
7	需要的现金总额（4－5＋6）	－176.3	523.7	－813.3	323.7
8	需要的现金总额（7）	－176.3	523.7	－813.3	323.7
9	筹集的现金总额（3）	0.0	347.4	－347.4	0.0
10	上季度的总现金余额		176.3	0.0	465.9
11	总现金余额（－8＋9＋10）	176.3	0.0	465.9	142.2

从表 6－12 可以看出，如果吉百利史威士采用信用额度方法，延迟支付应付账款，那么与选择担保贷款相比，它将筹集更多的资金并支付更多的利息。它节省了 90 万英镑的利息支出。对上述模型的分析表明，在担保贷款的情况下，不需要保留补偿性余额，并且可以花费每一英镑借款。此外，就应付账款而言，成本高于每年 20%。如果很多时候出现现金短缺，这种扩大应付款的政策将会变得非常昂贵。幸运的是，创建这种模型的任务已经委托给计算机。小公司使用电子表格模型，而大公司使用独立软件或全企业范围的解决方案来创建这样的模型。

表 6－12　不同计划支付的利息　单位：百万英镑

利息	第一季度	第二季度	第三季度	第四季度	合计
第一个计划支付的利息	－1.3	－1.3	12.6	－1.3	8.7
第二个计划支付的利息	－1.3	－1.3	11.7	－1.3	7.8
				差额	0.9

6.3.2 现金管理*

6.3.2.1 信用管理*

信用管理活动涉及公司应收账款的管理。应收账款是公司流动资产的重要组成部分，因此，信用管理可以对公司的现金流量和股东财富产生重大影响。

（1）商业信用工具*

以下是一些常用的商业信用工具，以确保应收账款的回收。

- 本票；
- 商业票据；
- 商业承兑汇票或银行承兑汇票；
- 信用证 。

本票：这是一个简单的借据 IOU（I Owe You），即书面承诺在客户签署的指定日期支付借入的利息。它阻止了关于债务存在的任何争论。

【例6-5】 苏黎世，2014年4月1日，60天后，承诺支付XYZ公司1 000瑞士法郎。

商业汇票：卖方向客户签发订单付款汇票，并将汇票和运输单据一起发送到客户银行。如果要求立即付款，则汇票被称为即期汇票；否则它被称为远期汇票。

商业承兑汇票或银行承兑汇票：在远期汇票的情形下，客户通过添加“已承兑”字样来确认债务并签署汇票。这是由银行转交给卖方的商业承兑汇票。在卖方怀疑买方的情况下，卖方可以要求客户安排银行承兑汇票。当银行担保客户的债务时，其被称为银行承兑汇票。

信用证：出口的情况下，出口商一般要求进口商安排信用证，以确保付款。

信用管理活动涉及以下决定：①授予信用的决策；②信用销售的条款和条件。

（2）授予信贷的决策*

当一个客户要求一家公司授予信用时，该公司将对该客户进行信用分析。

信用分析将使公司能够识别客户的信誉和支付潜力。

信用分析需要关注客户的财务信息以及客户的支付历史。财务信息可以通过要求客户提供最近的财务报表或通过客户的银行来获得。客户的付款记录可以通过 Dun and Bradstreet 或 TRW（美国）等信用评级机构的信用报告确定，一旦收集到所有的信息，公司将把客户分类为高风险、中等风险或低风险客户，并使用净现值（NPV）技术来决定是否向这类客户提供信用。

由于授信，公司必须进行一次性净投资额（NINV）。

净投资额（NINV）的计算公式为：

$$NINV = VCR \cdot S \cdot \frac{ACP}{365}$$

其中：

VCR——可变成本比率，即可变成本与销售额之比；

S——对新客户群年度销售；

ACP——新客户的平均收账期。

该公司进行的信用投资是基于一年 365 天的假设。

公司收到的年度净现金流量将取决于增量销售对新客户的贡献、预期的坏账损失以及公司监督和管理新客户所发生的增量支出。税后净现金流量用公式表示为：

$$NCF = [S \cdot (1 - VCR) - BDL \cdot S - ADEXP] \cdot (1 - T)$$

其中：

NCF——税后净现金流量；

BDL——坏账损失占销售额的百分比；

ADEXP——公司发生的额外年度开支；

T——税率。

因此，有关信用决策的相关现金流量可以绘制如图 6－5 所示。

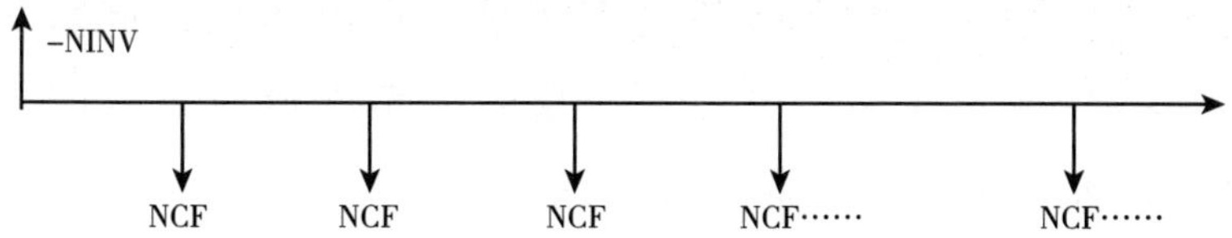

图 6－5　有关信用决策的相关现金流量

最后，提供信用的决策将基于上述永续现金流量的净现值。

$$NPV = \frac{NCF}{k} - NINV$$

在上面的公式中，k 是由客户类风险确定的折现率。如果净现值恰好为正，那么新的客户类别将被延长信贷，否则不会。

例 6－6 说明了上述技术的使用。

【例 6－6】 欧洲大型制药公司安万特（Aventis）正在考虑将信贷扩展到新的客户群。预计这个新客户群的年销售额将达到 750 000 欧元。客户平均会在 60 天后付清账单。预计坏账损失占销售额的 9%。如果对该客户群授信，信贷和收款部门的开支将增加45 000欧元。如果公司以 40% 的税率缴纳税款，其可变成本为销售额的 80%，是否应该向这个客户群提供贷款？客户群体的风险要求 16% 的贴现率。

解：该公司在扩大信用方面的净投资额计算如下：

$$NINV = VCR \times S \times \frac{ACP}{365} = 0.8 \times 750\ 000 \times \frac{60}{365} = 98\ 630.14 \text{（欧元）}$$

经常性的年度现金流量 NCF 计算如下：

$$\begin{aligned} NCF &= [750\ 000 \times (1-0.8) - 0.09 \times 750\ 000 - 45\ 000] \times (1-0.4) \\ &= 22\ 500 \text{（欧元）} \end{aligned}$$

因此，净现值计算如下：

$$NPV = \frac{NCF}{k} - NINV = \frac{22\ 500}{0.16} - 98\ 630.14 = 41\ 994.86 \text{（欧元）}$$

由于提供信用的决策的净现值是正值，所以新的消费群体应该得到信用。

（3）销售条款和条件

信用政策是企业在竞争激烈的市场上所拥有的重要工具。通常来说，一个行业的所有公司都遵循类似的信用政策。在萧条期，遵循宽松的信用政策来增加公司产品的需求。当公司产品的需求旺盛时，可能会遵循紧缩的信用政策。这种行为的一个很好的例子可以在美国汽车公司提供的消费信贷中找到。为了在萧条期产生需求，这些公司以极低的利率为买家提供信贷。

如果销售被认为是有风险的，公司通常要求货到付款。一般商业信用要求在30天或60天后付款。在经济衰退时期，公司可能会提供现金折扣，以鼓励提前付款。通常的信用条款描述为“2/10，N/30”：这些条款规定，如果客户在购买后10天内付款，客户可以享受2%的折扣，否则付款将在30天内到期。

【例6-7】假设美国通用电气公司通常不会向客户授予信用，这意味着它要求货到付款。由于重要客户的要求，GE计算了授予“2/10，N/30”的影响。假设通用电气的债务资本成本为10%，客户的付款金额为1 000万美元。“2/10，N/30”政策会伤害GE吗？

解：现时（N/30）及拟议条款（2/10，N/30）下的现值分别如下：

$$\text{当前政策下的现值(PV)}=\frac{10\ 000\ 000}{1+0.1\times\frac{30}{365}}=9\ 918\ 478\ \text{（美元）}$$

$$\text{提议的政策下的现值(PV)}=\frac{10\ 000\ 000\times(1-0.02)}{1+0.1\times\frac{10}{365}}=9\ 773\ 224\ \text{（美元）}$$

如果给予2%的折扣，那么将会花费9 918 478 - 9 673 224 = 145 254（美元）。

但是，通用电气公司的计算并不止于此。给予信用很可能有必须考虑的副作用。假设客户将增加10%的订单，GE每1美元营业收入的营业成本为0.5美元。信用政策现在有什么影响？

$$\text{当前政策下的(NPV)}=-5\ 000\ 000+\frac{10\ 000\ 000}{1+0.1\times\frac{30}{365}}=4\ 918\ 478\ \text{（美元）}$$

$$\text{提议的政策下的(NPV)}=-5\ 500\ 000+\frac{11\ 000\ 000\times(1-0.02)}{1+0.1\times\frac{10}{365}}$$

$$=5\ 250\ 546\ \text{（美元）}$$

可以看出，如果采取新的政策，通用电气的状况改善了332 068美元。

由于业务的性质，一个行业可能会有独特的信用安排。例如，玩具行业的销售旺季是在圣诞节前夕。玩具公司在授信时会采用季节性安排，即允许买方在旺季过后支付货款。

（4）监控应收账款

向客户提供信用的决策增加了为确保及时收回所有未付账单的负担。为保证账单按时收回而不发生重大坏账，收款部门被设立起来。收款部门负责监控和跟踪应收账款。

监控应收账款通常使用两种技术。最简单的方法是连续监测平均收账期（ACP），并采取措施确保 ACP 不会增加超过所要求的水平。ACP 被定义为：

$$ACP = \frac{平均应收账款 \times 365}{赊销额}$$

虽然这种技术很容易使用，但也有一定的缺点。这是一个综合的指标，因此并不反映客户之间的个人差异。ACP 易受销售模式变化的影响。如果销售额下降，ACP 将会增加。同样，如果付款延期，ACP 将会增加。因此，ACP 的增加可能是两个因素之一。很明显，ACP 不是衡量应收账款内部监控的理想指标。

应收账款模式是一个较好的选择。应收账款模式是对销售月份和随后几个月中仍然未偿还的信用销售的百分比分别监控。每个月的信用销售都是分开监控的。因此，如果 1 月的销售额在 3 月底之前还没有收回，那么公司就知道要收集一月份的销售量，收集工作就要增加。应收账款模式不受销售变化的影响，因此优于 ACP 监控方式。

6.3.2.2 现金管理*

现金被定义为公司活期存款和库存现金的余额。活期存款和库存现金的余额是公司的非生产性资产，因为这些资产不赚任何利息。根据约翰·梅纳德·凯恩斯（John Maynard Keynes）的看法，公司必须保持足够的现金，原因如下：

- 投机动机是需要持有现金以利用额外的投资机会，例如可能出现的议价购买、有吸引力的利率和有利的汇率波动。

- 预防动机是需要一些现金安全头寸充当储备金。
- 交易动机是在公司正在进行的业务中持有现金以满足正常支付和收款活动的需要。由于现金流入和流出并不完全同步，因此需要某种程度的现金持有作为缓冲。完美的流动性是现金的特征，可以满足交易动机。

由于需要保持一定水平的现金而损失给公司的利息可以被看作是保持现金的机会成本。由于机会成本，现金管理的基本目标是保持现金尽可能低，同时确保公司不会出现流动性问题。这个目标通常意味着“早收款，迟付款”。加速收款和管理支付的方式可以被看作是现金管理的一个组成部分。

一个商业公司的现金管理功能涉及以下领域：

第一，现金收款程序。现金收款程序对一家商业公司的重要性与其规模成正比。当地的小公司可以用简单的现金收款程序生存下来。但是，大型全国性企业必须能够设计一个有效的系统来收取所有客户的现金，并及时向供应商付款，同时保持足够的流动性。为了加速收款和减少浮游量（延迟收款），企业使用各种技术，其中一些技术如下：

- 分散的收款系统；
- 预授权支票；
- 特殊处理；
- 通过电汇支付。

第二，确定最佳现金余额。由于前面描述的各种原因，公司必须维持现金余额。现金余额以活期存款或支票账户的形式维持，不存在任何利息或现金。因此，大量的现金余额将确保公司始终保持流动性，但以放弃利率形式持有大量现金余额的成本相应较高。而低现金余额将减少放弃的利息，但会增加公司可能没有足够现金来履行其义务的风险。下一节讨论用于确定最佳现金余额的模型。

第三，现金支付技术。虽然现金收款技术的目的是通过减少流动资金来加速收取现金，但现金支付程序的结构使得公司可以尽可能延迟付款，而不会引起供应商的不满。付款必须始终在截止日期之前。提前支付只会以放弃利息收入的形式产生机会成本。

第四，有价证券组合管理。有价证券组合的管理涉及智能地投资公司可用的闲置资金或剩余现金。

（1）目标现金余额模型*

目标现金余额模型用于计算企业所需的最优现金余额。

（2）Baumol 模型*

公司必须在最大限度地减少放弃利息的机会成本和大量现金余额的低风险之间取得适当的平衡。Baumol 模型允许通过对公司的现金流入和流出做出一定的假设来确定最优的现金余额。

该模型是基于这样的假设，即公司可以选择将现有现金维持为无息收入存款或作为有价证券投资组合的投资。活期存款的现金余额越大，放弃的利息收入（机会成本）越大。这些在图 6-6 中显示为向上倾斜的直线。而较小的现金余额将导致有价证券组合的频繁转换。每当资金从有价证券转换到现金时，公司就会产生一笔固定的费用（如经纪佣金和向经纪人下单的费用），称为转换成本。这种转换越频繁，总转换成本就越高。随着现金余额的增加，转换成本将会下降。这些在图 6-6 中显示为向下倾斜的曲线。"U" 形曲线是两个成本的总和。

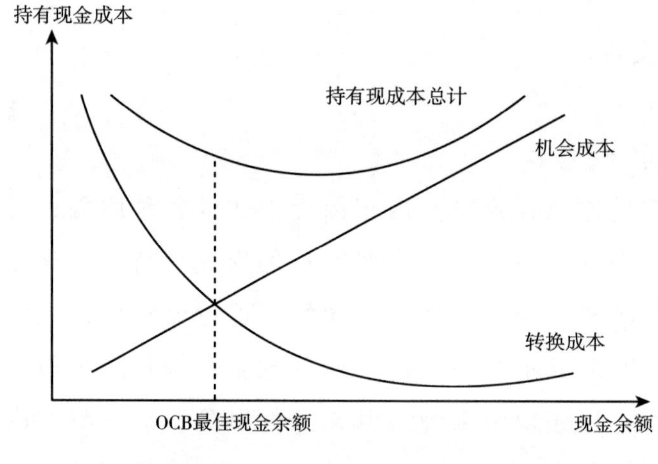

图 6-6 增加和减少现金余额持有成本之间的权衡

上述模型通过最小化转换成本与机会成本的总和来确定最佳现金余额。

让有价证券组合的每年利息为 I；让企业的年度现金支出为 C；设 F 为每次出售有价证券筹集现金时公司产生的固定成本。

那么最佳的现金余额 OCB 可以用下面的公式来确定：

$$OCB = \sqrt{\frac{2FC}{I}}$$

【例6-8】 假设智能剂量开发商和制造商——奥地利职业医学股份有限公司（Ageon）开发新一代药物输运系统，每年支出5.8亿欧元。它可以将盈余的现金投资于可出售的证券，收益率为4%。每次出售有价证券以筹集现金所产生的固定成本为750欧元。Ageon的最佳现金余额是多少？

解：C＝5.8亿欧元，I＝4%，F＝750欧元，使用这些数据，可以确定OCB为：

$$OCB = \sqrt{\frac{2 \times 750 \times 580\ 000\ 000}{0.04}} = 4\ 663\ 690\ (欧元)$$

（3）Miller－Orr模型*

当一个公司的现金流量比Baumol模型更具波动性时，Miller－Orr目标现金余额模型更合适确定最优现金水平。该模型建立了两个层次的现金：上限和返回点或目标现金余额。当现金余额达到上限时，预定金额转入有价证券。随后，如果现金余额降至下限，则出售固定数量的有价证券以筹集现金。该模型计算返回点为：

$$目标现金余额\ Z = \left(\frac{3 \cdot F \cdot \sigma^2}{4 \cdot I_{daily}}\right)^{\frac{1}{3}} + L$$

其中：

F——买卖证券的固定成本；

σ^2——每日净现金流量的差异；

L——控制下限，由公司决定；

I_{daily}——每日持有现金的机会成本。

$$上限\ H = 3Z - 2L$$

当现金余额达到上限时，转换为有价证券的现金＝H－Z

当现金余额降至下限时，转换为现金的有价证券＝Z－L

介绍性财务管理课程的教科书通过假定现金等级为零来简化上述公式。举一个例子来理解上面的模型。

【例 6-9】 百特国际是全球医疗产品和服务公司，其使命是为危及生命的人们提供关键治疗。现在找出它的目标现金余额及控制上限，假设目标现金余额模型的数据如下：F = 1 000 美元（每笔交易），I = 10%（有效年利率），σ = 200 万美元（每日），L = 0。

解：每日对应的机会成本是：

$(1+I_{daily})^{365}-1=0.10$　　　　$(1+I_{daily})^{365}=1.10$

$1+I_{daily}=1.10^{1/365}$　　　　$I_{daily}=1.000261-1$

$I_{daily}=0.000261$

每日净现金流量的变动 $\sigma^2=(2\ 000\ 000)^2=40\ 000$（亿美元）

$$目标现金余额(Z)=\left(\frac{3\times1\ 000\times4\ 000\ 000\ 000\ 000}{4\times0.000261}\right)^{\frac{1}{3}}+0=2\ 256\ 803\ （美元）$$

$H=3\times2\ 256\ 803-2\times0=6\ 770\ 409$（美元）

如果公司设定 500 万美元的较低控制限（L），会发生什么？

解：

目标现金余额 $Z=2\ 256\ 803+5\ 000\ 000=7\ 256\ 803$（美元）

控制上限 $H=3\times7\ 256\ 803-2\times5\ 000\ 000=11\ 770\ 409$（美元）

因此，通过增大或减小控制下限就会引发其他标准的增减变化。

在检查目标现金余额模型时，请注意目标现金余额更接近控制下限，而不是控制上限。因此，现金余额平均会比控制上限更多地达到控制下限。

Baumol 模型基于一个相当简单的假设，即公司的日常现金流出量保持不变。就公司的每日现金流入和流出而言，Miller - Orr 模型是基于一个更现实的情景，它假定企业的每日净现金流量是随机波动的，且是正态分布的。因此，Miller - Orr 模型在实践中更加适用。

（4）现金周转期*

公司的活动创造了现金流入和流出的模式。这些现金流量既不同步又不确定。例如，原材料供应的现金支付不必与收到销售产品的现金流入同时进行。现金流量也是不确定的，因为无法准确预测未来的销售和成本。

以通过加工原料来生产产品的公司为例。该公司从信贷供应商处购买原材料，然后立即开始处理原料。在该例子中将花费 55 天来生产产成品。它会立即用赊销出售产成品。赊购的收款将需要另外 35 天。事件的时间如表 6 - 13 所示。

表 6 - 13　　事件的时间

日	事件	现金效应
0	购买原材料	无
30	支付供应商原材料价款	-10 000 瑞士法郎
55	购销商品	无
90	回收销售货款	18 000 瑞士法郎

图 6 - 7 以图形格式显示相同的信息：

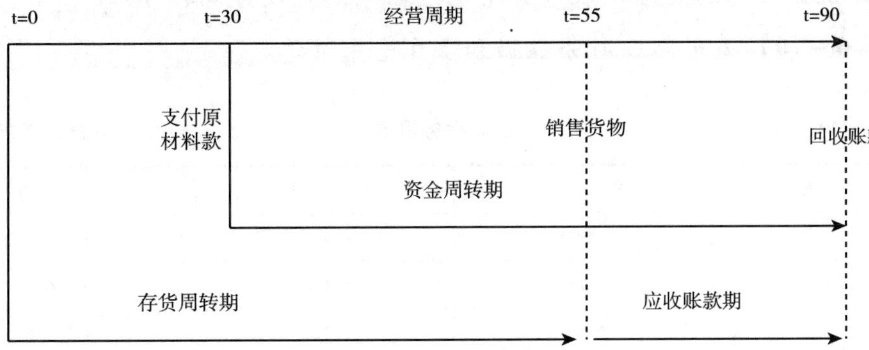

图 6 - 7　经营周期和资金周转期

存货周转期是企业从购买原材料到出售产成品的时期。在该例子中，它是 55 天。

应收账款周转期为产成品赊销与应收账款收回之间的时间。在该例子中，这相当于 35 天。

应付账款周转期为原材料采购日期至付款日期之间的时间。在该例子中，是 30 天。

经营周期是原材料转化为现金所需的天数。在该例子中，它是 90 天。经营周期可分为两部分：原材料加工成产成品的天数以及产成品赊销产生的应收账款转为现金流入的天数。从图 6 - 7 中可以看出，经营周期的公式为：

经营周期 = 存货周转期 + 应收账款周转期

公司的经营周期受到将原材料迅速加工成产成品并在最短的时间内收回应收账款的能力的影响。较短的经营周期意味着流动资产管理更好，因为存货和应收账款的资金水平较低。

现金周转期是从向供应商支付原料款日至公司从原料加工后的赊销中收取现金的天数。在此期间，该公司没有收到任何现金，将不得不从长期的资金来源提供现金来支付营业费用。现金周转期越长，对这种资金的需求就越大。该公司的净营运资本将与其现金周转期成正比。因此，公司的流动性受到现金周转期的影响。现金周转期可以计算如下：

$$现金周转期 = 经营周期 - 应付账款期$$

（5）计算经营周期和现金周转期*

可以根据公司的财务报表计算平均经营周期和现金周转期。

【例 6－10】 公司相关财务数据如表 6－14 所示。

表 6－14　　公司财务报表　　单位：百万美元

项　目	期　初	期　末	平　均
存　货	3 393	4 444	3 918.5
应收账款	4 360	6 173	5 266.5
应付账款	3 218	5 225	4 221.5

利润表显示：

销售收入净额 = 24 681（百万美元）

销售成本 = 10 120（百万美元）

需要利用存货周转期来计算经营周期。

存货周转率 = 销售成本 ÷ 平均存货 = 10 120 ÷ 3 918.5 ≈ 2.58（次/年）

存货周转期 = 365 天 ÷ 存货周转率 = 365 ÷ 2.58 = 141（天）

存货周转率为 2.58 次/年，意味着平均每年存货周转 2.58 次，或者存货在销售之前平均在公司停留 141 天。

应收账款周转期可按同样的方式计算，用公式表示为：

应收账款周转率 = 销售收入 ÷ 平均应收账款

= 24 681 ÷ 5 266.5 ≈ 4.69（次/年）

应收账款周转期 = 365 天 ÷ 应收账款周转率 = 365 ÷ 4.69 = 78（天）

应收账款周转期也被称为应收账款的销售天数或平均收款期，它给出了客户支付的平均时间。

营业周期是从收到存货到收到现金的时间，即存货周转期和应收账款周转期的总和。

【例6－11】

营业周期＝存货周期＋应收账款周转期＝141＋78＝219（天）

以同样的方式计算可以，得出现金周转期：

应付账款周转率＝销售成本÷平均应付账款

＝10 120÷4 221.5≈2.4（次/年）

应付账款周转期＝365÷应付账款周转率＝365÷2.4＝152（天）

这意味着平均而言，这些账单在152天后得到支付。由于现金周转期为支付存货采购款与收回应收账款之间的时间段，因此现金周转期是营业周期与应付账款周期之间的差额，用公式表示为：

现金周转期＝营业周期－应付账款周转期＝219－152＝67（天）

由上述计算结果可知，该公司在支付存货款和收取销售收入之间平均有67天的延迟。[①]

（6）现金周转期分析*

例6－11说明现金周转期取决于存货周转期、应收账款周转期和应付账款周转期。现金周转期随着存货周转期和应收账款周转期而增加，而在延长应付账款周转期时减少。

大多数公司采用较为积极的现金周转期策略。因此，它们需要为存货和应收账款融资。现金周转期越长，需要的融资越多。此外，现金周转期的变化通常被视为预警信号。现金周转期的延长表明公司在出售产成品或收回应收账款方面可能存在困难。

现金周转期也直接关系到公司的盈利能力，因为有效的资产管理是公司盈利和发展的基本决定因素之一。资产投资（所有其他条件相同）所产生

---

① 在计算中，期初值和期末值的算术平均值，也可以用期末值代替。

的销售额的增加也会提高资产回报率（ROA）和股本回报率（ROE）。因此，现金周转期越短，存货和应收账款的投资就越低，公司的盈利能力就越高。

（7）闲置现金余额投资*

公司可用的闲置现金可以选择投资于有价证券，以尽可能减少放弃利息的机会成本。组合证券的选择因国家而异。有价证券的选择通常基于以下标准：

第一，安全性。由于投资是为了使闲置现金获得合理的回报，所以公司往往首先考虑投资涉及的风险。低风险证券类投资工具包括政府债券（例如，国债）、AAA 级公司发行的商业票据或 CDs 等。

第二，流动性。投资于有价证券的资金需要在很短的时间内变现。因此，选择有价证券的一个主要标准是证券流动性的强弱。优选具有流通二级市场的证券（例如，国库券、商业票据或 CDs）或发行机构准备在到期日之前赎回的证券。所谓的回购协议（或称“回购”）实现了这个目标。

第三，期限。所选证券的到期期限也是非常重要的。较长期限的证券波动较大，而较短期限的证券波动较小。因此，在选择有价证券时，公司倾向于投资短期证券。或者，也可以采取现金匹配策略，使债务到期期限与投资的期限相匹配。

第四，收益性。稳定的收益率是选择证券的又一标准。显然，风险较低的证券收益率较低，风险较高的证券收益率较高。因此，只有在满足前三个标准（即安全性、流动性和期限）之后才能根据收益率选择证券。

6.3.3 短期借贷*

如果公司有暂时的现金盈余，可以投资于短期证券。如果公司出现暂时资金短缺，可以通过出售证券或短期借款来补充现金。

6.3.3.1 短期贷款*

（1）货币市场及货币市场投资工具*

短期投资市场通常称为货币市场。它包括由电报、电话和计算机聚集在一起的银行和经纪人。货币市场交易量非常大，且竞价激烈。一般来说，在货币市场发行的公司证券的违约风险要小于其他公司证券。原因有如下两个：

①短期投资的波动范围较小。即使遥远的未来充满不确定性，通常可以确信一家公司至少在几个月能够生存下去；

②大多数情况下，只有知名公司才能在货币市场上借到钱。如果借款期限很短，则不能花太多的时间进行贷款评估。因此，短期市场上的资金供给者只会考虑蓝筹借款人。

许多货币市场工具是折扣证券。这意味着他们不支付利息。回报是支付的金额与在到期时收到的金额之间的差额。下面举例讨论一些货币市场投资工具。

（2）货币市场投资工具

- **国库券**

国库券的期限为 3 个月、6 个月或 1 年。国库券的出售是通过拍卖完成的。输入有竞争力的出价便有机会以该出价买到国库券。或者，如果想确保买到国库券，则可以输入非竞争性出价。非竞争性出价按成功竞标的平均价格填写。国库券也可以在二级市场上流通。

- **短期免税工具**

诸如大学和学区的市政府和附近机构发行的短期票据。它的风险比国库券稍高，不容易买卖。但是它的吸引力在于免税。

- **银行定期存款和存款证明**

银行定期存款意味着银行以一段固定期限向投资者贷款。如果在到期前投资者需要这笔钱，银行通常会允许提取这笔钱，但是会以固定收费或降低利率的形式征收罚款。在某些情况下，银行可以发行可转让存单（CD）。作为定期存款证明的 CD 也可以在到期前出售给第三方。新持有者可以在到期时从银行索取这笔款项。

- **商业票据**

商业票据由大型、安全和知名的公司以短期无担保票据的形式发行。银行控股公司和财务公司等金融机构也发行商业票据。该种投资工具没有中间商参与，从而降低了发行成本。

- **银行承兑汇票**

银行承兑汇票已经在前面讨论过了。它相当于银行为借款人的欠条出具的背书，是可以通过货币市场交易商买卖的有价证券。这种汇票信用风险很低。

- **回购协议**

回购协议或回购相当于给予政府证券交易商的贷款。这种投资工具保障性较强，因为投资者购买了一部分交易商的国库券，同时约定在以后以特定的更高价格再次出售。回购是流动性最高的投资工具，可以在隔夜买入和卖出。

（3）货币市场的替代工具*

货币市场投资的替代工具是对长期投资工具的投资。这种投资工具虽然在投资市政债券等免税投资方面具有优势，但在短期内承担较高的风险。从其他公司获得的普通股和优先股的股息通常以低于其他利息收入的税率征税。

- **短期借款***

以上讲述的是公司可能使用闲置的现金进行投资的工具。下面来看看另一个问题——现金赤字。公司如何筹集短期资金？正如前部分显示的，筹资人必须通过发行货币市场工具筹集短期资金。因此，计划筹集短期资金的公司可以采用以上讨论的工具筹集短期资金。

- **从货币市场借款**

具有优良信用评级的大型公司可以直接向货币市场参与者寻求短期资金。这些公司可以以相对较低的利率在货币市场上卖出商业票据。商业票据市场在过去几年呈现快速增长。在美国，发行的商业票据期限通常为270天，面值为10万美元。

- **信贷配给**

信贷配给的概念在借贷者框架中起作用，是一种劝阻借款人用贷款人的资金进行投机的方法。借款人越希望通过借款方式筹集资金，它将支付的利率就越高。但不管贷款利率如何，贷款人都会拒绝借出资金。

下面用一个例子加以说明。如表6－15所示，S先生可以选择投资两个项目，收益如下[①]：

---

① 源引自 Brealey & Myers。

表 6－15 S先生可选择投资项目情况

项目	投资（万美元）	盈利（万美元）	盈利概率（%）
A	12	15	1
B	12	24	0.5
		0	0.5

项目A提供了一定的回报，并且非常有利可图，而项目B风险很高。S先生准备通过银行申请10万美元的贷款，并将自己拥有的2万美元用于该笔投资。银行计算的预期回报如表6－16所示。

表 6－16 预期回报表 单位：万美元

项目	银行期望盈利	S先生期望盈利
A	10×1=10	1×(15－10)=5
B	(0.5×10)+(0.5×0)=5	0.5×(24－10)=7

从表6－16中可以看出，如果S先生接受了项目B，他的收益状况比较而言会更好一些。如果有收益，他将获得较多比例的利润；如果出现任何问题，银行将承担大部分损失。若银行接受了项目A，银行一定能收回债务。由此可见，除非银行指定S先生选择项目A，否则不会借给他10万美元的现金。另一种方式是银行借给S先生的现值只有5万美元。收益矩阵如表6－17所示。

表 6－17 银行借出现值5万美元时的预期回报表 单位：万美元

项目	银行期望盈利	S先生期望盈利
A	5×1=5	1×(15－5)=10
B	(0.5×5)+(0.5×0)=2.5	0.5×(24－5)=9.5

银行贷款是短期融资的替代来源。

- **担保和无抵押贷款**

一家公司可以以担保或无担保贷款的形式筹集短期资金。

- **担保贷款**

公司可以其应收账款或存货等流动资产作为抵押获得抵押贷款。这些流动资产符合银行提供的短期贷款的要求。

- **应收账款融资**

由于大多数公司的大量资金以应收账款形式体现在其资产负债表中，因此可以使用应收账款获得其所需的短期融资。应收账款融资有两种形式：①应收账款质押；②应收账款保理。

应收账款质押意味着使用应收账款作为贷款的抵押品。贷款人通常只以应收账款的一部分（70% ~80%）发放抵押贷款，以保护贷款人免于坏账。应收账款质押贷款收取的利息通常比普通贷款利率高出2 ~3 个百分点。另外，贷款人将收取手续费用。因此，通过应收账款质押筹集资金的成本可能大大高于普通银行贷款的成本。

应收账款保理意味着将应收账款出售给称为保理公司的第三方。保理可以在有或没有追索权的情况下进行。当保理业务无追索权时，保理公司承担筹资公司的客户不付款的风险；当保理业务有追索权时，不付款风险由筹资公司承担。筹资公司同意支付其客户未支付给保理公司的资金。

- **存货融资**

公司的存货也为公司提供短期贷款的来源。存货融资类似于应收账款融资，但是存货保证的程序因国家而异。

大多数国家采用的典型程序被称为仓库融资。此种情况下，存货被存储在第三方拥有的安全处所中。贷款人为存货提供资金，但借款人只有在贷款人授权的情况下才能使用存货。

美国有一种常见的存货融资安排称为信托收据。这种安排用于资助汽车等高价值产品。当汽车运送给经销商时，银行为货物提供资金，但经销商在其经营场所将货物托管给银行。当汽车销售时，经销商以所需的金额与银行接洽，以确保汽车所有权的转移。银行会不时检查经销商的存货，以确保融资得到充分保证。

- **无抵押贷款**

流动资产的替代融资来源是商业银行的贷款，这是传统的无担保贷款。对这类贷款收取的利率是可变的，并以所谓的“最优惠贷款利率”为基础。最经常提到的最优惠利率是银行向其最有信誉的客户收取的利率。信誉较差的客户须支付超过最优惠价格的溢价（例如，最优惠利率上浮1%）。最优惠利率本身将根据整个金融市场的资金成本而变化。

一家公司可以为特定目的向银行申请贷款，或者在一段时间内为其流动资产申请融资（或信贷额度）。为特定目的筹集的银行贷款要求借款人签署一张期票，约定利率、还款日期和抵押品（如果有的话）。信用额度通常是循环信贷安排，允许借款人借款达到指定的最高金额（信用额度）。但是银行可能会要求借款公司在年底且在下一年的信贷安排更新之前偿还所有的借款。并且无论公司是否借贷，银行只要向借款公司提供任何达到规定限额的金额，都要向借款公司收取最高额度的承诺费，对公司实际借入的金额还要收取利息。银行还可能会要求借款公司维持银行活期存款的最低余额（即补偿余额）。

第7章　价值创造的组织*

“人”的因素可以在收购竞争对手或者在两家具有对立企业文化的公司整合管理方面发挥何种程度的重要作用。Daimler Chrysler（戴姆勒·克莱斯勒）的例子是显而易见的：即使财务标准初看起来十分有吸引力，但两种完全不同的公司文化（“家长式工程师”与“个人主义市场营销者”）也可能导致合并失败。

基于投资的价值创造同样容易陷入困境。公司通过不同层级分阶段实施战略。这一过程贯穿全年，包括计划、批准、实施、监测投资以及定期更新预算。同时，员工想要寻求个人发展，晋升更高的职位，而管理者则希望自己的业务迅速发展。最终，所有员工都希望在组织内最大化他们个人的“中小企业”（SME）。所有这些雄心壮志不仅可以影响带有或多或少合作性质的企业文化，还会影响其战略选择。向综合管理层提出的投资方案往往是经过权衡不同的经营理念与不同的利益方之后的结果。[①]

因此，公司并不会自发地为股东开发财富优化的框架。研究公司治理的目的正是为了分析公司内部的不同职能部门及其运作方式，以便将其与最佳实践进行比较，并事先防止任何权力滥用[②]。

人们关于公司治理的概念存在广泛争论，并提出了各种定义：

什么是公司治理？

毫无疑问，近年来公司治理问题已成为公司不可分割的一部分。公司治理与公司的经济健康息息相关，但单一的定义无法完全涵盖公司治理主导的大量经济现象。不同的定义反映了不同的人在该领域的研究侧重。因此，以

---

① “哈佛商业评论”（1998年3月/4月）描述了Smith Kline Beecham的预算过程：“在SKB，每个项目冠军都曾经为自己的项目提供资金。不可避免的是，决策变得非常政治化，因为资源分配的最终选择更多地归功于项目冠军的主张和政治技能，而不是项目的内在价值。”（引自CIMA，最大化股东价值）

② 在本章中，原始资料由Ethos公司在2014年举办的AZEK校园活动提供。本研究只包括Ethos报道的事实，仅代表AZEK的意见。

下列出一些不同的定义，以供参考。

定义：

1. Shleifer and Vishny，“公司治理涉及公司资金的提供者如何确保自己获得投资回报”，金融杂志，1997 年，737 页。

2. “公司治理是指企业进行指导和控制的制度，公司治理结构明确了公司不同参与者之间的权利和责任分配，如董事会、经理人、股东和其他利益相关者，并制定公司事务决策的规则和程序。如此便为制定公司目标提供了架构，也为实现这些目标和监督绩效提供了手段。”（OECD，1999 年 4 月）

3. “公司治理可以狭义地定义为公司与其股东之间的关系，或者更宽泛地说是公司与社会的关系，等等。”金融时报（1997 年）的一篇文章。

4. 1999 年 6 月 21 日金融时报发表的一篇文章引用世界银行行长 J. Wolfensohn（沃尔芬森）的话：“公司治理就是要促进企业的公平、透明和问责。”

5. “有些评论者的观点太狭隘，他们认为公司治理是董事和审计师对股东承担责任的方式。还有一些人在使用这个表达时，就好像它是股东民主的同义词。公司治理是最近构想出来的一个话题，目前还不明确，因此边界模糊。公司治理是一个主体、一个目标或者一个顾全股东、员工、客户和银行家利益的机制，实际上也关乎国家的声誉和经济地位。”（Maw et al.，1994 年）

6. “公司治理属于经济学领域，它研究如何通过使用合同、组织设计和立法等制度结构来提高公司的效率。这往往局限于股东价值问题，即公司所有者如何激励或确保公司经理人能够提供有竞争力的回报率。”（Mathiesen，1999 年）

7. “公司治理是指控制系统、规章制度以及防止发生欺诈的动机。”（Berk and DeMarzo，2014 年，962 页）

两个重要的要素强调如下：

- 公司治理涉及公司所有权的私人组织（以合同形式）或公共组织（以法律形式）。根据法律精神，管理层、董事会和审计师都是股东代表。历史表明，Adam Smith（亚当·斯密）[①] 已经定义的这种代理关系必须受到密切监督。

---

① “然而，这些股份制公司的董事，作为经理人，而管理的不是他们自己的钱，不能期望他们用私人合伙人的焦虑性警惕去监督自己的行为。”（亚当·斯密）

• 公司治理在于处理公司管理层与上述各种机构、股东之间的关系，以及外部环境（利益相关者）。

7.1 公司治理的历史*

资本主义的起源是创业型资本主义，公司所有者亲自管理公司。因为权力集中在同一主体手中，所以没有权力分割和利益冲突。这仍然是当今小企业的运作模式。

在20世纪20年代，公司老板开始招聘经理来经营公司。这标志着进入了管理资本主义的新时代。更具体地说，就是提出了基于激励的薪酬概念和衡量管理绩效的首要标准。

在20世纪70年代，出现了受托型资本主义和机构投资者，使管理概念产生了新的转折点。养老基金、保险公司、投资基金、对冲基金和主权财富基金都是其养老金持有人或单位持有人权利的代表。这些“新”股东①最初没有动力去关注除投资收益之外的其他问题。他们逐渐感觉到从投资领域向潜在的权力斗争的转变，认为过于坦诚会逾越客户所赋予他们的权力。于是，他们无意中把该领域开放给各个主体，削弱了股东的权力。

1990年前后，价值创造概念的重新出现导致公司内部甚至机构投资者之间的权利再平衡。后者与管理层的沟通越来越多，他们相信这对长期股东有利，或者可以通过新的法律政策采取行动，如《萨班斯—奥克斯利法案》(Sarbanes - Oxley Act)。最近，对冲基金激进主义者的出现促成了非营利公司战略的变革，这是公司内部股东重新发现权力的新时代。

在传统金融模式逐渐融入行为金融元素的时代，公司治理变得非常重要。公司不一定比其他人员组织更有效率，仅把它看作投入或产出的总和或者是财务比率的集合，就会误解它的运作过程。

为了理解公司治理，来看看两种截然不同的模式，即英美模式和德日模式。

---

① Jacobs，2011：“1951年，个人散户投资者拥有美国所有优秀公司股票的75%以上。现在，包括公共、私人养老金和退休基金机构投资者，共同基金和对冲基金的控制近70%。”引用自 Bolton - Samama 的“L - Shares：长期投资者的回报”，2012年11月。

7.1.1　英美模式

英美公司治理模式的主要特点如下：

（1）所有权结构一般为 50∶50，即个人投资者与机构投资者的所有权几乎相等。由于各种限制，单个机构投资者通常不会持有公司 10% 以上的股份。

（2）所有权和管理权是分开的，由拥有微不足道股权的合格专业人员负责管理。管理者在经营公司方面享有充分的自由，典型的 CEO（首席执行官）拥有完全控制权。

（3）理论上而言，董事会用于选择管理层，但实际上是相反的。因此，董事很少独立于管理层。

（4）大多数机构投资者倾向于投资广泛分散化的流动性证券组合。如果他们不满意公司的表现，可以出售其证券，因此他们采取短期投资导向。所以，管理层有持续公布良好短期盈利表现的压力。

（5）虽然大多数机构投资者并不具备监督各个公司的意向或能力，但有小部分机构投资者逐渐开始对公司管理方式产生浓厚的兴趣。这可以通过两种方式来完成：

①通过投资一些公司，并积极地监控它们，以此确信可以通过这种方式获得高额回报；

②通过采取指数策略，继续投资于指数中的公司。因此他们保持对这些公司管理的压力，以获得更好的业绩和良好的回报。

（6）信息披露规范全面，针对内幕交易的规则严格，以及对价格操纵行为的处罚严厉，这为小投资者提供了保护，也为市场上的股票流动性提供了保障，但这样的规定也阻碍了大公司积极关注公司治理。

（7）一个由公司控制的高度活跃市场由于受到公司收购的威胁而表现不佳。1976—1990 年，发生了多次重大的恶意收购活动，这为股东创造了 7 000 亿美元的价值（按 1990 年价格计算）。

总之，由于首席执行官的重要性、活跃的资本市场、机构投资者的短期处置行为以及可信的收购威胁，英美模式可以被称为“高度紧张”模式。

7.1.2 德日模式

德国和日本的公司治理模式虽然并不完全相同，但却具有一定的共同性，因此可以将它们归为一类。其显著特点归纳如下：

（1）银行和金融机构在公司的股本结构中占有很大股份。此外，在日本公司集团中，跨国控股（在日本称为 Keiretsu）很普遍；

（2）德国和日本的机构投资者是长期投资者。他们密切的监督使得公司业绩变得更好；

（3）在德国和日本，内幕交易的规定并不严格，这导致资本市场效率下降。流动性并不是关注的重点；

（4）公司控制权市场几乎不存在，恶意收购是罕见的。

因此，由于通过银行获取信息的途径、机构投资者的长期处置行为、并购的低频率以及资本市场的作用有限，德日系统可以被称为“联网”系统。

更普遍的是，全球的公司治理有很大的差异。投资者受到管理者保护的程度以及他们的权利被强制执行的程度，在不同国家和法律制度中都有很大的不同。研究人员认为，在一个重要的工作中，投资者保护程度或公司治理标准在很大程度上取决于该国法律渊源，具体来说，就是其法律体系是基于英国普通法（更多保护）还是法国、德国或斯堪的纳维亚的民法（较少保护）①。

7.2 公司治理的四大关键角色*

该部分将简要介绍一下公司治理中的四个主要角色，即股东、董事会、审计师和管理层以及利益相关者。

---

① 参照 Rafael La Porta，Florencio Lopez－de－Silanes 和 Andrei Shleifer（1998）。

7.2.1　股东

股东是公司的最终所有者，一般来说，他们有如下权利：

- 选举董事会成员并选择审计公司；
- 对年度财务报表的批准进行表决；
- 决定是否支付股息；
- 解散董事会；
- 对公司章程的修改进行表决；
- 对提交给股东大会的任何决议进行表决。

2008 年的金融危机引发了新的监管浪潮，增加了股东大会的权力。以瑞士为例，包括：

- 对高级管理人员和董事会的薪酬进行投票表决（在瑞士表现为约束力，美国表述为“薪酬的话语权”）；
- 自 2015 年 1 月 1 日起，机构投资者须于股东大会上投票，可于股东大会前以电子方式投票或授权其他人投票。

7.2.2　董事会（或监事会）

这个主体的职责是制定公司的战略，并监督公司高层管理人员实施该战略。

近几十年来，它在许多国家的作用有所增加。例如，2002 年的美国《萨班斯—奥克斯利法案》为董事会成员的集体和个人责任作了具体的规定。

为了解决这些新的制约因素，董事会发生了一些变化：

- 逐步脱离“双头”的首席执行官和董事会主席的限制，而从综合管理上获得更大的独立性。
- 任命董事会中的独立董事成员，通过他们将专业知识应用于公司业务的不同领域。董事会成员的独立性标准可能有不同的含义。瑞士 Ethos 基金会推荐的最佳做法如下：

（1）不属于公司目前或以前的管理层。这是一个重要的论点：瑞士上市公司董事会成员中有50%是前任管理层成员[①]；

（2）不是大股东的代表；

（3）不作为公司的财务顾问；

（4）不得受益于管理层的薪酬计划；

（5）不得在同一董事会任职超过12年。

- 董事会内部成立了几个委员会，几乎是强制性的，含薪酬委员会、审计委员会和提名委员会；其他的还有：负责审查主要增长业务的委员会（如法律委员会、并购委员会），负责衡量公司对环境影响的环境委员会，负责比较公司及同领域竞争对手进展的公司治理委员会。

- 最近有一些国家投票赞成董事会中妇女代表的数量配额，并指出这方面缺乏自发的进展。

在这种情况下，近几十年来董事会缓慢进入高级管理层的影响范围，有时甚至已经不再表现为有效制衡，反而慢慢偏向股东。这种权力转移至关重要，因为在许多情况下，它帮助实施了创造重大股东价值的战略。

7.2.3　审计师

审计师由股东大会任命，负责检查公司账目中的真实情况，因此是独立的。审计事务所不得承担与维护公司账目、管理公司现金和执行内部审计等不相容的职责，也不应承担人力资源方面的责任。它与董事会的审计委员会合作，提交外部审计报告。

7.2.4　综合和财务管理

综合管理层包括首席执行官（CEO），其依赖于每个重大决策的财务管理。

公司首席执行官负责实施董事会制定的战略。实际上，首席执行官往往是这个战略的制定者，完成后提交董事会批准。

---

① 资料来源：Ethos，“2012年在瑞士上市的100家最大公司中执行人薪酬”，2014年1月。

首席执行官及其薪酬近年来受到了严格的审查。人们普遍认为应该按照绩效来决定管理层的薪酬，但实际上为了实现亚当·斯密所倡导的股东和管理者之间利益的和谐一致，还有很多工作要做。

大企业的财务职能又分为两类，即财务主管与会计主管。表 7－1 将列出这些工作人员所承担的职能：

表 7－1　　财务职能

财务主管	会计主管
收购资金	财务会计
银行关系	内部审计
现金管理	税　　务
信贷管理	管理会计
资本预算	成本控制
保　　险	记录留存
股息决策	税收筹划

财务主管与会计主管向公司首席财务官（CFO）报告，然后向公司首席执行官报告。

7.2.5　利益相关者

公司治理还涉及公司与环境之间的相互作用，如员工、供应商和政府当局。为了评估公司与环境之间的相互作用，投资者制定了非财务评估标准，即环境、社会和公司治理因素。

下文列出了一些使用的标准：

- 环境：获得单位销售收入的碳排放、公司一年使用的能源；
- 社会：员工流失率、因事故而损失的时间；
- 公司治理：独立董事人数、董事会中的女性人数。

在本节中，只关注与公司治理相关的财务标准，旨在确保公司财务组织有效。

7.3 目前讨论的主要问题*

该部分研究目前关于公司治理讨论的两个主要问题，即：

- 管理层薪酬（定薪原则、价值创造和短期压力的度量）；
- 与股权相关的交易（股票回购和资本增加）中的股东平等。

7.3.1 管理层薪酬*

7.3.1.1 激励机制*

一条关于薪酬的重要规律表明，个体通过最优化其行为以换取对他们所承诺的报酬。如果董事会根据明确的财务准则清单设置经理人薪酬，那么这些经理人很可能会将精力集中在达到或超过这些目标上，即使这意味着忽视这项管理对公司长期价值的影响后果。

【例 7-1】 英国一家无债务的工业类公司董事会计划在股权收益率（或净资产收益率，ROE）超过 20% 的条件下向管理人员支付奖金。如果这个目标没有实现，就不会支付奖金。股权收益率常常被视为衡量管理质量的一个度量指标。

该工业类公司具有很高的固定成本结构和平稳的销售额。管理层将试图通过选择更多的周期性终端市场来增加其经营杠杆和债务。[①] 如果假设存在一个周期性的结果（周期的中点和高点之间有 30% 左右的差异），公司现在有能力在周期的高点实现超过 23% 的股本回报，从而实现奖金支付的条件（如表 7-2、表 7-3 所示）。在下面的例子中，管理层将股权减少 400 英镑，并增加等额的债务。

① 为了简单起见，将忽略税收因素。

表7-2　英国工业类公司相关财务指标　单位：英镑

	原始值	低	中	高
销售额	1 000	700	1 000	1 300
EBIT	300	210	300	390
		-30%		30%
财务费用	0	20	20	20
净利润		190	280	370
		-32%		32%
债务	0	400	400	400
股东权益	2 000	1 600	1 600	1 600
ROE	15%	11.9%	17.5%	23.1%
		-5.6%		5.6%

表7-3　分析结果

输入值	30%	经济周期高点/低点的间隔
	30%	EBIT 利润值
	5%	利率
	0%	税率
	80%	股东权益÷资产负债表

财务比率分析表明，改善后的结果仅仅是源于运用两类杠杆下承担了更多的周期性风险：

- 由于更具周期性的盈利结构，经营杠杆的增加导致周期高点的股权回报率提高了5.6个百分点；
- 由于新的债务，财务杠杆的增加使股权回报率提高了2.5个百分点。较高的股权回报率被较高的债务成本所抵销。

奖金只有在周期的最低点不会得到支付的事实，强化了对于奖金的可选择性（类似于对结果的要求）。

因此，可以看到，董事会为管理层制定与股东中期价值创造相一致的薪酬标准至关重要。

这印证了Kaplan的担忧。Kaplan认为，对于管理层的绩效激励不应仅仅基于与运气相关的因素。这一界限有时难以确定。接下来将研究在以下情况中，激励管理层提高股票市场价格的优点：

- 由于中央银行超宽松的货币政策促使经济强劲复苏；

• 在停止对药品的研发支出后，利润有所改善。

理论上这两种情况都不能为管理层提供任何奖励，但应该如何定义游戏规则呢？

薪酬目前由以下 4 个主要部分组成：

• 以现金支付的基本工资，该部分通过与其他公司的同一部门进行比较确定，而不与绩效指标挂钩。

• 与短期成果（通常是当年）相关的奖金，包括现金或股票奖励，有时会递延到下一个年度；该奖金的确定基于公司过去一年来的经济业绩；它的下限取决于最低绩效门槛值，并且受限于最大值；

• 长期激励机制，由股份和期权组成，这部分基于绩效指标，通常具有非常大的弹性。

——公司股票的表现，包括股息；

——公司在其行业或整个市场中的相对表现；

——自由现金流量、销售额、每股收益的增长；

大部分时间里，一些指标被汇总成一个“记分卡”，同时包括上下限。

• 间接报酬，通常很难在年度报告中确认，如健康保险或公司汽车；公司首席执行官到任或离职时支付的各种保险费都涉及广泛的公共利益：这些可能包括签名奖金（“黄金问候”）、替代性支付[①]、非竞争性奖金、遣散费（“黄金降落伞”）或养老基金的重大参与（“礼帽计划”）。

2008 年，美国首席执行官的薪酬由 56% 的现金、21% 的股份和 23% 的期权组成。通常建议使用一些简单的市场相关性绩效指标。一方面，这可能会分散管理的重心，即为公司寻求有利可图的投资。另一方面，过多的指标会产生一个平均得分，导致标识性的记分卡在确定管理绩效方面没有什么价值。

下面的例子只是为了强调在薪酬方面可能出现的实际问题：

• 根据公司规模确定基本工资，每年根据通货膨胀情况进行调整；

• 没有短期薪酬；短期主义在价值创造方面是无关紧要的，是管理层矛盾信息的来源；

---

① 根据瑞士关于交易所上市的股份公司管理人员超额薪酬的新规定，当前这些条款必须在公司章程中明确规定。

• 以价值创造为基础的长期薪酬（3～5 年[①]），这可以采取两类形式中的一类：

——股票市场表现好于从国际股票指数的成分股中选择的足够规模的同业集团[②]；

——考虑部门资本成本和行业未来增长前景时的实际价值创造；按照这一标准，薪酬将不受到限制，但在重大损失时可能受到惩罚；目标和结果在年度报告中公布。

• 加入或离开公司时没有任何其他报酬。

另外，董事会和管理层的薪酬标准应该是不同的。董事会应该用现金和股票而不是股票期权来支付，不应该有弹性的薪酬，这样就不会冒险为公司承担更多的风险。

这些简单的标准避免了目前薪酬制度的主要缺陷：

• 与净利润相关的会计问题，如会计应计项目、非经常性项目，以及较少或根本没有考虑经营风险；

• 对股票市场价格的上涨或下跌的依赖。股票价格可能在牛市中受到过度青睐，或在熊市中表现弱势，这是管理层无法控制的。因此，对于相对表现的计算更加可取。

7.3.1.2　价值创造指标*

(1) 股票市场价值创造指标*

直观地说，公司的价值创造应该用股票市值和股东权益账面价值之间的差额来衡量。如果继任的管理层实施了战略性和财务上可信的政策，股东应该更愿意为公司股权支付溢价。Stern Stewart Institute（斯特恩·斯图尔特研究所）称之为“市场附加值或市场增加值”（MVA）[③]。因此，超过一年的价值创造就通过市场附加值的变化来衡量，这种变化可能来自股票市值的变化，或者是股东权益账面价值的变化。

---

① 5 年代表与基本评估有关的均值回归的半衰期。

② 一般认为没有理由使用自选的同行集团，因为在过去的 100 年中，金融部门在成千上万的投资者所使用的基准下工作，此时所有潜在的计算错误都是由此引起的。

③ 这是斯特恩·斯图尔特研究所（Stern Stewart Institute）特别强调的方法，并将资本和股权的差值称作“市场附加值”（MVA）。

【例 7－2】一家 A 公司 2013 年的股东权益账面价值为 8 亿瑞士法郎，2014 年为 9.2 亿瑞士法郎。其 2013 年的股票市值为 14 亿瑞士法郎，2014 年为 17.6 亿瑞士法郎（如表7－4所示）。请问该公司当年创造了多少股东价值？

表 7－4　　2013 年和 2014 年股东价值　　单位：百万瑞士法郎

	2013 年	2014 年	差值
股票市值	1 400	1 760	360
股东权益账面价值	800	920	120
市场附加值	600	840	240

然而，2.4 亿瑞士法郎的增加值得商榷：股东权益账面价值已经增加了 1.2 亿瑞士法郎，但这可能是由于大幅盈利带来的留存收益的增加，这是积极的。这也可能是由于公司大幅增资，而这并不是积极的。以相同的方式来对待这两个事件似乎会在计算价值创造时存在高估。

同样的情况下，这种处置方法也有很多值得质疑的地方，因为在资产负债表上确认的资产减值对公司股东权益账面价值有直接的影响，但不一定对股票市值产生影响。

因此，从业者建议放弃对资产负债表的任何说明，而是集中在调整后的股票市值总额，即总股东回报率（TSR）① 的变化上：

- 股票市值从某一年到下一年的变化；
- 加上股东在此期间获得的不同回报（股息、股份回购）；
- 减去股本的增加（行使期权、股本增加）。

接例子，A 公司 2014 年的股息总计 1 亿瑞士法郎，并代表其全部利润。股东权益的增加与股本的增加相对应（如表 7－5 所示）。

表 7－5　　2014 年 A 公司股票市值的增加　　单位：百万瑞士法郎

股票市值的增加	360
股东回报	100
新股东的投资（股本的增加）	－120
差值（占 2013 年底股票市值总额的百分比）	340（24.3%）

① 这是波士顿咨询集团（BCG）采取的方法。BCG 在 2008 年撰写的一篇文章中详细介绍了创造价值的主要“价值驱动因素”：税息折旧及摊销前利润（EBITDA）的增长、企业价值/税息折旧及摊销前利润（EV/EBITDA）的增长倍数、股东现金支付的增长。

但是，这个数额还不能反映经济上的价值创造，因为还必须考虑到股东预期的回报要求。根据财务理论，当股票处于均衡价格时，股东将预期得到与股票市场权益资本成本相等的年回报率，这要么取决于股价上涨，要么是通过另一种形式的回报（股息、股票回购）。因此，管理层必须创造超过资本成本的价值。用以下公式衡量价值创造[①]：

价值创造 = 调整后的股票市值的增加 −（调整后的股票市值 × 权益资本成本）

在该例子中，将 2013 年和 2014 年的权益资本成本率设为 15%，并计算 2013 年底的权益机会成本（如表 7 – 6 所示）。

表 7 – 6　股东的机会成本　单位：百万瑞士法郎

项　目	差值
2013 年、2014 年调整后的股票市值变化	+340
股东的机会成本	−210
股东的价值创造	+130（+9.3%）

权益资本成本需要考虑到公司的 beta 值。因此，价值创造的衡量方法也准确地把经营风险和财务风险的概念结合起来，避免了公司通过简单的股转债方式使排名攀升得太高。

在 1 年内 A 公司调整后的股票市值总额比 B 公司实现了更大的增长，但如果以权益资本成本代表风险，则 A 公司的加速增长源于其承担了远大于 B 公司的风险，A 公司的权益资本成本为 12.5%，而 B 公司只有 7.5%（如表 7 – 7 所示）。因此 A 公司创造的股东价值略小于 0，而 B 公司创造的股东价值略大于 0。

表 7 – 7　A、B 公司权益资本成本

	Δ 调整后的股票市值	权益资本成本	差值
A 公司	11.5%	12.5%	−1%
B 公司	8.5%	7.5%	1%

① 该计算基于“剩余收益”模型，该模型将经济成本应用于会计结果以揭示公司的真实价值创造。第一个模型可以追溯到 19 世纪初阿尔弗雷德·马歇尔（Alfred Marshall）提出的模型。通用电气在 20 世纪 50 年代将该模型应用于组织的各个事业部。

根据作者的不同，这一价值创造被赋予了不同的缩写。Stern Stewart（斯特恩·斯图尔特）在2003[①]年发表的一篇论文中将其命名为“财富增值指数”(WAI)。然而，这些指标是不稳定的，因为它们与股价直接相关，会因为所选的时间而发生很大的变化。

因此，Stern Stewart Institute（斯特恩·斯图尔特研究所）[②]提出以同业竞争公司中股票的相对表现为考量，给予每家公司不同的资本成本。

相对财富增加值(RWA)＝市值×[财富增长指数(WAI)－同业集团的调整(WAI)]

如表7－8所示，同行集团的财富增加指数为8.4%（24%－15.6%）。相比于B公司的－1.44%和C公司的0.56%，A公司具有最高的相对财富增加值0.86%。同时，也证实了三项相对财富增加值的总和为零。

表7－8　　相关指标数值　　单位：百万瑞士法郎

	2013年底的股票市值	Δ调整后的股票市值	股权资本成本	WAI	相对的WAI	RWA
A公司	1 400	24.30%	15.00%	9.30%	0.86%	12.0
B公司	1 600	20.00%	13.00%	7.00%	－1.44%	－23.1
C公司	2 000	27.00%	18.00%	9.00%	0.56%	11.1
同行集团	5 000	24.00%	15.60%	8.44%	0.00%	－0.0

这得出的结论是，与表面相反，并非C公司为股东创造最大价值，因为其风险特征明显高于同行的其他两名成员。

Stern Stewart（斯特恩·斯图尔特）倾向于在短期内考虑这个指标，而不是更适用于长期的绝对价值创造指数。

这个例子还表明，有效的股东回报（事后）几乎不会等于权益资本成本，因为公司没有固定的均衡价格。

“过去50年来，研究人员已经证明，股票50%的价格变化与公司完全外生的因素有关，例如利率水平、通货膨胀预期、GDP增长率和汇率，更有甚者是政治家通过强化或规避政府监管来控制政策。另外25%的股价变化与行业特定因素相关，例如能源和石化公司的石油价格或制药行业新药审批的制

①② 参见Stern Stewart（2003).《财富增加指数™》。

度。剩下的只有 25% 与管理层的相机决策表现挂钩。因此，在短期或中期内，将管理绩效与股价变化挂钩大多是不精确和缺乏重点的。相比于公司当下和近期的前景，股价本身的变动性要大得多。”①

（2）价值创造的经济指标*

之前使用了 Florix 的例子来阐述如何基于现金流贴现（DCF）进行估值。在本节中，将说明如何使用自由现金流量（FCF）作为价值创造的短期指标。

现金流贴现是一种考虑价值创造机制的正确估值方法，这一点已经形成了共识。

【例 7－3】一家欧洲公司已投入 1 亿欧元的资本，在未来 5 年内摊销。它不会进行新的投资，包括营运资本，并且没有税收或残值。其未来 5 年的营业利润为 4 000 万欧元，每年均匀分配（如表 7－9 所示）。

企业价值等于其自由现金流量（FCF）按 10% 的资本成本贴现得到的净现值（NPV），即 106.1 欧元。该投资的内部收益率（或内含报酬率，IRR）为 12.4%，即扣除资本成本实现 2.4% 的正利润。公司实现了价值创造。

表 7－9　**相关数据**　单位：欧元

项　目	未来第 1 年	未来第 2 年	未来第 3 年	未来第 4 年	未来第 5 年	总额
税后净营业利润（NOPAT）	8	8	8	8	8	
折旧和摊销	20	20	20	20	20	
自由现金流量（FCF）	28	28	28	28	28	
净现值（NPV）	25.45	23.14	21.04	19.12	17.39	106.15

如表 7－10 所示，自由现金流量净现值（NPV）是两种 NPV 指标的总和：税后净营业利润（NOPAT）以及折旧和摊销。

表 7－10　**相关结果**　单位：欧元

项目	未来第 1 年	未来第 2 年	未来第 3 年	未来第 4 年	未来第 5 年	总额
NPV（NOPAT）	7.27	6.61	6.01	5.46	4.97	30.33
NPV（折旧和摊销）	18.18	16.53	15.03	13.66	12.42	75.82
NPV（自由现金流量）	25.45	23.14	21.04	19.12	17.39	106.15

① 引自 Joel Stewart（2013）.《公司治理》。

假设计提的折旧和摊销以加权平均资本成本（WACC）进行再投资，折旧和摊销的净现值（NPV）恢复到初始资本100欧元。例如，在第3年，如果15.03欧元的净现值以10%的回报率再投资3年，则可以重新获得初始折旧的名义金额20欧元。

自由现金流量（FCF）方法的缺点如下：

一是权力游戏。

第一个难题在于公司内实施的薪酬制度。这不仅涉及高级管理层，而且涉及公司各部门的不同层级。

- 所选择的指标不应过多地受到激进的会计政策的影响。

回到例子中，假设资产负债表采用40%的加速折旧法。

如表7－11所示，自由现金流量（FCF）的净现值（NPV）为112.11欧元，包括折旧81.8欧元。这与“现金获取速度更快则净现值增加”的理论是一致的。但是，如果管理层因为改变了资产摊销和折旧的会计规则而获得较高的奖金，那么这种评估是否也是一致的呢？可以看到，自由现金流量法不能提供充分的答案。

表7－11　　**相关数据**　　单位：欧元

项　目	未来第1年	未来第2年	未来第3年	未来第4年	未来第5年	净现值（NPV）
税后净营业利润（NOPAT）	8	8	8	8	8	30.33
折旧和摊销	40	30	12	7	11	81.8
自由现金流量	48	38	20	15	19	112.11

- 公司不同部门之间的资本分配不应引起权力游戏，出现某部门被随意分配高于实际数额的一部分投资资本，因此，与其他部门相比，该部门更难以创造收益。

二是“纳斯达克综合征”。

纳斯达克市场的启动在相当长的时间都不会产生正的自由现金流量（FCF），因为它最初为了开发其新电子商务网站的新软件或基础设施而同意进行大量投资。这并不意味着它没有创造价值。

如何鼓励管理层创造价值？新创公司的管理层是否应该为公司的负自由

现金流量（FCF）而受到惩罚或奖励？使用年度自由现金流量（FCF）作为创造价值指标的方法并不能解决这个问题。

三是“35%综合征”。

假设一家公司受到投资者的高度追捧，因为其当前的企业价值包括具有35%内部收益率（IRR）的新投资带来的价值创造，并且在10年内都将以100%的比例用于再投资。

如果A公司投资于收益率高于资本成本但低于35%内部收益率的项目，股价表现可能令股东非常失望。管理层将以低于预期的收益率进行投资。想象一下，选举中的一名候选人是民意调查中的最受欢迎者，并且可以在第一轮中轻松取胜。如果他或她在第一轮投票中处于领先地位，但被迫出现在第二轮中，那么评论员将更多地关注他或她表现不佳并且不得不经过第二轮的事实，而不是关注他或她在第一轮中名列前茅。市场也会以同样的方式作出反应。该公司的估值将立即经历这种变化带来的后果。

假设这家公司具有以下特点（如表7－12所示）：

表7－12　　公司相关数据

第1年的税后净营业利润（NOPAT）	200 000美元
再投资率	25%
已动用资本回报率（ROCE）	35%
增量投资的（ROCE）	35%
加权平均资本成本（WACC）	15%

使用戈登公式FCF/(WACC－g)：自由现金流量（FCF）等于税后净营业利润（NOPAT）减去净投资额（200 000美元减去25%的再投资，或150 000美元）；戈登公式的分母由加权平均资本成本（WACC）减去8.75%（25%×35%）的增长率所组成。因此估值等于240万美元。

假设已动用资本回报率（ROCE）降至30%（即仍高于资本成本15%），其理论估值将降至200万美元［或15万美元除以7.5%（15%的资本成本减去固定的再投资增长率7.5%）］。如果由于增长机会短缺而导致再投资率下降，这一结论也适用。

从表 7 - 13 中可以看出，留给管理层的自由裁量权来选择其投资是必要的：没有什么能够迫使其以 35% 的回报率进行全部投资，也许利润较低的投资可能是发现新产品或市场的关键，该投资可能会在之后变得更加有利可图。

管理层是否应该进行超过 15% 回报率的投资？如果投资于回报率为 15% 的项目，其最高估值将为 1 333 333 美元，即戈登公式中 15 万美元与分母 11.25% [= 15% - (25% × 15%)] 的比值。

表 7 - 13　　相关数值

NOPAT（美元）	FCF（美元）	再投资率（%）	增量投资的 ROCE（%）	g（%）	WACC（%）	WACC - g（%）	企业估值（美元）	变动率（%）
200 000	150 000	25	35	8.75	15	6.25	2 400 000	
200 000	150 000	25	30	7.5	15	7.5	2 000 000	- 17
200 000	150 000	25	15	3.75	15	11.25	1 333 333	- 44
200 000	350 000	0	0	0	15	15	1 756 569	- 27
200 000	200 000	0	0	0	15	15	1 003 754	- 58

如果管理层以找不到可提供高于 35% 回报率的投资为借口决定完全不投资，而只向股东返还现金（股息、股票回购），该公司可能无法持续经营。

理论上而言，其自由现金流量（FCF）应该会上涨。假设公司的资本金为 150 万美元，资产的使用寿命为 10 年，则摊销和折旧金额为 15 万美元。举一个极端的例子：公司不再进行维护投资。在公司被迫关闭之前，其 10 年的自由现金流（FCF）当前为 35 万美元。如果 10 年期间折现率为 15%，那么这些自由现金流量（FCF）的净现值（NPV）为 1 756 569 美元，比继续按照其资本成本进行投资更高。

但是，这个计算仅仅是理论上的：

——公司可能需要在任何情况下进行维护投资，以便能够在 10 年内产生稳定的税后净营业利润（NOPAT）20 万美元，在这种情况下，其价值将降至 10 037.54 亿美元；

——股东在当下很可能只会根据其清算价值来评估这家公司，这相对于账面价值有时有相当大的折扣；

——关闭公司会导致巨大的成本，当然也会导致员工因失去动力而使生产力急剧下降，更不用说与客户紧张的关系了。

股东将持续怀疑不再投资的公司如何成长，同时股价会受到影响。

就价值创造的指标而言，所选择的措施最好不要对这种“35%综合征”太敏感。自由现金流量（FCF）方法难以避免这个问题。它没有提供隐含的市场预期。更糟的是，持续的投资不足会短暂地增加自由现金流量。

（3）其他价值创造指标分析*

为了对公司的财务状况进行较少的会计导向和更具战略性的评价，在过去几十年中，许多咨询公司已经在年度业绩方面创设了更多“稳定”的价值创造指标。这些指标长期来看等同于自由现金流量（FCF），但具有将价值创造的时间与公布的结果相匹配的优势。

“从长远来看，只有现金流量很重要。但人们关心的不仅有长期的，也有中短期的，此时管理层最感兴趣的是提高股价以获得股票期权收益。”①

必须强调的一点是：这里描述的所有方法都会得到与现金流贴现（DCF）方法相同的结果。因此，主要问题不是创造比现金流贴现法更好的估值方法，而是在短期内找到一个比自由现金流量（FCF）更具代表性的价值创造指标。

下面将对主要指标进行回顾。

与会计结果相关的指标

基于会计指标衡量管理绩效存在很多不足之处：

- 利润过度依赖于会计准则，并且可以在短期内轻易操纵。“利润最大化将忽视对创造收益而投入的资本量的说明”②。

- 盈利能力：股权回报率（或净资产收益率，ROE）鼓励借贷或大规模股票回购，而不管价格如何。而可用资本回报率（ROCE）鼓励资产过度折旧以降低分母，因为已用资本回报率的变化取决于商誉是否包含在计算中。

- 收入、EBITDA 和息税前利润（EBIT）：这些指标在单独考虑时会导致过度投资或过高定价的收购。这激励管理层以任何价格进行新的投资收购来增加合并财务报表的金额。

- 支付股息是减少投资的诱因，以便分配更多现金。

总之，没有基于会计结果的指标是完美的。此外，这些指标并没有将时

① Tom Copeland 和 Aaron Dolgoff（2005）.《优于预期型管理》。

② Daniela Venanzi（2010）.《财务业绩计量与价值创造：文献回顾》。

间价值或股东的预期回报要求考虑在内。

有关剩余收益的指标

1890 年，阿尔弗雷德·马歇尔（Alfred Marshall）首次公布了他称之为"经济利益"的概念。[①] 这种方法产生了价值型管理（VBM）的方法："将战略、度量和经营过程有效地链接到创造股东价值的管理过程。"[②]

剩余收益指标的优势在于它在计算时涵盖了股东的预期回报要求，将其直接计入权益资本成本，或间接计入加权平均资本成本（WACC）。

在接下来的部分中，将考察使用率最高的指标：EVA 和经济利润。

7.3.1.3　经济增加值（EVA）*

EVA 财务管理系统由 Stern Stewart&Co. 开创，该公司是一家全球咨询公司，专门帮助客户公司衡量和创造股东财富。

EVA 或经济增加值不过是考虑了业务运营中投入资本的机会成本后的阶段性利润。

EVA 被定义为税后净营业利润（称为 NOPAT）减去投入资本的机会成本（称为资本费用）。

税后净营业利润(NOPAT) = 息税前利润(EBIT) − 税收(税率 × 息税前利润)

资本费用 = 投资资本(债务账面价值 + 股东权益) × 加权平均资本成本(WACC)

经济增加值(EVA) = 税后净营业利润(NOPAT) − 资本费用

（1）投资项目评估*

考虑以下投资机会：初始投资为 100 美元。该项目在未来两年内每年产生 100 美元税后自由现金流量。两年后没有残值。假设折现率为 10%，这个项目的净现值是多少？

$$NPV = -100 + 100 \div 1.1 + 100 \div 1.1^2 = 73.55 \text{（美元）}$$

要使用 EVA 方法，需要 NOPAT 和资产负债表来计算每年的 EVA。NOPAT 无非是自由现金流量减去折旧。由于被收购资产不具有残值，因此必须在两年内

---

① "以当前利率对他的资本扣除利息后，他的利润所剩多少"，经济学原理（第 1 期，142 页）。

② CIMA：股东价值最大化，技术报告。

折旧（假设按直线法计算折旧）。基于这些假设，可以得到表7－14所列数字：

表7－14　相关数据　　单位：美元

		第1年	第2年
	自由现金流量	100	100
－	折旧	50	50
＝	NOPAT	50	50
	投资资本（年初）	100	50
×	加权平均资本成本	10%	10%
＝	资本费用	10	5
	NOPAT	50	50
－	资本费用	10	5
＝	经济增加值	40	45

未来EVA（或MVA）的现值计算如下：

$PV_{EVA} = 40 \div 1.1 + 45 \div 1.1^2 = 73.55$（美元）

因此得到了该项目的净现值。

（2）公司估值*

在公司估值时，市场增加值（MVA）对应于该公司当前或预计将来启动的所有投资项目的NPV。由于公司不过是各类项目的组合，而根据上面的MVA定义，可以这样说：

公司价值＝投资资本＋市场增加值＝投资资本＋未来EVA的现值

＝未来自由现金流的现值

用一个例子来说明这种等价性，自由现金流量如表7－15所示。

表7－15　相关数据　　单位：美元

	第1年	第2年	第3年	第4年	第5年
自由现金流量（FCF）	30.0	25.0	20.0	15.0	10.0
投资资本（年初）	40.0	32.0	24.0	16.0	8.0
折旧	8.0	8.0	8.0	8.0	8.0
投资资本（年末）	32.0	24.0	16.0	8.0	—
NOPAT（FCF－折旧）	22.0	17.0	12.0	7.0	2.0
资本费用（10%）	4.0	3.2	2.4	1.6	0.8
经济增加值	18.0	13.8	9.6	5.4	1.2

除自由现金流量因素以外没有其他因素决定公司的价值（假设在这个例子中没有终值），即：

$$V_0 = 30 \div 1.1 + 25 \div 1.1^2 + 20 \div 1.1^3 + 15 \div 1.1^4 + 10 \div 1.1^5 = 79.41 \text{（美元）}$$

如何应用 EVA 方法？EVA 通过 NOPAT 与资本费用的差值来计算，其中 NOPAT 等于自由现金流量减去折旧（直线折旧法，每年 20%），资本费用即资本成本（10%）乘以开始时的投资资本①，即在第 1 年，资本费用等于 4 美元（40 美元的 10%）。因此，第 1 年的 EVA 是 18 美元（=30-8-4）。

如果利用未来的预期 EVA，可以得到：

$$\text{EVA 的现值} = 18 \div 1.1 + 13.8 \div 1.1^2 + 9.6 \div 1.1^3 + 5.4 \div 1.1^4 + 1.2 \div 1.1^5 = 39.41 \text{（美元）}$$

为了获得公司价值，必须加上截至当前的投资资本：

$$\text{公司价值} = \text{EVA 的现值} + \text{投资资本} = 39.41 + 40 = 79.41 \text{（美元）}$$

正如以上所示，两种方法下都得到了相同的结果，这不仅适用于新投资项目，还适用于公司估值的目的。

一个常常会出现的问题是：如果 EVA 在估值中使用可以受会计准则影响的资本账面价值，那么两种方法为何总能得到相同的结果？答案是：投资资本与公司的估值无关，正如在下一个例子中看到的那样。

在这个例子中给出了一个不同的公司（如表 7-16 所示），但它承诺会产生和以前一样的未来自由现金流量。

表 7-16　　相关数据　　单位：美元

项　目	第 1 年	第 2 年	第 3 年	第 4 年	第 5 年
自由现金流量（FCF）	30.0	25.0	20.0	15.0	10.0
投资资本（年初）	100.0	80.0	60.0	40.0	20.0
折旧	20.0	20.0	20.0	20.0	20.0
投资资本（年末）	80.0	60.0	40.0	20.0	—

① 在期初以投入资本为基础计提资本费用非常重要。这必须确保，在这两种方法中都做出相同的假设。在 DCF 方法中，假设所有现金流量都发生在年底，这也必须适用于投资的现金流量。这意味着，全年的投资资本相当于年初的数量。

续表

项　目	第 1 年	第 2 年	第 3 年	第 4 年	第 5 年
NOPAT（FCF - 折旧）	10.0	5.0	—	(5.0)	(10.0)
资本费用（10%）	10.0	8.0	6.0	4.0	2.0
经济增加值	—	(3.0)	(6.0)	(9.0)	(12.0)

由于公司价值完全由未来的自由现金流量决定，因此该值也必须为 79.41。

通过 EVA 方法得到了什么？

$$\text{EVA 的现值} = 0 \div 1.1 - 3 \div 1.1^2 - 6 \div 1.1^3 - 9 \div 1.1^4 - 12 \div 1.1^5$$
$$= -20.59\ (\text{美元})$$

所有未来的 EVA 都将是负的，因为该公司的折旧和资本费用要高得多。但正如上文所示，这两个项目的现值等于当下的投资资本。由于投资资本被添加到 EVA 的现值中，因此整个过程发生缩水。

$$\text{公司价值} = \text{EVA 的现值} + \text{投资资本} = -20.59 + 100 = 79.41\ (\text{美元})$$

到目前为止，忽略了任何终值假设。终值是在明确预测期间后计算的，以把握在公司生命周期中对估值的长期影响。为了关注这一重要问题，现在只用终值公式来考虑公司的估值。

接下来看以下两家公司：B 公司是一家零增长的公司，D 公司是一家正在成长的公司。先从 B 公司开始。它今天的投资资本是1 000 000美元。这笔资金保持了多年，即投资代替了折旧。在投资等于折旧的这种特殊情况下，自由现金流量等于 NOPAT。投资资本回报率（NOPAT ÷ 投资资本）等于 10%，也等于 WACC。这意味着所有未来的 EVA 都完全为零，公司价值等于投资资本（1 000 000 美元）。这必须与 DCF 方法等价，即每年 10 万美元的自由现金流量以 10% 的永续贴现率（100 000 ÷ 10% = 1 000 000）被资本化。

从现在开始的一年内，一切都保持不变。B 公司仍然有 1 000 000 美元的投资资本，并且没有未来的 EVA，意味着它仍然有 1 000 000 美元的价值（如表 7 - 17 所示）。B 公司的投资者如何获得 10% 的回报率？由于没有增量投资，自由现金流量可以得以支付，因此，投资者每年可以从价值100 万美元的投资中获得 100 000 美元，即正好 10%（100 000 ÷ 1 000 000 × 100%）。

表 7-17　　**B 公司相关数据**　　单位：美元

B 公司	第 1 年	第 2 年	第 3 年
自由现金流量	100 000	100 000	100 000
投资资本（年初）	1 000 000	1 000 000	1 000 000
折旧	50 000	50 000	50 000
增量投资	—	—	—
总投资	50 000	50 000	50 000
NOPAT	100 000	100 000	100 000
资本费用（WACC = 10%）	100 000	100 000	100 000
经济增加值	—	—	—

现在来看看 D 公司。表 7-18 显示，这家公司正在以每年 5% 的速度增长。第一年结束时，投资额增加 50 000 美元（总投资为 100 000 美元，其中 50 000 美元为冲销折旧，50 000 美元为增量投资）。

表 7-18　　**D 公司相关数据**　　单位：美元

D 公司	第 1 年	第 2 年	第 3 年
自由现金流量	50 000	52 500	55 125
投资资本（年初）	1 000 000	1 050 000	1 102 500
折旧	50 000	52 500	55 125
增量投资	50 000	52 500	55 125
总投资	100 000	105 000	110 250
NOPAT	100 000	105 000	110 250
资本费用（WACC = 10%）	100 000	105 000	110 250
经济增加值	—	—	—

使用 DCF 方法，公司当前的价值是：

$$V_0 = FCF_1 \div (WACC - g) = 50\ 000 \div (0.1 - 0.05) = 1\ 000\ 000 \text{（美元）}$$

通过 EVA 方法得到了什么？当前的投资资本是 1 000 万美元。因为所有未来的 EVA 都是零，所以它们的现值也是零。因此，公司的公允价值等于其年初的投入资本 1 000 000 美元，并且等于 DCF 值。

D 公司从现在开始的 1 年内（第 1 年结束时）的价值是多少？第一笔流入的自由现金流量将为 52 500 美元，增长了 5%，这是因为假定增量投资产生

10% 的投资回报[①]。

1 年后 D 公司的价值是：

$$V_1 = FCF_2 \div (WACC - g) = 52\,500 \div (0.1 - 0.05) = 1\,050\,000 \text{（美元）}$$

采用 EVA 方法，未来的 EVA 和现值都为零。因此，公司的公允价值仍等于其投资资本。从现在开始的 1 年内，D 公司的投入资本和公允价值为 1 050 000 美元，与 DCF 方法得到的结果相同。

在 D 公司，投资者以自由现金流（50 000 美元）和资本利得的形式得到他们要求的 10 万美元的回报，因为该年的公司价值增加了 50 000 美元。在第 2 年，投资者仍需要 10% 的市场回报，即 105 000 美元（= 10 050 000 × 10%）。其中有一半是自由现金流（52 500 美元），另一半是资本利得。

两家公司中一家在增长，而另一家没有，但两家公司（B 公司和 D 公司）具有相同的价值，这是如何实现的？EVA 方法提供了一个直观的解释。因为未来的 EVA 仍然是零，所以增量投资不能增加公司的价值。如果来看看假设，就能够很清楚地知道为什么会出现这种情况。增量投资承诺的收益为 10%，这等于所要求的回报率。因此，增量投资的净现值为零，公司价值不会因这些投资而增加。值得注意的是，增长并不等于创造财富。EVA 在揭示未来财富创造和（或）损失方面做得更好，因此有助于寻找关于未来投资行为及其结果的合理假设。

EVA 通常用于事后衡量管理绩效。使用 EVA 的主要优势在于管理层会对从投资者处获得的资金负责。如果管理层决定在经营业务中投资这些资金，他们必须提供足够高的回报来抵销资产的经济贬值以及投入资本的机会成本；只有那样，EVA 才会是正的。这种要求在 EVA 的补偿制度下得到强化，进而强烈地促使管理者只能进行净现值为正的投资，并通过管理项目最大可能地为股东创造价值。

作为价值创造的指标，经济增加值（EVA）衡量项目的年度价值创造或价值损失。在该案例中，经济增加值（EVA）的净现值（NPV）为 6.15 瑞士法郎。这是企业价值（EV）相对于初始投资资本的溢价。公司从第 3 年开始

---

① 事实上，如果假设增量投资的回报率为 10%，那么投资的 NOPAT 将增加 10%。由于假设永续增长率、折旧、增量投资为常数，因而自由现金流量最终也将增长 5%。

创造价值（如表 7－19 所示）。

表 7－19　　相关数据　　单位：瑞士法郎

项　目	第 1 年	第 2 年	第 3 年	第 4 年	第 5 年	NPV
税后净营业利润（NOPAT）	8	8	8	8	8	30.33
投资资本（年初）	100	80	60	40	20	—
资本成本	－10	－8	－6	－4	－2	—
经济增加值（EVA）	－2	0	2	4	6	6.15

一个相信管理层可以创造显著价值的投资者将愿意为投资资本支付溢价。如果考虑自由现金流量（FCF）和经济增加值（EVA）流量之间的差异，图 7－1 更有意义。通过从自由现金流中减去折旧和资本成本可以获得经济增加值（如表 7－20 所示）。

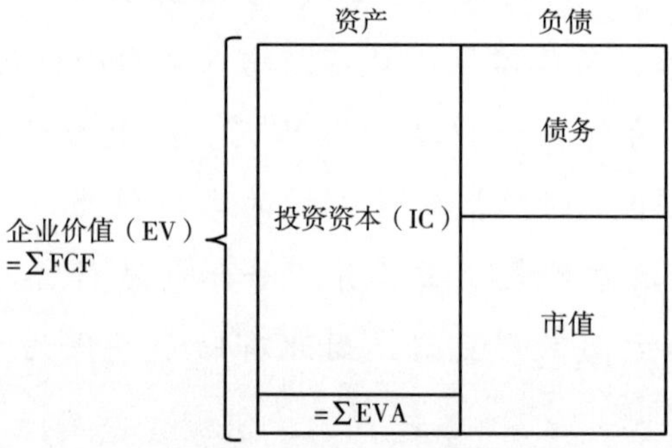

图 7－1　企业价值创造的构成

表 7－20　　相关数据　　单位：瑞士法郎

项　目	第 1 年	第 2 年	第 3 年	第 4 年	第 5 年	总数	NPV
自由现金流量（FCF）	28	28	28	28	28	140	106.15
－折旧	－20	－20	－20	－20	－20	－100	75.82
－资本成本	－10	－8	－6	－4	－2	－30	24.18
经济增加值	－2	0	2	4	6	10	6.15

因此，100 的数值可以分解为：

- 折旧，该折旧采用直线法计提的会计准则；
- 资本成本，该成本是每个财务年度之初投入资本的函数。

这两个要素的贴现值之和等于 100 瑞士法郎，即初始资本的价值。因此，经济增加值（EVA）等于自由现金流量（FCF），其中投资资本（折旧）的特定要素已被去除，并且从中扣除了该资本的隐含成本。

尽管如此，经济增加值（EVA）方法仍然存在一个缺点，Frank J. Fabozzi 和 James L. Grant[①] 称之为“老设备陷阱”：随着项目的进展，资本费用每年都在下降，导致经济增加值增加（如表 7－21 所示）。因此，管理者可能不愿意投资，而是选择无所事事，因为这样能增加经济增加值。这也是它的主要缺点。

表 7－21 **相关数据** 单位：瑞士法郎

项　目	第 1 年	第 2 年	第 3 年	第 4 年	第 5 年	NPV
税后净营业利润（NOPAT）	8	8	8	8	8	
投资资本	100	80	60	40	20	
权益回报率	8%	10%	13%	20%	40%	
资本成本	－10	－8	－6	－4	－2	
经济增加值（EVA）	－2	0	2	4	6	6.14

创造经济增加值（EVA）的经理可能会拒绝在第 1 年进行投资，因为经济增加值会变成负值。资产负债表上的净值并不是评估公司有效使用资本的坚实基础。

经济增加值（EVA）方法高度依赖于会计政策。经济增加值方法的初始版本提出了 164 项纠正措施，因此经常被认为过于复杂[②]。随着时间的推移，公司意识到十几项会计修正就足够了。根据 Anderson（安德森）的建议[③]，实质上包括五个修正，其中两个非常重要：LIFO（后进先出）/FIFO（先进先出）的存货发出计价以及是否对研发资本化。由于对会计准则的敏感性，该指标导致公司内部的“权力游戏”激增：如不同公司部分之间的主观化资本分配、选择租赁而不是购买资产的决定，等等。

① Fabozzi 和 Grant（2000）.《基于价值的指标：基础和实践》。

② Daniela Venanzi（2010）引用了 ATT 的例子，ATT 在几年后放弃使用经济增加值（EVA）方法，因为它尽管进行了强化训练，但过于复杂，同时它未能为部门的未来业绩提供足够的区分度。随着 1997 年新首席执行官的到来，该公司恢复了更传统的业绩指标。

③ Anne M. Anderson（2005）.《经济增加值调整：无事可做?》。

7.3.1.4 经济利润和投资的现金流回报*

这在一定程度上是剩余收益方法的“第二代版本”。它们通过考虑资产负债表的总值和资产的使用寿命直接挑战“老农场陷阱”综合征。投资的经济利润率和现金流回报率（CFROI）是主要指标。经济利润率在1995年[①]由Obrycki和Resendes“发明”，而投资的现金流回报率则由B. J. Madden于1999年开发，然后由Holt推广。虽然以竞争的方法呈现，但它们有许多相似之处，可以一起来考量。

（1）经济利润*

经济利润（EM）基于资产负债表的总资产价值，而非（净）账面价值，并计算经济折旧。

经济折旧与固定按揭付款类似，包括：

- 投资资本的利息支出比率（资本回报率）；
- 这笔贷款的分期还款（资本返还）。

抵押贷款分期还款的偿债基金系数的计算公式表示为：

$$偿债基金系数 = i \div [(1+i)^n - 1]$$

经济利润的净现值（NPV）为6.14瑞士法郎，换句话说，与经济增加值（EVA）相同（如表7-22所示）。与传统折旧不同，经济折旧的净现值为100瑞士法郎，或者为投入的初始资本，不包括资本成本。

表7-22　经济折旧的计算　单位：瑞士法郎

项　目	第1年	第2年	第3年	第4年	第5年	净现值（NPV）
自由现金流量（FCF）	28.00	28.00	28.00	28.00	28.00	106.14
经济折旧	-26.40	-26.40	-26.40	-26.40	-26.40	100.00
经济利润（EM）	1.60	1.60	1.60	1.60	1.60	6.14

资本成本的净现值（NPV）略高于经济利润（EM），而比折旧的净现值略低。抵押还款在经济折旧计算中被递延。需要重点注意的是，在这两种情况下，初始资本的净现值是相同的。经济利润只是将不同的总成本从经济增

① 参见www.economicmargin.com。

加值（EVA）向每个财务年度分配的一种方式。

经济利润（EM）与内部收益率（IRR）的差异：

在这个例子中，每年的经济利润率是 1.6%（年流量除以资本总额）。它略低于内部收益率（IRR）和资本成本之差，即 2.4%（=12.4% -10%）。隐含的再投资假设是不同的：内部收益率（IRR）是以内部收益率（IRR）对中间现金流进行再投资；而净现值（NPV）是以加权平均资本成本（WACC）进行再投资。仅在非常罕见的情况下才会出现内部收益率（IRR）与加权平均资本成本（WACC）相对应，并且完全相等（见表 7-23）。

表 7-23　经济利润（EM）与经济增加值（EVA）之间的差异　单位：瑞士法郎

期限	经济增加值和折旧			期限	经济利润和经济折旧			
	资本费用	折旧	年末投资资本		总费用	利息	本金偿还	年末投资资本
第 1 年	10.00	20.00	80.00	第 1 年	26.38	10.00	16.38	83.62
第 2 年	8.00	20.00	60.00	第 2 年	26.38	8.36	18.02	65.60
第 3 年	6.00	20.00	40.00	第 3 年	26.38	6.56	19.82	45.78
第 4 年	4.00	20.00	20.00	第 4 年	26.38	4.58	21.80	23.98
第 5 年	2.00	20.00	0.00	第 5 年	26.38	2.40	23.98	0.00
NPV	24.18	75.82	100.00	NPV	100.00	25.55	74.45	100.00
总和	30.00	100.00		总和		31.90	100.00	

（2）投资的现金流回报*

在第一部分可以看到，投资现金流量回报率（CFROI）可能是资本回报率的最佳度量指标。事实上，如果不考虑资产的使用年限，就可能在管理的“质量”方面得出错误的结论（如图 7-2 所示）。

从现金流量的角度分析，投资现金流量回报率（CFROI）与现金流折现（DCF）具有相同的结果，并且与经济利润（EM）每年的结果非常相似。经济利润根据项目寿命和资本成本计算经济折旧，而投资现金流量回报率根据会计折旧和项目寿命确定资本的隐含成本。这是通过这一资本投资获得的内部收益率（如表 7-24 所示）。

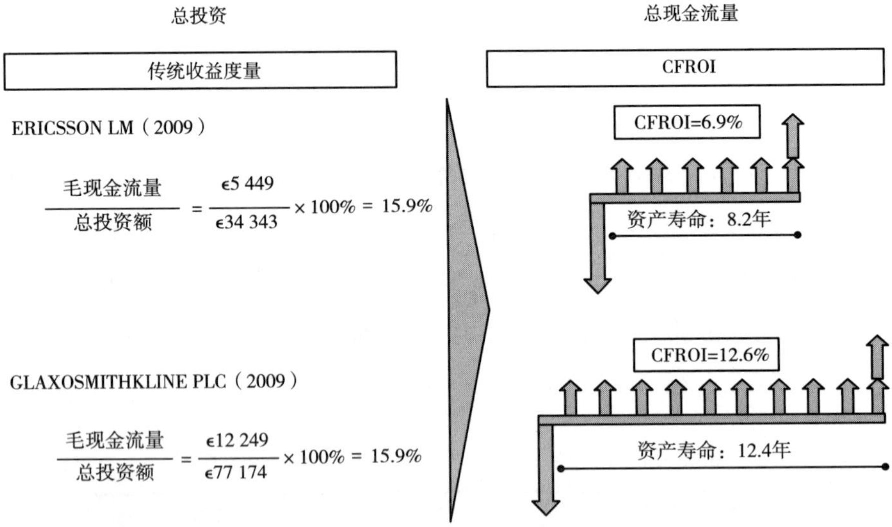

图 7－2　投资现金流量回报率

数据来源：CFA，Holt

表 7－24　　内部收益率

0	1	2	3	4	5
－100%	28%	28%	28%	28%	28%

由于假设以项目开始阶段为起点，因此在上述的例子中，CFROI 等于初始项目的内部收益率（IRR），即 12.4%。但是，这是一个不寻常的案例。更复杂的例子超出了本书的研究范围。

投资现金流量回报率（CFROI）产生一个被称作净现金收入（NCR）的流量，而不是经济增加值（EVA）或年度自由现金流量（FCF）：

$$净现金收入(NCR) = 总现金流量 - 投资$$

总现金流量根据前一年的投资现金流量回报率（CFROI）计算，其中运用了衰减现象。还有一些额外的复杂因素需要考虑，包括通货膨胀、债务因素导致的避税（如果有的话）以及若干会计重述，但这两种方法的基本逻辑非常接近：都需要考虑总资产。

从业者认为投资现金流量回报率（CFROI）实施起来很复杂。实际上，它的复杂性来源于简单的理论模型（偿还抵押贷款）和实际运用的结合，其复杂性包括：

- 由 Holt 实施的会计重述不可避免；
- 回报的衰减不是 Holt 所特有的；
- 将资本成本看作市场均衡利率。

与内部收益率（IRR）一样，投资现金流量回报率（CFROI）的一个缺点是它假定收益将以 CFROI 进行再投资，而高成长公司当然不是这种情况。

这些方法的缺点在于依赖于历史总资产价值挂钩的会计信息，这通常很难在公司账户中找到①。尽管像 Holt 等在平均和标准化公司回报方面做出了巨大努力，但公司估值这个关键点仍然大体上是通过“主观判断”的。通常投资者都被建议使用他们的常识，并关闭由这些模型提供的“自动驾驶仪”，用他们自己对未来现金流量的估计来取而代之。

（3）股东增加值（SVA）*

Rappaport（拉帕波特）采用不同的方法来估计公司的价值创造。他的方法是独创的，因为该方法承认要确定投资资本的实际价值是非常困难的。由于历史原因以及与通货膨胀和商誉有关的问题，这一数额的确定还存在争论。因此他的方法回避了资本投入，而只考虑未来投资的增量部分。其余的被视为历史的和不可确定的成本，这来源于股东观点下的沉没成本。

Rappaport 将公司的未来现金流量作为计算基础，就像现金流折现（DCF）模型一样，但专注于打破企业价值的变化，突出每年创造的价值。

来看一个具有以下特征的公司（如表 7－25 所示）：

表 7－25　　公司相关资料

投资资本（美元）	1 000
资产使用寿命（年）	5
销售额（美元）	1 000
税后净营业利润（NOPAT）（%）	10
再投资率（%）	20
已动用资本回报率（ROCE）（基于新投资）（%）	25

公司的长期增长率为5%（=20%×25%）。每年通过将年度 NOPAT 最终值除以加权平均资本成本（WACC）来计算企业价值：在此日期之后的投资

---

① 以下例子是一些需要用历史资产负债表价值来解决的复杂问题：i 在缺乏资产所在地的信息时，如何根据通胀率对不同国家的资产进行重估？ii 假如资产负债表的每个子类别都有很大差异时，如何将使用寿命在资产负债表中反映？iii 某些国家（法国、西班牙、英国）如何处理资产更正或重估？

不创造价值。

表 7－26、表 7－27 显示了基于 Rappaport 的方法（SVA）和经济增加值（EVA）方法的计算细节。

表 7－26　　基于股东增加值（SVA）方法的企业价值　　单位：美元

股东增加值（SVA）方法			10%	WACC		
			20%	再投资率		
			25%	新投资的边际 ROCE		
项　目	当年	第 1 年	第 2 年	第 3 年	第 4 年	第 5 年
税后净营业利润（NOPAT）	100.00	105.00	110.25	115.76	121.55	127.63
净投资	0.00	20.00	21.00	22.05	23.15	24.31
自由现金流量（FCF）	100.00	85.00	89.25	93.71	98.40	103.32
自由现金流量（FCF）贴现值		77.27	73.76	70.41	67.21	64.15
自由现金流量（FCF）贴现值的累计值（1）		77.27	151.03	221.44	288.65	252.80
终值	1 000.00	1 050.00	1 102.50	1 157.63	1 215.51	1 276.28
终值的贴现值（2）	1 000.00	954.55	911.16	869.74	830.21	792.47
企业价值（1+2）		1 031.82	1 062.19	1 091.18	1 118.86	1 145.27
股东增加值		31.82	30.37	28.99	27.67	26.42
股东增加值的累计值			62.19	91.18	118.86	145.27

表 7－27　　基于经济增加值（EVA）方法的企业价值　　单位：美元

项　目	当年	第 1 年	第 2 年	第 3 年	第 4 年	第 5 年
税后净营业利润（NOPAT）	100.00	105.00	110.25	115.76	121.55	127.63
净投资	0.00	20.00	21.00	22.05	23.15	24.31
投资资本（1）	1 000.00	1 020.00	1 041.00	1 063.05	1 086.20	1 110.51
资本费用	100.00	102.00	104.10	106.31	108.62	111.05
经济增加值（EVA）		5.00	8.25	11.66	15.25	19.01
经济增加值（EVA）的变动		5.00	3.25	3.41	3.58	3.76
EVA 的贴现值		4.55	6.82	8.76	10.41	11.80
EVA 贴现值的累计值（2）		4.55	11.36	20.13	30.54	42.34
剩余收益		30.00	61.50	94.58	129.30	165.77
剩余收益的贴现值（3）	0.00	27.27	50.83	71.06	88.32	102.93
企业价值（1+2+3）		1 031.82	1 062.19	1 091.18	1 118.86	1 145.27
股东增加值（EVA）		5.00	8.25	11.66	15.25	19.01
股东增加值（EVA）的累计值			13.15	24.91	40.16	59.17

以第 5 年为例:

- 使用 Rappaport 的方法，企业价值为 1 145.27 美元。这个数额等于 5 个初始自由现金流量（FCF）之和的贴现值，因为想知道第 5 年的现值，所以进行了贴现。为此，在第 5 年加上终值，该值等于税后净营业利润除以加权平均资本成本（假设 NOPAT 始终为常数，折旧等于新投资）。该终值也进行贴现。

- 经济增加值（EVA）的计算基于相同的原则：企业价值等于最初投资的资本数量（在例子中为 1 000 美元）加上之后的经济增加值和终值之和，等于税后净营业利润减去资本费用。正如在 Rappaport 模型中那样，这两个数额通过贴现得到现值。在第 5 年，EVA 贴现值之和为 42.34 美元，终值的贴现值为 102.93 美元，企业价值为 1 145.27 美元，与使用 Rappaport 方法获得的数字相同。

尽管如此，这两种方法差别很大:

（ⅰ）在 Rappaport（拉帕波特）的方法中，投资仅基于增量投资（以再投资率计算，即新投资占税后净营业利润的比例）计算，没有提及资产负债表上的投资资本。

（ⅱ）在 EVA 方法中，经济增加值是正值还是负值取决于资本使用的费用，这取决于会计上的资本。这就是说，无论投入的资金量多少，企业价值总是一致的，这使得对企业价值的检验成为可能。将资本乘以 10 不会影响企业价值（如表 7－28 所示）。

表 7－28　　第 5 年的企业价值　　单位：美元

初始资本	100 000.0	10 000.0
所有经济增长值之和	42.3	－3 369.4
终值的贴现值	102.9	－585.4
企业价值（EV）	1 145.3	1 145.3

Rappaport 用此来阐述一种现象，即 EVA 方法过于主观，因为它仅与确认的资本数量有关。管理层在计算奖金时优先考虑的问题是准确定义该投资资本的价值，这可能因外部增长交易、外汇调整、特殊摊销或折旧费用而难以计算。

因此，Rappaport 建议以经济增加值和其剩余价值的变化作为补偿的依据，而不是每年的经济增加值的数额。正如上面的表格中所看到的，该结果与股东增加值模型的结果相同。

但是，这种方法仍然取决于管理者对于未来自由现金流量的预测。权力游戏不可能完全避免，因为企业价值是基于自由现金流量和终值预测。“前瞻性的特征可能会导致补偿的金额只是基于承诺的数量，而不是基于实际的业绩。”

（4）与市场预期有关的指标*

价值创造的最新发展是回归本源。面对与会计重述相关的困难，多数作者提倡要贴合金融市场。

Bacidore 提出了一种经济增加值（EVA）的计算方法，即不再依赖于调整后的投资资本，而是根据市场价值（他称之为修正经济增加值或 REVA[①]）来确定。因此，具有较高市场估值的公司创造价值变得更加困难。

以一个公司为例（如表 7－29 所示），其资本成本率为 10%，由于其特别适应金融市场，其估值为 3 000 美元。

表 7－29　　公司相关资料

项　目	第 1 年
税后净营业利润（NOPAT）（美元）	200
投资资本（美元）	1 000
资本费用（美元）	100
经济增加值（EVA）（美元）	100
企业价值（EV）（美元）	3 000
企业价值的资本费用（美元）	300
修正经济增加值（REVA）（美元）	－100
已动用资本回报率（ROCE）（%）	20
企业价值回报率（ROEV）（%）	6.6

按照传统的经济增加值（EVA）方法，该公司创造了价值，但当把股票市场估值考虑在内时，实际上该公司的价值在损耗。该公司隐含地提供了

① Bacidore, J., Boquist, J., Milbourn, T. and Thakor, A.,《寻求最佳的财务业绩衡量标准》，财务分析杂志，1997：11－20。

30% 的投资资本回报：税后净营业利润（NOPAT）为 300 美元才能达到盈亏平衡，之后公司开始产生正向的修正经济增加值（REVA）。

如果管理层只是想知道对股价的预期是什么，那这就是第一步。从这个角度来看，修正经济增加值（REVA）比经济增加值（EVA）更具信息性①。

Copeland 和 Dolgoff（谷轮和多尔戈夫）重新回到“对股票未来利润进行预期”这个问题并加以改进：只有市场预期的变化才会对股价产生影响。无论发布或调整的会计变更如何，市场都会根据其未来的盈利能力来确定公司的价格，并向管理层发出一个关于其预期回报的明确信息。未来增长和盈利预测的变化将导致股价变化。

长期预期（一年或更长时间）的变化比短期预期变化更具决定性影响（根据 Copeland 的统计结果，该数据要高出 8～10 倍）。这些变化是不对称的：11% 的正面表现归因于分析师的变化，相比而言，负面表现的比例为 40%。

基于预期管理（EBM）示例如下：

【例 7－4】 某家公司投资 8.5 亿美元，资本成本率为 12%。当年市场预期资本回报率为 15%，投资资本为 10 亿美元。该公司公布的资本回报率为 16%，资本成本为 12 亿美元。盈利预测变化造成的影响是什么？假设公司的收入在第 1 年后保持不变，并且其投资与保留投资相等。自由现金流量（FCF）等于税后净营业利润（NOPAT）。

根据财务报表公布的结果，该公司前一年的估值为 9.21 亿美元。预计当年结果公布前的价值为 12.5 亿美元。超预期的业绩公告使市值增至 16 亿美元（如表 7－30 所示）。因此，资本利得为 3.5 亿美元。

表 7－30　　公司近年相关资料

项　目	前一年	当年	
		预期值	实际值
ROIC（%）	13	15	16
WACC（%）	12	12	12

---

① “市场倾向于对 EVA 的超预期增长进行奖励，并且以该期间的 EVA 为基础对未来利润进行预期。EVA 可能不适合用作高层管理人员的补偿措施，因为市场仅仅是奖励 EVA 的超预期部分。基于 EVA 总额的补偿可能会导致奖励低于标准业绩的管理人员”，Bacidore，ID. Bacidore 建议基于 REVA 对高层管理人员提供薪酬，而基于 EVA 对不那么熟悉市场的中层管理人员提供薪酬。

续表

项　目	前一年	当年	
		预期值	实际值
投资资本（百万美元）	850	1 000	1 200
可持续的 FCF（百万美元）	111	150	192
企业价值（百万美元）	921	1 250	1 600

这种收益来自于资本超预期的增长和盈利能力的提高。表 7－31 基于不同的盈利能力和资本的假设得出了公司不同的企业价值。资本的增加对收益的影响（最后一列）要大于盈利能力增加的影响（最后一行）。

表 7－31　某公司当年资本增加对收益的影响与盈利能力增加对收益的影响比较

单位：百万美元

资本 / 收益	预期值	实际值	差值
	1 000	1 200	
预期值 15%	1 250	1 500	250
实际值 16%	1 333	1 600	267
差值	83	100	

这些方法的缺点是它们经常需要市场的意见。在互联网泡沫的高点，实际上所有公司本应该停止投资但鉴于当时普遍盛行的过度投资，这些投资并没有受到批评。在次贷危机的高点，企业本应该大力投资但鉴于当时的经济衰退环境，这些投资也并没有受到批评。但这些例子是实践中很少发生的极端情况并不完全令人信服，所以正如人们会不厌其烦地重蹈覆辙，通过依托市场进行投资决策，企业将更多地投入到经济的金融化中，而这增加了短期压力。市场可能陷入过度短视之中，并且在任何情况下，有利于公司的投资决策都不会持续很多年。

（5）结论*

用以下公式总结计算价值创造的主要方法。

基本公式——自由现金流量折现（DCF）法：

$$企业价值 = \sum FCF = NPV(ROCE - \Delta I) \cdot IC$$

考虑资本成本时，市场增加值（MVA）用公式表示为：

$$MVA^{①} = \sum EVA = NPV(ROCE - WACC) \cdot IC$$

$$\text{市场价值} = \sum EP = NPV(ROE - COE) \cdot FP$$

从股东的角度出发，考虑资产的使用寿命时，市场增加值（MVA）用公式表示为：

$$\text{市场增加值}(MVA) = \sum EM = NPV(ROCE \cdot IC - \text{经济折旧})$$

$$\text{企业价值}(EV) = \sum NCR = NPV(CFROI - \Delta I) \cdot IC\ \text{总量}$$

几年来价值创造的细分：

$$\text{市场增加值}(MVA) = \sum SVA = \Delta\ \text{企业价值}$$

或：

$$MVA = NPV(EVA) + \Delta\ \text{剩余收益}$$

增长预测的变化：

$$\Delta\ \text{企业价值}(EV) = \text{实际}(ROCE, WACC, IC) - \text{预期}(ROCE, WACC, IC)$$

表 7－32 对这些方法在管理人员年度激励计划中的优缺点进行了简要总结。

部分一般性结论：

学术界认为这些方法难以实施，因为它们需要多次会计重述。这是一个有效的观点，除非将会计当作一个整体。覆盖会计指标的章节表明，会计事务有相当大的回旋余地，第一步恰恰是纠正最明显的会计过度行为。大部分会计重述来自以下交易：研发、租赁、商誉和金融资产（从资产端来看）；养老金和股票期权（从负债端来看）。会计重述问题不只限于价值创造的计算。

无论选择何种方法，都很难避免公司内部的权力游戏。公司治理层需要采取措施，以找到内在的和谐和明确的共同目标。

① 市场价值增值(MVA) = 企业价值(EV) - 投资资本(IC)

表 7－32

			年度指标		多年期现金流	
			会计指标	剩余收益指标	SVA	预期型
			净利润，NOPAT，…	EVA，EP，…	SVA	EBM
			FCF，EBITDA，…	EM	剩余收益的变动	
			ROE，ROCE，…	CFROI，CVA，…		
年度价值创造	初创期	“纳斯达克综合征”	较少缺点	较少缺点	无偏差	无偏差
	成熟期	“35%综合征”	较少缺点	少于 CFROI	无偏差	无偏差
	衰退期	“老设备”陷阱	ROCE，FCF，…	EVA，EP	无偏差	无偏差
会计		复杂性		较少缺点	较少缺点	无偏差或部分偏差
		权力游戏	较少缺点	较少缺点	未来预期	市场压力

Daniela Venanzi（2010）建议根据其预期目的区分指标。目前已经明确了三类需求。

• 从公司获得信息的财务分析师和专业投资者的需求。他们的目标是能够根据公共信息快速评估公司（Fabozzi 和 Grant，2000 年）。

• 寻求未来投资拉动型增长的管理层的需求。这个问题旨在提高对隐性投资成本的认识，以及它们在公司发展中的作用。上部分在分析公司投资流程时处理了这个问题。

• 界定管理层薪酬规则的董事会的需求。公司必须有创造价值的动力，同时向所有员工发出公正的信息。

接下来将主观地从 1（低）到 5（高）给各种指标对以上 3 类人群的吸引力进行评分（如表 7－33 所示）。

表 7－33　　公司财务指标对特定 3 类人群的吸引力

项　目	分析师或投资者：估值	管理层：公司规划	董事会：定薪
自由现金流量（FCF）	4	4	3
经济增加值（EVA）	4	4	2
投资现金回报率（CFROI）价值创造（CVA）	4	3	3
经济利润（EM）	3	2	3
股东增加值（SVA）	4	4	4

7.3.1.5　短期因素在公司决策中的重要性*

指标的提出为管理层创造价值提供策略，这是至关重要的。那么现在事情究竟如何呢？

费尔南德斯（Fernandez）分析了 40 家采用价值创造方法进行管理的公司。他发现，样本公司的管理行为，使这 40 家公司与未采用这些比率的公司相比，财务数据存在显著差异：资产销售增加 100%，使得资本从无利可图的资产中脱离出来；投资下降 21%；股票回购增加 112%（出售无利可图资产的结果）。但值得注意的是，股息并没有增加。华莱士（Wallace）[①] 意识到了资产销售的增加和营运资本的减少。

基于上述研究成果，可以认为这种行为是有利的。因为公司在期初停止投资于任何项目，而不管其盈利水平如何。尽管如此，重要的是这种投资合理化不可持续，也不是基于短期目标获得报酬的结果。

格雷厄姆、哈维和拉吉戈尔（Graham，Harvey 和 Rajgopal）从 2004 年开始的一项著名研究结果表明，78% 的经理人会拒绝一个创造价值的项目，就算这个项目可以平滑公司的盈利[②]（如图 7 – 3 所示）。“管理人员在当前时期计提收入，并将支出递延到未来时期：他们通过未来借款以满足今天的收益预期。”[③]

学术界对这种行为保持严厉批评：

- 阿尔弗雷德·拉帕波特（Alfred Rappaport）表达了他的失望：“高管们认为达到盈利预期有助于稳定或提高股价，为客户和供应商提供保证，并提升管理团队的声誉。”[④]
- 迈克尔·延森（Michael Jensen）认为：“任何潜在的冲突都应该通过关注长期价值创造来解决，因为如果任何重要组成部分被忽视或不公平对待，长期价值将无法最大化。公司的首要目标是最大限度地提高公司长期的总市场价值。短期最大化必然会损害价值。”

---

① “采用基于剩余收入的补偿计划：你能得到与你所付出同等价值的收益么？”James S. Wallace（1997）。

② 关于该原因的详细研究，可参见 John R. Graham，Campbell R. Harvey 和 Shiva Rajgopal（2004）.《企业财务报告的经济意义》。

③ Daniela Venanzi（2010）。

④ Alfred Rappaport（2005）.《短期绩效困扰的经济学》。

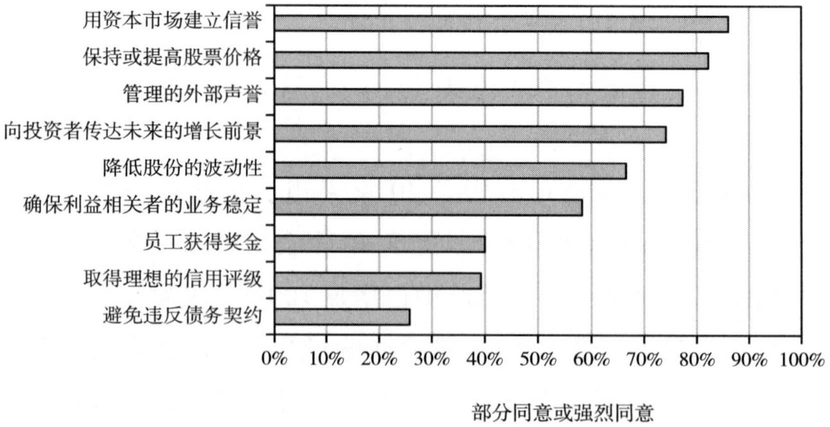

数据来源：Graham，Harvey and Rajpopal。

图 7-3 基于对 401 位财务高管的调查，对声明“满足盈利基准有助于……”的回应

• 2013 年 5 月，在《通往瑞士可持续金融中心之路：行动号召》中提到：“研究清楚地表明，公司为了满足市场的短期业绩预期而放弃长期具有正现值的投资机会。”

试图在短期内增加收益的主要原因包括：在金融市场的信誉；保持较低分歧的分析师估值的需要；避免被迫对低于预期的利润进行公开陈述。

公司也认为这种态度是正确的，因为财务分析师和基金经理在短期内进行了估值，这避免了他们接受过度波动的利润，尽管事实上他们甚至意识到“企业比他们提供参考的收入数字更具波动性”。只需比较自由现金流量的增长与利润，就能说明这一点。

正如阿尔弗雷德·拉帕波特（Alfred Rappaport）所描述的那样，这种“会计近视”是出于股市对收益公告产生过度反应的恐惧，并非所有公司提出的论点都缺乏基础。目前的一些问题可能是由于综合管理层与长期股东的利益冲突，或者由于采取短线投资策略的投资者数量增加，导致股市对低于预期的收益公告反应过度。

必须记住，股价不仅是反映一个季度到下一个季度相对表现的指标（“未来 3 个月超额配置 Novartis 公司”），而且还是一个权力问题。例如：

• 通过股权置换廉价收购竞争对手的权力；

• 对潜在掠食者的防御力。

因此，对于公司担忧市场对其公告出现不利反应，必须给予理解，就像理解具有负债的政府希望避免债务危机对其国债影响的关注一样。

目前已经出现了几种解决方案来对公司的长期发展进行定位。

对于公司而言：

- 设定长期适用的管理层绩效指标并避免任何短期激励[①]；
- 停止发布下一季度盈利预测的指导。

对于投资者而言：

- 采用某些公司的方式（例如，液化空气公司 Air Liquide），向长期股东派发股息或发行额外股份；
- 鼓励养老基金参与长期战略定位，而不必考虑资产的季度波动。

首席执行官的时间跨度和公司的表现之间有一个有趣的对应关系：

考虑到托宾比率衡量的是公司的市场价值与固定资产重置价值（接近价格/账面价值的定义）之比，图 7－4 以横轴代表 CEO 的时间跨度，纵轴代表托宾比率，以此描绘了两者之间的关系。CEO 的时间跨度考虑了他（或她）的年龄和任期。较长的时间范围对托宾比率有正面影响。

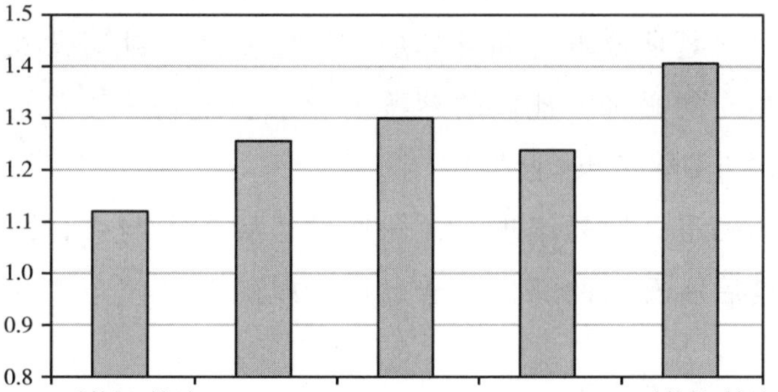

图 7－4　托实比率与 CEO 执业时间关系图

资料来源：Antia，M.，Pantzalis，C. 和 Park，J.《CEO 决策视野与公司业绩：一项实证调查》，公司金融杂志，2010：（16）：288－301。

---

① 只有 25% 的公司鼓励长期关注，而将年度奖金的一部分递延，以期待未来业绩。Stern Stewart（2003）.《相对财富指数介绍》。

7.3.1.6 薪酬的历史和近期趋势

近年来，公司经理的薪酬不断飙升，尤其是在以盎格鲁—撒克逊人为主的国家。斯托（Stowe）指出，在美国，CEO 与员工的薪酬倍数可达到 200～400 倍，而 20 年前是 20～30 倍。这种薪酬所确定的速度常常引发热烈的讨论，尤其是缺乏良心的经理人有时会从中获利。比如，安然公司（Enron）的 Ken Lay（肯·莱）在公司破产前赚了 2.47 亿美元。

薪酬委员会的扩大并没有扭转这种趋势，而至多是增加了关于这个问题的报道。1992 年以来，英国关于这一问题的研究可在以下报告中找到：

- 吉百利（Cadbury）报告，1992 年；
- 格林伯瑞（Greenbury）报告，1995 年；
- Hompel 报告，1998 年；
- 治理守则，1998 年；
- 董事薪酬报告，2002 年；
- 希格斯（Higgs）报告，2009 年；
- 2003—2010 年关于“合并代码”的四次修订。

其中的一个问题是董事会和管理层在制定薪酬时缺乏决策独立性，因为两者往往给予相同的激励。他们的薪酬由董事会或薪酬委员会决定，而不是直接由市场决定（Greenbury 报告）。

目前，薪酬确定更加趋于现实，即通过让股东参与咨询或有约束力的投票，甚至正如稍后所看到的那样，通过选择权的会计改革来更清楚地揭示薪酬成本。

目前，这种现象主要集中在以盎格鲁－撒克逊人为主的国家，以及瑞士等少数国家。然而，该现象并不普遍，尽管它几乎在任何地方都能获得货币。

在不偏袒任何一方的情况下，可以看到，由于薪酬制定者的不同，CEO 薪酬是造成工资差距普遍增加这一现象的一个因素。在作者看来，这归因于：

- 经济增长不足；
- 全球化和边境开放；
- 加快的创造力导致快速创新，即使在金融领域也是如此。

2008 年的金融危机加快了薪酬监测进程，以下是专门从事这一领域工作的代理咨询公司提出的一些趋势。

（1）美国表现出的趋势

• 公司规模是薪酬的一个重要因素，无论对首席执行官还是董事会成员来说都是如此（如表 7－34 所示）。

表 7－34　美国公司的规模与薪酬数据

项目	小型公司	中型公司	大型公司
市值（亿美元）	4.65	26.61	174.3
薪酬（美元）	125 000	182 000	236 000

• 美国公司长期红利的计算期限接近 3 年。

• 相对于同行企业而言，使用的主要指标是总股东回报（TSR）。

这个同行集团由 11～20 家国际公司组成，它们都是其行业中最强的竞争对手。这一点也解释了当前的工资上涨，因为大公司能提供更好的薪酬；

• 企业发放红利的其他标准极为不同。这些标准需要考虑公司 49% 的利润标准（息税前收益 EBIT；每股收益 EPS；税前利润）和 39% 的资本使用情况（股本回报率 ROE；资产收益率 ROA；已动用资本回报率 ROCE）。

• 代理投票公司建议在年度报告中公布薪酬标准。

（2）欧洲地区表现出的趋势

• 更严格地监督薪酬框架：实行薪金上限（德国）；使用罚款或追回条款，以便在若干年后对结果进行评估（德国、英国），为英国和欧盟股东提供有约束力的投票。

• 更多地采用长期补偿标准（德国和英国为期四年），强调股价上涨以外的标准（结合荷兰和西班牙的经营业绩，法国和荷兰关于环境、社会和治理等因素的实施）。

这些建议已纳入以下各项行为守则。

①国家法典：

• 瑞士：瑞士的 Economiesuisse 守则（2002 年，附录 2007 年），股票交换指令（2002 年，2007 年）、瑞士金融市场监管局（2009 年）；

• 英国：英国公司治理法典（2012 年），ABI 薪酬原则（2012 年）；

- 荷兰：荷兰公司治理法典（2011 年），银行代码（2013 年）；
- 德国：德国公司治理准则（2013 年）；
- 法国：法国企业组织代码（2010 年），AFG - ASFI 建议（2011 年）；
- 美国机构投资者理事会（2013 年），Nat. Ass. Corp. Dir（2009）。

SEC 审计规则（2008 年）。

②超级大国法典：

- 经济合作与发展组织的原则（2004 年），欧盟建议（2007 年）。

7.3.1.7　“话语权”对绩效的影响*

此前有很多关于股东对管理层薪酬投票的研究。这种投票行为并非必需的，直到 2011 年美国引入《多德—弗兰克法案》（Dodd - Frank Act）。自此以后，投票改为必须至少每 3 年举行一次，但对管理层仍然没有约束力。自 2015 年以来，瑞士遵循该法案的规则，进行有约束力的投票。

研究报告关于“股东咨询投票具有积极的影响”达成了共识。这些研究阐述了对以下方面的有利影响：

- 股价表现；
- 投票后几年的业务和会计结果；
- 盈利能力（股本回报率用 ROE 表示，已动用资本回报率用 ROCE 表示）。

“话语权”原则不会改变首席执行官的薪酬，因为投票的矛盾之处在于它是否真的改善了公司的业绩，特别是鼓励了奖金的发放。然而，有几项研究证实了这些结果。

- 业绩主要改善的是管理不善的公司，而不是经营良好的公司；
- 投票对治理和薪酬方面组织不善的公司产生了影响；
- 没有证据表明对公司的长期业绩产生了影响。

最近一项研究关注了 2008 年 2 月 26 日薪酬投票公告后的 3 天内，瑞士市场的负面反应（《未来看守法案》，the Future Minder Act）。它凸显出了某些隐藏的成本：市场可能会担心潜在的冲突局面，这些情况会占用管理人的时间，分散他们对财务目标的注意力。由于较小的公司 CEO 的奖金相对较高，因而这一现象在这些公司表现更为明显。

因此，可以将情况总结如下：在法律改变后，股东的权力有所增加。

- 股东权益的增加并不总是导致股价上涨；
- 市场可能对适应新标准所造成的损失有短期的担忧；
- 由于股东权益的改善，价值创造方面并不是特别积极主动的公司将在股票市场中受益（如表 7－35 所示）。

表 7－35　　管理主动性与股东活跃性的关系

	价值创造中的非活跃型管理	价值创造中的主动性管理
活跃股东	初期，价格下跌；长期，价格上涨	初期，价格轻微下跌；对长期影响不大
非活跃股东	初期，价格下跌；对长期影响不大	初期，价格轻微下跌；对长期影响不大

7.3.1.8　股票期权的作用*

现在来看一下给予管理层的股票期权。长期以来，给予管理层股票期权一直是 CEO 薪酬的首选方法之一。特别是在美国，大多数股票期权都是在没有业绩条件的情况下给予的。

股票期权受欢迎的部分原因是享有会计优惠。

- 内在价值会计（APB 25，1972 年）：发行股票期权的公司，如果其行使价格低于市场价格，则免予在其损益账户（P&L）中记录负债。这一行为，只有当期权被行使时才会出现。这种现金递延的做法在科技公司中尤其受欢迎，因为期权被给予几年后，这些公司可能会增长到相当大的规模。公司可以利用增加的收入来偿还债务。在期权被行使时，大多数公司都不承认此项属于员工支出，而是作为特殊费用或直接从股权中收取。
- 自 1994 年开始，公司只需在财务报表附注中提及这些期权成本（SFAS 123，1994 年）。

许多董事会对薪酬的真实价格（Kaplan）产生了误解，并发生了许多滥用行为（包括在股市崩盘时，发放额外的“补偿”期权，甚至在股市表现不利时，事后再重新确定行权价格）。然而，这些滥用行为似乎仅限于少数几个国家。

这种优惠待遇于2004 年结束，随后美国（SFAS 123R）和欧洲（“国际财务报告准则”2）同时采用了要求公司在会计科目中计算股票期权实际成本的标准：期权的成本必须在归属期内摊销，这笔摊销被视为工资支出。

SFAS 123R 准则实施后的影响如表 7 – 36 所示。

表 7 – 36　　美国 SFAS 123R 实施的影响

项　目	2004 年之前	2004 年之后
利润	由于雇员费用递延，利润被夸大	正常利润
现金流	递延支付雇员费用应预付的现金	同样的情况。费用的确认与现金流量不一致
股东权益	被夸大，与利润被夸大的原因一样	人事费用的增加减少了因行使期权而导致的权益增加
股本回报率（ROE）	过高，因为收入效应大于股权效应	趋于正常值

【例 7 – 5】一家公开上市的美国科技公司向员工提供 100 000 股期权，3 年后可以在没有业绩条件的情况下行使。其中，执行价格为 100 美元，相当于当前的股价，期权采用 Black & Schole 公式估值为 24 美元，股票没有面值。

（1）假如现在是 2002 年，这一交易该如何做财务处理？

直到 2004 年，只有满足某些条件，公司才被要求确认给予期权的成本。

①在此例子中，当期权被给予时，行使价格等于或低于股票价格。

②股权计划不受绩效条件的影响。

③1995 年后，美国公司必须在备注中说明，如果公司按期权的公允价值估算是否对公司财务报告产生影响。

④这种安排低估了股票期权计划对公司财务报告的影响，其中一部分工资被“外包”给金融市场。

（2）在新标准 SFAS 123R 下，对公司产生什么影响？

该计划的总费用估计为 240 万美元（ = 100 000 × 24）。由于这是一个 3 年计划，公司每年在其损益表中支出 800 000 美元（如表 7 – 37 所示）。

表 7 – 37　　损益表（部分）　　单位：美元

工资和薪金	800 000
已付资本	800 000

3 年后，当期权以 100 美元行使时，损益表最后一项（如表 7 – 38 所示）。

表 7－38　该公司 3 年后损益表（部分）　单位：美元

现金	10 000 000
已付资本	2 400 000
资本票面价值	12 400 000

该公司最终收到了现金，这相当于 124 美元发行的股票。

这种会计处理的原则是使管理者和第三方处于平等地位。如果第三方希望在类似的市场条件下购买 3 年期的现金期权，其价格将与该公司在其账户中记录的费用相同，或 100 000 期权的价格为 240 万美元。

这一规则与管理层和股东之间的利益一致。财务费用越高，期权的行使价格越低，期权的存续时间越长。

相反，期权和股息的波动可能会造成扭曲。

• 一种新的管理方式使公司扭转了在股票市场震荡时由于公司管理不善所导致的亏损，这将促使公司通过股票期权管理计划：股票的高幅度波动增加了发行期权的价格，促使新管理层进行高风险投资，以最大限度地发挥其期权价值。

• 股息公告会引发股价下跌：这并不是增加红利或支付红利的动机。相反，它导致了系统性的股票回购，这对期权价格产生了有利的影响。

期权的会计处理带来许多额外的问题（比如，税收的影响，期权定价）。在这个过程中，将遵循一般原则。

2004 年以前，微软公司广泛使用内在价值会计。在 2003 年和 2004 年年度报告中发表的重述可以对这一现象的规模有一个认识。2003 年，微软年报公布年收益为 99.93 亿美元。在其财务报表的附注中解释说，采用公允价值法对期权进行核算的形式收益为 75.31 亿美元。

如果从微软公司利润中减去证券投资组合中获得的资本收益，这种影响就会更加显著。这些资本收益是由该集团充裕的流动性产生的，其中很大一部分的人事成本是从股票市场中赚取的。如果没有这些经常性的销售，2001—2004 年，基于公允价值的收益的概况和规模将有很大的不同（如表 7－39 所示）。

表 7－39　2001—2004 年微软公司财务数据　单位：百万美元

微软数据	2001 年	2002 年	2003 年	2004 年
1. 净收益	7 346	7 829	9 993	8 168
增长率		7	28	－18
2. 特殊项目（资本收益）	－36	－305	1 577	3 187
3. 特殊项目前的净收益	7 382	8 134	8 416	4 981
增长率（%）		10	3	－41
SFAS 123R 标准美国公认会计准则				
4. 净收益	5 084	5 355	7 531	8 168
增长率（%）		5	41	8
5. 特殊项目（资本收益）	－36	－305	1 577	3 187
6. 特殊项目前的净收益	5 120	5 660	5 954	4 981
增长率（%）		11	5	－16
占公布数字的百分比（%）	70	72	60	61

财务报告和财务报告准则（SFAS 123）以及国际财务报告准则（IFRS2）仅涵盖已经批准的期权。投资者还必须考虑到几年后管理人员的期权收益，并将这些期权收益与预期人事成本结合起来。

7.3.2　股东平等原则*

关于股东平等原则的经典辩论一般集中在以下几个问题上：

- 不同的股份类别（不记名股份、注册股份、“一股一票”原则）
- 保护少数股东权益；
- 股东与债券持有人之间的关系；
- 另一种现象也应该强调：当公司进行股权交易（资本增减、股票回购）时，由于与股东之间的信息不对称，可能会偏向一种或多种类型的股东。

表 7－40 显示了使用现金流量的不同战略选择及其对股东类别之间的中立性的影响：

表 7－40　现金流量的不同战略选择对股东中立性的影响

投资：	
通过现金或债务提供资金	股东平等
通过资本增加提供资金	股东之间的潜在不平等
股权交易：	
股息增加	股东平等
股票回购	股东之间的潜在不平等
债务交易：	
债务偿付	股东平等
维持资产负债表中的现金	股东平等

在弗里德（Fried）最近的一份报告回顾中提到，美国公司每年买入或卖出超过 10 000 亿美元的国库券，相当于公司 5 年总市值的 40%。下面将用一个简单的模型来描述四类股东的行为，然后将用两个例子来说明这个问题。

短期股东寻求预期回报最大化：

• 大多数股东都是纯粹的“动量”股东。换句话说，他们倾向于根据好于预期或比预期差的盈利预告来买卖公司。

• 另外，他们热衷于“价值”行为。换句话说，一旦股票市场潜力似乎已经耗尽，他们就会出售股票。

长期股东依赖于对公司的基本面低估。根据他们的财务分析，会对风险调整后的回报率高于或低于市场平均水平进行预计。高估或低估现象的平均反转持续时间为5～10年。因此，他们自然倾向于买入并持有策略。反之，一旦被低估的情况消失，他们就会卖出股票。

未来股东可能会在增资期间和利好消息中获得回报。

股东价值的支持者认为，管理层也必须是股东，才能使其利益与股东的利益保持一致。

以一家西班牙公司为例，公司没有债务，也不支付股息，预计稳定现金流为 1 亿欧元，资本成本是 10%，与整个市场的预期回报率相同。可持续的自由现金流水平被称作“公允自由现金流”，该数据只有在管理层和长期股东的研究报告中才会出现（如表 7－41 所示）。

表 7 - 41　　西班牙公司自由现金流与公允自由现金流数量　　单位：亿欧元

自由现金流（FCF）	1
公允自由现金流	1.1

这是短期股东和长期股东的预期行为。所谓股东总收益（TSR），是指股东持有的股票所附带的股价 + 股息 + 股权收益（优先认购权）。以上案例中西班牙公司股东的平均股东收益数据如表 7 - 42 所示。

表 7 - 42　　短期股东和长期股东 TSR 流数据　　单位：欧元，%

	短期股东		长期股东	
	金额（欧元）	损益率（%）	金额（欧元）	损益率（%）
当前	1 000	—	1 000	—
第 1 年	1 100	10	1 120	12.2
第 2 年	1 210	10	1 260	12.0
第 3 年	1 330	10	1 400	11.8
第 4 年	1 460	10	1 570	11.6
第 5 年	1 610	10	1 740	11.4
平均股东总收益率（TSR）	10		11.8	

短期股东估计目前公司的价值为 10 亿欧元［稳定的自由现金流（FCF）为 1 亿欧元，贴现率为 10%］。这相当于持有现价 1 000 欧元的股票和未来价值 1 610 欧元的 5 年期股票。例如，第 2 年底的股票未来价值是 1 210 欧元，是从 1 000 欧元的初始价格中增加 10% 获得的，这与资本市场成本一致。考虑到预期的市场回报率为 10%，这些短期股东在持有股票或将其转换为拥有相同股东总收益率（TSR）的股票时没有优先权。

长期股东估计，该公司将有 1.1 亿欧元（公允自由现金流 1.1 亿欧元，贴现率为 10%）。然而，他们并没有足够的影响力来推动股票价格的移动方向。假设 5 年后市场才会意识到该公司被低估。因此，当前的价格是 1 000 欧元，尽管每年市场都会将 1/5 的差额与“公允自由现金流”相结合，从而使股票价值增加 2 000 万欧元。例如，初始资金为 1 000 欧元，每年增加 10%，即资本的市场成本，那么在第 3 年底将获得 1 400 欧元的价值。然而，与短期股东不同的是，每年都要加在总额中的 20 欧元也将以 10% 的速度增长。5 年后，这将相当于持有价值 1 740 欧元的股票。因此，这些长期股东预期的 5 年期回报率为 11.8%。他们将继续持有股票，因为 5 年内公司的 TSR 比市场利率高。

以下将研究两项企业行为：

- 为收购提供资金而增加资本；
- 股票回购计划。

在这两种情况下，研究文献中都一致认为管理层存在有偏见的沟通。当公司需要资金时，他们往往会传达更好的消息，有时还会有更好的短期效果，即使这一政策会损害公司的长期价值。

7.3.2.1　资本增加*

公司对当地竞争对手发起收购。由于需要足够的资本，它利用其可支配的所有会计资源发布了 1.2 亿欧元的自由现金流量（FCF）。该公司股票市场价格上升到 1 200 欧元。不久之后，该公司提议以市价增加资本，为其公开收购提供融资（如表 7－43 所示）。

表 7－43　　公司资本增加对平均股东收益的影响

期限	短期	长期	未来股东
当前（欧元）	1 000～1 200	1 000～1 200	1 200
第 1 年（欧元）	1 320	1 320	1 298
第 2 年（欧元）	1 452	1 452	1 406
第 3 年（欧元）	1 597	1 597	1 524
第 4 年（欧元）	1 757	1 757	1 655
第 5 年（欧元）	1 933	1 933	1 798
平均股东总收益率（TSR）	14.1%	14.1%	8.4%

- 短期股东无疑会以 1 200 欧元的价格出售他们的股票，即使他们认为公司在这个价格下的估值是正确的。他们知道，一家从市场上获得资金的公司在几个季度的表现往往不佳，因此他们无疑会更愿意出售他们的股票，以便在市场上进行再投资。总体而言，从目前的 1 000 欧元开始，5 年后，他们的股东总回报率（TSR）将上升 14.1%。
- 长期股东无疑也会出售他们的股票，因为对他们来说，不会被人为的高自由现金流（FCF）所欺骗，基本面价值仍然是 1 100 欧元。他们将获得与短期股东相同的总股东回报率（TSR），但代价是进行深入的基本面审查。

- 未来股东将以 1 200 欧元的价格买入新股进行投资。他们不知道目前的自由现金流量（FCF）不是永久性的，即使长期的公允自由现金流为 110 欧元，他们 5 年的股东总回报也只有 8.4%。

管理层如果对短期业绩进行如此人为的篡改，可能会导致一些忠诚的股东离开，而新股东可能会在未来财报公布后很快退出。

7.3.2.2 股票回购

回到原来的情况，管理层仍认为“公允自由现金流”为 110 欧元，其股价被低估，提议以 1 020 欧元的价格回购股票，而没有提高盈利预期。此时，股东的平均股东收益数据如表 7－44 所示。

表 7－44 公司股价被低估对平均股东收益的影响

项 目	短期	长期	未来股东或管理层
当前（欧元）	1 000～1 020	1 000	1 020
第 1 年（欧元）	1 122	1 120	1 140
第 2 年（欧元）	1 234	1 260	1 271
第 3 年（欧元）	1 358	1 400	1 416
第 4 年（欧元）	1 493	1 570	1 575
第 5 年（欧元）	1 643	1 740	1 750
平均股东总收益率（TSR）	10.4%	11.8%	11.4%

短期股东将卖出股份，因为他们对企业价值的“基本面”估计为 1 000 欧元。他们将出售股票所得再投资于一只市场指数基金。他们 5 年的预期回报率是 10.4%。

长期股东不会卖出他们的股份，因为他们认为公司的公允价值保持在 1 100 欧元不变。未来 5 年，股价将调整至这一水平。他们的股东总回报为 11.8%，与最初的情况持平。然而，他们的实际回报将高于 11.8%，因为该公司以低于其内在价值的价格回购了其股票。由于不了解公司的实际情况，短期股东以过低的价格出售。财富从一个群体转移到另一个群体，有利于长期股东。

由于在该案例中不知道这两类股东所代表的比例，所以无法准确计算新股票价格。然而，可以通过这样的说法来说明这一现象：一名新股东（例如，从股票期权计划中受益的经理）以 1 020 欧元购买了该公司回购的股票，从长期来看，股东总收益（TSR）预计为 11.4%（如表 7－44 所示）。

以上案例说明了来自公司管理层的信息的重要性。由于股票回购业务近年来大幅增长，这一问题显得尤为重要。

Kentucky（肯塔基州）大学最近对 5 498 家公司的一项研究表明，这些公司股票回购的时机选择不佳，年度回报率为 7.7%，而如果这些公司只是简单地逐步回购股票或在固定日期支付股息，则为 9.6%。该研究重点介绍了回购时机不佳与公司治理的因素有关：

- 利润管理；
- 股东权益弱化；
- 现金的替代用途减少。

这印证了一种现象，即大公司主要利用股票回购来掩盖股权稀释，而不关注回购股票的“公允价值”概念。这导致股东群体之间的扭曲。

在股票回购方面，价值创造理论表明，股票回购有两种可能性。

- 在简单回购的情况下，该公司用接近或低于公允价值的股票取代当前收益率接近零的资产负债表上的现金。预期年回报率是股权成本（股票的资本收益＋未来的股息补偿）。

在股价被低估的情况下，阿尔弗雷德·拉帕波特（Alfred Rappaport）根据低估程度计算这类交易的回报率，他根据 COE/（1－低估率）来估算。如果价值低估 20%，股本成本为 8%，则交易产生的内部收益率为 10%（如表 7－45 所示）。

表 7－45　根据股价低估程序计算的交易回报率　单位：%

COE	低估比例	IRR
8	0	8.0
	10	8.9
	20	10.0
	30	11.4

- 如果回购的目的是为管理层（并发交易）以同样价格收购期权，则公司的现金是暂时的。真正的经济交易是股东与管理层之间的交易。如果股票

是公允价值，这不会造成问题。如果股票低于公允价值，则财富由前股东向管理层转移。

能否想象一个股东抱怨不公平待遇吗？假定这类行为是有可能被制裁的。

- 在美国，法律明确排除了这一规定。1934 年的《证券交易法》第 10b-18 条为在股票回购过程中遵守一套正式要求的公司提供了“安全港”。

- 在瑞士，股票回购的决策与增资不同，并不需要股东大会的批准，而是需要董事会的批准。2013 年 5 月 1 日生效的《瑞士证券交易所和证券交易法条例》（修订本）也规定了在公开回购股票期间的“安全港”，条件是必须遵守瑞士接管委员会第 1 号通知规定的程序。主要要求包括说明股票回购计划的目的、禁止公司控制权的任何改变，以及对于以市场价格回购计划，将该计划的每日交易量限制在 25%，同时最长 3 年内完成该计划。然而，这些规定并不免除公司在财务报告中所遵守的透明度要求。

以上例子说明管理层和股东之间信息不对称所造成的潜在的信息偏差，这强化了透明的沟通和结果的必要性，而这些结果实际上是“真实和公平的”。

7.3.3　公司治理：市场制裁*

接下来将尝试确定有效的公司治理是否有更好的股票表现。已经有许多与环境、社会和治理标准［FTSE 4 Good Global，MSCI KLD 400 Social，Dow Jones 可持续性（Sustainability），Ethibel 可持续性（Sustainability）］相关的指数。从长期来看，大多数指数都与市场一致，但自 2004 年以来，它们的表现一直低于摩根士丹利资本国际世界指数（MSCI World Index）（如表 7-46 所示）。

表 7-46　　世界主要股指时段数据

年化收益率	1994 年 7 月 29 日至 2014 年 7 月 31 日	2004 年 7 月 29 日至 2014 年 7 月 31 日
MSCI 指数	5.16%	8.17%
FTSE4 全球股价指数	—	3.57%
MSCI KLD 400 社会指数	8.05%	5.32%
道琼斯可持续发展指数	5.39%	4.31%
Ethibel 可持续发展指数	—	4.49%

这些指标是将公司治理标准与环境和社会标准结合起来。

其他指数同时考虑了会计风险和治理风险（GMI Ratings 制定的 AGR：会计和治理风险）。根据一些研究，这些指标的表现优于基准指数。然而，这里也没有区分纯粹的会计成分（这是业绩出色的一个可靠因素）和公司治理部分。

有实证研究证明，一家系统地支持 ESG 标准的公司的业绩优于市场。

• 企业责任和可持续性发展中心（CCRS）的两项研究中考虑了 Carhart 四因素模型（收益、规模、市值、动量）后，强调了 ESG 标准的中立性。

• 最近有一篇文章研究了实施 ESG 标准的公司的股票市场表现。在涉及的 36 项研究对象中，14 项有积极的结果，16 项是中性的，6 项是消极的。该文对 27 个国家的 1 343 家公司进行了调查，发现发达国家的相关系数略微或显著为负，这可以证实公司自愿采取他们认为更符合道德标准的做法所产生的成本的性质。这项研究还发现，环境和社会纠纷比与治理有关的纠纷更严重，这对股票价格有很大的负面影响。

关于治理概念的文献长期以来一直局限于对特定案例的研究。例如，针对恶意收购的辩护、董事薪酬以及董事会的规模和组成。在全球研究中，可以引用：

• Gompers，Ishii 和 Merick（2003 年），创建了包含 23 个标准的 G 指数，并发现在这个标准上得分最高的 1/4 的公司在 1990—1999 年表现要好于最低的 1/10 的公司。然而，随后的研究对这一说法产生了怀疑，这似乎是基于特定时期的研究结果（特别是 20 世纪 90 年代中期的互联网热潮）；

• Giroud 和 Mueller（2011 年）的文章重新审视了 Gompers、Ishii 和 Merick（2003 年）的发现，并考察了公司的良好治理对于非竞争性行业中的公司是否比竞争行业的公司更加受益。研究发现，治理薄弱的企业只有在非竞争性行业中，才有较低的股本回报率、较差的经营业绩和较低的企业价值。在探讨低效率的原因时，他们发现治理薄弱的公司劳动生产率较低，投入成本较高，而且进行更多的无价值收购，但同样只存在于非竞争性行业。他们还发现，非竞争性行业中的治理薄弱公司更有可能成为激进对冲基金的目标，这意味着投资者应采取行动，缓解效率低下的问题。

• 最近对德国和瑞士市场的研究表明，公司治理指数与公司股票市场估值呈正相关。两位作者特别热衷于证明更好的治理和更高估值之间的因果关系。据估计，瑞士股市的估值涨幅为 8.5%，而瑞士股市指数上涨了 1%，德国股市的估值与股市指数分别上涨了 3% 和 2.8%。

- 德意志银行的一项研究表明，在信息透明度方面建立了限制性法律的国家，资本成本较低。

统计数据显示，股东激进主义的成功率相对较高，超额回报率在 7% ~ 20% 之间。最新的研究强调，重组后的公司效率并不比市场上其他公司低。“哄抬股价，逢高卖出”现象往往归咎于私募股权基金，但事实似乎并不能证实这个问题。毫无疑问，激进主义者和现实形象之间存在着不匹配：“激进主义者要么是利他主义的白马骑士，以挽救管理不善下的股东，或者是玩世不恭的机会主义者，表面上谈论的是一场好的游戏，但其实只是为了让自己快速赚钱。总体来看，激进主义者中大多数是价值投资者。到目前为止，最重要的考虑因素是目标产生的现金流，以及这些现金是如何被市场定价的。”[①]

小结

- 公司的治理标准可能对公司业绩产生积极影响，尽管这不是一个给定的条件。

文献竭力强调最终有利于该表现的一套或多套标准。一套完善的标准能促进一个有利框架的建立，并影响股价。

- 目前，唯一有效的“制裁”来自维权基金，导致相关公司的战略出现了急剧的“U”形转变。

- 关于治理标准本身是否优于 ESG 评级的争辩仍在进行中。大部分研究都受到可靠性和历史数据问题的影响。

- 自立法改革以来，要知道积极的影响是什么还为时尚早。在这方面，最新的研究似乎表明 2008 年 ESG 准则实施后的趋势发生了逆转，但这仍有待证实。

---

① 股票选择：激进主义者或机会主义者，实证研究，2014 年 8 月。

7.4　诺华公司案例研究*

7.4.1　诺华公司的薪酬治理原则

（1）霍尔特（Holt）公司公布了关于公司治理组织的评级。其关注的问题之一是公司的总体目标与管理薪酬原则之间的一致性。

（2）评分从最低分 -5 分到最高分 6 分不等。2014 年 7 月，欧洲市场平均水平为 +1。

（3）进一步研究样本公司奇华顿 Givaudan 公司（+3）和诺华（Novartis）公司（+4）的案例（如表 7-47 所示）。相比之下，欧洲化学工业的平均得分是 +3，而赛诺菲的得分是 +5。

表 7-47　　奇华顿公司与诺华公司的公司策略及薪酬比较

项目	奇华顿（Givaudan）公司	诺华（Novartis）公司
公司策略	有机增长 4% ~5% 最优的税息折旧及摊销前利润 2015 年的边际自由现金流量（FCF）为 14% ~16%	创新 名义上的 生产力
短期薪酬	销售增长率 税息折旧及摊销前利润	名义上的 盈利比率 创新（获批数量）
长期薪酬	销售的相对增长率 与同行比较的边际自由现金流量（FCF）	价值创造（CVA） 与同行比较的相对表现
同行	未知	Roche，Astra Zenecca，Glaxo，Sanofi，Abbott，AbbVie，Amgen，Bristol Myers，Eli Lilly，J&J，Merck，Pfizer

Holt（霍尔特）对 Givaudan（奇华顿）的批评包括：

- 没有资本回报指标［已动用资本回报率 -（ROCE）、投资资本回报率 -（ROIC）、投资的现金流回报率 -（CFROI）］；
- 缺乏资本化研发的绩效指标，这相当于资产负债表的 32%；
- 缺乏关于同行集团的详细信息。

下面将其应用于分析诺华公司。

战略与薪酬有着相似之处，这种相似性随着 2014 年新薪酬计划的出台而增加。该标准的聚焦于：

- 长期价值创造指标（2/3），其余 1/3 由短期指标（本年度）构成；
- 指标来源于（内部）会计或业务观察（2/3），其余 1/3 由市场业绩指标构成。

整个公司共同的目标和以战略特定点为中心的个人目标的应用有助于保持团队战略的凝聚力。作为回报，该组织会承担管理时间，特别是在目标定义和计算结果过程中。这两个阶段经常导致与有关雇员进行长时间的谈判。

7.4.2　诺华公司的首席执行官薪酬机制

薪酬由 4 个典型部分组成：固定基本工资、根据短期和长期业绩标准变动的工资以及养老基金等各种福利（如表 7－48 所示）。2014 年，Ethos 基金会在对诺华公司的年会分析中指出，薪酬报告是“瑞士上市公司发布的最透明的报告之一”。

表 7－48　　CEO 薪酬构成

项　目	截至 2013 年 CEO 薪水（百万瑞士法郎）	标准	自 2014 年起的标准
基本工资	2.061	每年固定，2013 年增长 2%	每年固定
养老基金	0.270	—	—
短期绩效工资	1.061	经营成绩： 50% 净收入 20% 公司业绩 20% 自由现金流（FCF）÷销售 10% 创新 个人表现： 同上＋组织上良好的分工合作＋顾客满意＋诺华价值标准	个人量化指标 诺华的价值标准
长期绩效工资	3.715	传统员工持股计划（ESOP） 与短期绩效同标准	同行表现对比
	6.126	可变雇员储蓄计划 3 年以上的价值创造（EVA）	3 年以上的价值创造（CVA）

（1）薪酬委员会在 2013 年首次提出的目标出人意料的低。2013 年的边际自由现金流量（FCF）目标被定在 15.2%，而 2012 年的利润率为 20.1%。2013 年的年终现金流利润率为 17.2%，尽管这一幅度有所下降，但为公司发放奖金铺平了道路。

（2）报告中解释，由于 2014 年之前 Diovan（迪奥万）公司在美国市场的销售明显恶化，董事会最终决定在此基础上不发放任何奖金。

（3）这一事件说明了年度目标工作的整体问题，公司目标本质上依赖于变化的情景（范围的改变，对药物诉讼的宣布）。尽管如此，诺华公司还是率先公布了量化的薪酬目标，其他公司也应该遵循这条路线。

（4）从长远来看，薪酬取决于在 3 年内的价值创造。2013 年的目标是在 2011—2013 年期间创造共计 60 亿美元的公司价值，最终以 63 亿美元超过预期目标。这一成绩在很大程度上取决于未公布的资本成本，估计资本成本在 8% ~9%。

（5）诺华公司决定简化这一机制，并将于 2015 年全面采取更加充分有效的 Minder 法则。公司以总资产为基础，用现金增加值（CVA）的概念代替经济增加值（EVA）的创造模式。这一比率被霍尔特（Holt）和麦肯锡（McKinsey）等咨询公司所倡导。与 EVA 不同，该比率更强调现金的创造和总资产负债表价值。这一变化源自 2012 年 Novartis 公司前任管理层开始的审查。它为公司设定了一个 3 年的 CVA 目标。

（6）如果首席执行官在 2014 年的业绩 100% 的达标，他的总薪酬将是 1 180 万美元。根据计算，如果其业绩目标只达到 80%，他的总薪酬将降到 560 万美元，但如果业绩超标 20%，其总薪酬将增至 1 970 万美元。

7.4.3　诺华公司薪酬治理对财务报表的影响

2013 年，基于股票的支付，诺华公司为所有相关员工创造了约 8 400 万美元的资金。在新股净发行量方面，这些交易的会计核算结果如表 7 - 49 所示。

表 7 - 49 显示，有许多资本发行来源以及减少的原因。除了不时宣布的官方股票回购计划外，Novartis 公司还努力通过系统性回购来抵消新股发行的影响。因此，建议投资者仔细审阅每年年报中关于股本的陈述。

表 7-49 2012—2013 年诺华公司新股发行对财务数据的影响

1. 增资	项目	2012 年	2013 年
a. 期权行使权	数量（股）	12 000 000	34 300 000
	总金额（美元）	416 000 000	1 691 000 000
	平均价格（美元）	34.67	49.30
b. 转至联营公司	数量（股）	10 600 000	11 500 000
	总金额（美元）	856 000 000	1 077 000 000
	平均价格（美元）	80.75	93.65
总计（a+b）	数量（股）	22 600 000	45 800 000
	总金额（美元）	1 272 000 000	2 768 000 000
	每股资本占比（%）	0.84	1.69
2. 股本减少	项目	2012 年	2013 年
a. 国债	数量（张）	4 600 000	33 300 000
	总金额（美元）	240 000 000	2 464 000 000
	平均价格（美元）	52.17	73.99
b. 雇员回购	数量（股）	4 000 000	4 800 000
	总金额（美元）	265 000 000	356 000 000
	平均价格（美元）	66.25	74.17
c. 官方 SBB	数量（股）	0	2 200 000
	总金额（美元）	0	170 000 000
	平均价格（美元）	0	77.27
d. 股本减少	数量（股）	39 400 000	0
	总金额（美元）	0	2 990 000 000
总计（a+b+c+d）	数量（股）	48 000 000	40 300 000
	总金额（美元）	505 000 000	5 980 000 000
	平均价格（美元）	10.52	148.39
	每股资本占比（%）	0.32	1.49

2013 年，Novartis 停止通过股票期权向员工支付薪酬，而开始发放股票。这些股票在会计上不那么昂贵，因为无论是“时间价值”还是期权的波动性都不需要在支出中得到确认。

7.4.4 与竞争对手的比较

接下来将使用彭博的薪酬调查数据，以 Novartis 定义的同行集团为样本，对数字进行比较。并不是所有的公司都与 Novartis 公司具有同样的财务透明度，有些同行的某些数据甚至是缺失的。由于本部分的目的不是给出判断，而是提供分析，所以直接引用了相关数据，没有进一步检查彭博的数据（如表7-50所示）。

表7-50　彭博系统提供的诺华公司同业薪酬调查数据

同业分析										
股票代码	公司名称	工资支付总计	奖金总计	工资+奖金总计	股票奖励总计	股权奖励总计	其他奖励	公司支付总额	股票市场支付总额	公司支付/市场支付（%）
NOVN VX	Novartis AG	9.6	3.7	13.3	0.0	—	44.6	57.9	194.6	0.30
AZN LN	AstraZeneca PLC	2.8	3.2	6.0	—	—	0.9	6.9	74.4	0.09
GSK LN	GlaxoSmithKline PLC	3.9	6.3	10.2	—	—	14.6	24.8	129.6	0.19
SAN FP	Sanofi	2.6	3.0	5.6	—	—	0.0	5.6	140.4	0.04
ROG VX	Roche Holding AG	4.3	1.2	5.5	6.7	—	7.3	12.9	238.1	0.05
ABT US	Abbott Laboratories	4.8	0.0	4.8	13.8	10.8	33.0	37.7	59.3	0.64
ABBV US	AbbVie Inc	4.4	0.0	4.4	17.4	6.8	34.3	38.7	83.8	0.46
AMGN US	Amgen Inc	5.1	0.3	5.4	20.8	0.0	32.0	37.3	86.1	0.43
BMY US	Bristol-Myers Squibb Co	6.4	0.0	6.4	35.4	0.0	47.1	53.5	87.2	0.61
LLY US	Eli Lilly & Co	5.0	0.0	5.0	14.7	0.0	22.4	27.4	57.0	0.48
JNJ US	Johnson & Johnson	4.6	1.9	6.5	13.3	5.9	36.5	43.0	260.5	0.16
MRK US	Merck & Co Inc	5.0	0.5	5.5	12.2	9.1	27.6	33.0	146.5	0.23
PFE US	Pfizer Inc	7.7	0.0	7.7	15.4	15.5	48.5	56.2	196.0	0.29
平　均		5.1	1.5	6.6	15.0	6.0	26.8	33.5	134.9	0.31

诺华公司为同行支付的薪酬高于平均水平，这一补偿应从以下角度加以考虑：

- 员工参与程度很高；
- 不仅是管理层从股价上涨中受益；
- 规模高于该行业的平均水平。

与集团的总市值相比，薪酬比率与同行集团的平均水平相近（0.3%），尽管很难为这一比率设定标准。这些比较与计算一个部门的平均估值有相同的缺点。如果管理是成功的，通常会获得高于平均水平的薪酬；如果没有，通常会达不到平均水平。"Michael Eisner（迈克尔·艾斯纳）在执掌迪斯尼公司时，将获得迪士尼利润的2%，超过预定的所需资本回报率。"具有讽刺意味的是，有了像Eisner这样的精心设计的计划，支付的奖金越高，股东的利益就越好。

如果基于相同的薪酬/市值比率将诺华公司与其他54家瑞士公司进行比较，会发现存在相当大的差异。早些时候就规模和业绩所作的评论也适用于瑞士。

在Ethos分析的54家公司中，有14家来自金融部门，41家来自非金融部门（如服务业和工业）。图7－5说明了管理总薪酬/资本比率的增长。

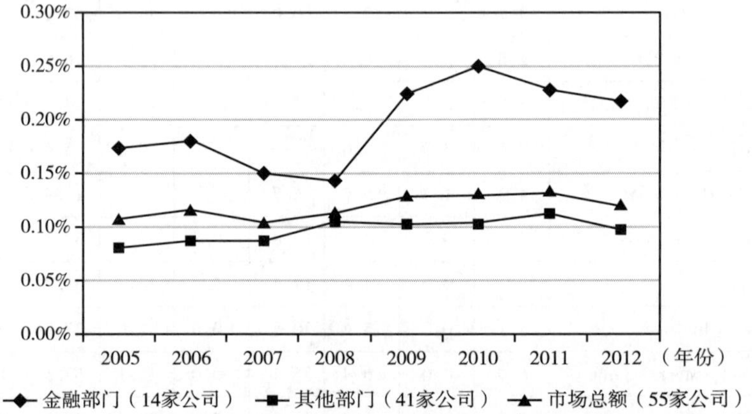

图7－5　2005—2012年5家样本公司的管理总薪酬/资本比率的趋势图

7.4.5　同业表现比较

最后将采取一系列用于计算奖金的会计价值和比率对诺华公司与其同行集团进行比较。然后，分析股票市场价格的相关性，1年和3年以上的会计价值，以及3年以上的比率。

以诺华公司及其11家同行集团的平均业绩为例，但不包括雅培（Abbott）公司和阿博特（AbbVie）公司，因为这两家公司的分拆造成了太多的复杂问题，难以进行历史对比（如表7－51所示）。将股票价格与6个月前的股价进行比较，以考虑对公告结果的常规市场预期。所有数据来源于彭博数据库，并统一转换成美元。

表 7－51 诺华公司与同行集团股价相关性比较 单位:%

项目	1 年股价相关性计算	3 年股价相关性计算
收入	1	21
营业收入	3	20
营业毛利	1	3
税后净营业利润（NOPAT）	7	22
EBITDA	6	12
额外收入	13	17
净收入	7	18
现金流	－2	24
经营性现金	－1	21
账面价值	15	6
股本	17	3
资产回报率（ROA）		19
已动用资本回报率（ROCE）		23
股权回报率（ROE）		13
现金流量/股本		11
ROCE/WACC		29
加权平均资本成本（WACC）		－36

（1）在 3 年时间内计算的指标比年度指标更接近股票市场的价格走势。因此，在计算奖金时，会考虑多个财政年度，计算长期奖金显然比短期要好。

（2）这几项 3 年指标给出了非常相似和显著的结果。已动用资本回报率/加权平均资本成本（ROCE/WACC）是常用的计算股东价值的方法，也是最好的估值指标之一。单独来看，已动用资本收益率（ROCE）和加权平均资本成本（WACC）在解释力方面是相似的。

（3）EBITDA（一种在实践中广泛使用的指标）的重要性较弱，原因是固定资产和折旧在制药部门的重要性较低。

从表 7－51 中选取 4 个相关性最强的指标，并比较诺华公司和同行集团中其他 11 家公司的指标（如表 7－52 所示）。

表 7－52 诺华公司与同行集团 4 个相关性最强指标的比较 单位:%

项　目	财务比率（期限均超过 3 年）	
	诺华公司	同行集团
3 年营收增长率	10.0	7.8
3 年税后净营业利润（NOPAT）增长率	9.0	8.8
3 年现金流增长率	10.6	9.9
3 年已动用资本收益率	7.1	-3.8

2000—2012 年，诺华公司的比率明显高于同行平均值。因此，支付高于平均水平的奖金在原则上似乎是合理的。然而，没有足够的统计数据来更准确地量化诺华公司与同行集团中的“应得”的溢价。

7.4.6 诺华公司在 ESG 报告中的其他政策

ESG 是环境（Environment）、社会（Society）和公司治理（Governance）的简称，是倡导在投资决策过程中充分考虑环境、社会和公司治理因素的投资理念。

2014 年 9 月 12 日，诺华公司举行了第一次关于环境治理相关议题的电话会议，以促进与机构投资者的对话。所涵盖的主要专题如下：

- 公司责任政策（公司责任重点）；
- 公司责任风险管理；
- 公司责任治理。

参考文献

1. Bacidore, J., Boquist, J., Milbourn, T. and Thakor, A.《寻求最佳的财务业绩衡量标准》. 财务分析杂志，1997 年第 11 期 20 卷.

2. Bebchuk, L., Brav, A. and Jiang, W.《对冲基金激进主义的长期效应》. NBER 工作报告 21227，2015 年.

3. Beiner, S., Drobetz, W., Schmid, M. and Zimmermann, H.《公司治理与企业价值评估的集成框架》. 欧洲金融管理，2006 年第 12 期，249 - 283 页.

4. Ben - Rephael, A., Oded, J. and Wohl, A.《公司会以低价回购股票吗？实际股票回购披露的证据》. 金融回顾，2014 年第 18 期，1299 - 1340 页.

5. Berk, P. and DeMarzo, P.《公司财务》. Pearson，2014 年.

6. Bolton, P. and Samama, F.《L - shares：长期投资者的回报》. SSRN 工作报告，http：//ssrn. com/abstract = 2188661，2012 年.

7. Bonaime, A., Hankins, K. and Jordan, B.《财务弹性的成本：股票回购的证据》. SSRN 工作报告，http：//ssrn. com/abstract = 1977654，2015 年.

8. Boucly, Q., Sraer, D. and Thesmar, D.《杠杆并购的日益增长》. 金融经济学杂志，2011 年第 102 卷，432 - 453 页.

9. Brealy, R. and Myers, S.《公司财务原理》. McGraw - Hill，2007 年.

10. Copeland, T. and Dolgoff, A.《优于预期型管理：创建和提升股东价值的最先进方法》. Wiley，2005 年.

11. Copeland, F. and Weston, F.《财务管理》（第九版）. Dryden，1992 年.

12. Cunat, V., Gine, M. and Guadalupe, M.《讨薪！股东声音与企业绩效》. SSRN 工作报告，http：//ssrn. com/abstract = 2240410，2013 年.

13. Damodaran, A.《员工股票期权（ESOP）与限制性股票：估值效应与后果》. SSRN Working Paper，http：//ssrn. com/abstract = 841504，2005 年.

14. De, I. and Clayman, M.《社会责任投资的好处：基于积极的管理者视角》. SSRN 工作报告, http: //ssrn. com/abstract = 2464204, 2014 年.

15. DeAngelo, H. , DeAngelo, L. and Skinner, D. 《公司支出政策》. 金融的基础和趋势, 2008 年第 3 期.

16. Dittmar, A. and Dittmar, R. 《融资决策的时机选择: 对融资波动相关性的考察》. 金融经济学杂志, 2008 年第 90 期, 59 – 83 页.

17. Drobetz, W. , Schillhofer, A. and Zimmermann, H. 《公司治理与股票预期收益: 以德国为例》. 欧洲金融管理, 2004 年第 10 期, 267 – 293 页.

18. Fabozzi, F. and Grant, J. 《基于价值的计量: 基础与实践》. Wiley, 2000 年.

19. Fried, J. and Shilon, N. 《超额支付回扣》. 公司法杂志, 2011 年第 36 期, 722 – 751 页.

20. Fried, J. 《有利于长期股东的不安理由》. 耶鲁法学论丛, 2014 年第 124 期, 1554 – 1627 页.

21. Frydman, C. and Jenter, D. 《CEO 薪酬》. 金融经济学年度回顾, 2010 年第 2 期.

22. Giroud, X. and Mueller, H. 《公司治理、产品市场竞争与股票价格》. 金融杂志, 2011 年第 66 期, 563 – 600 页.

23. Gompers, P. , Ishii, Jand Metrick, A. 《公司治理与股票价格》. 经济学季刊, 2003 年第 118 期, 107 – 155 页.

24. Graham, J. , Harvey, C. and Rajgopal, S. 《企业财务报告的经济意义》. NBER 工作报告 10550, 2004 年.

25. Grossmann, S. and Hart, O. 《收购、搭便车问题与公司理论》. 贝尔经济学杂志, 1980 年第 11 期, 42 – 64 页.

26. Hail, L. and Leuz, C. 《股权资本成本的国际差异: 法律机构和证券监管机构是否重要?》. 会计研究杂志, 2006 年第 44 期, 485 – 531 页.

27. Kaplan, S. 《管理层收购对经营绩效和价值的影响》. 金融经济学杂志, 1989 年第 24 期, 217 – 254 页.

28. Kaplan, S. 《美国高管薪酬与公司治理: 观念、事实与挑战》. NBER 工作报告 18395, 2013 年.

29. LaPorta, R. , Lopez – de – Silanes, F. , Shleifer, A. and Vishny, R.

《法学与金融学》. 政治经济学期刊，1998 年第 106 期，1113 - 1155 页 .

30. Lintner，J.《证券价格、风险和多元化带来的最大收益》. 金融杂志，1965 年第 20 期，587 - 615 页 .

31. Loderer，C.，Jörg，P.，Pichler，K. and Zgraggen，P.《评估手册》(第二版). NZZVerlag，2002 年 .

32. Loughran，T. and Vijh，A.《长期股东是否能从公司收购中获益?》. 金融杂志，1997 年第 52 期，1765 - 1790 页 .

33. Marshall，A.《经济学原理》. PalgraveMacmillan，1890 年 .

34. Modigliani，M. and Miller，M.《资本成本、公司财务与投资理论》. 美国经济评论，1958 年第 48 期，261 - 297 页 .

35. Modigliani，M. and Miller，M.《股利政策、增长与股票估值》. 商学杂志，1961 年第 34 期，411 - 433 页 .

36. Mollet，J. and Ziegler，A.《社会责任性的投资真的能获得收益吗? 美国和欧洲股市的新经验证据》. 工作报告，2012 年 .

37. Moeller，S.，Schlingemann，F. and Stulz，R.《大规模的财富破坏? 近期并购浪潮中的收购方收益研究》. 金融杂志，2005 年第 60 期，757 - 782 页 .

38. Rappaport，A.《短期绩效经济学》. 财务分析杂志，2005 年第 61 期，65 - 78 页 .

39. Piketty，T. and Saez，E.《美国的不平等收入，以 1913—1998 年为例》. 经济学季刊，2003 年第 118 期，1 - 39 页 .

40. Piketty，T.《二十一世纪的资本》. 哈佛大学出版社，2014 年 .

41. Roll，R. and Ross，S.《套利定价理论的实证研究》. 金融杂志，1980 年第 35 期，1073 - 1103 页 .

42. Ross，S.《资本资产定价的套利理论》. 经济理论杂志，1976 年第 13 期，341 - 360 页 .

43. Ross，S.，Westerfield，R. and Jaffe，J.《公司财务》. McGraw - Hill，2009 年 .

44. Sercu，P. and Uppal，R.《国际金融市场与企业》(第一版). 西南学院，1995 年 .

45. Sharpe，W.《资本资产定价：风险条件下的市场均衡理论》. 金融杂志，1964 年第 19 期，425 – 442 页 .

46. Shleifer，A. and Vishny，R.《公司治理研究》. 金融杂志，1997 年第 52 期，737 – 783 页 .

47. Venanzi，D.《财务业绩计量与价值创造》. SSRN 工作报告，http：//ssrn. com/abstract = 1716209，2010 年 .

48. VonArx，U. and Ziegler，A.《企业社会责任对股票绩效的影响：美国和欧洲的新证据》. 工作报告，2008 年 .

49. Wagner，A. and Wenk，C.《代理与搁置：建立“薪酬话语权”的影响》. SSRN 工作报告，http：//ssrn. com/abstract = 1793089，2015 年 .

50. Wallace，J.《采用基于剩余收益的补偿计划：你能得到与你所付出同等价值的收益么?》. 会计与经济学杂志，1997 年第 24 期，275 – 300 页 .

习题：问题

【问题 1】

设在 X 国的西部航空公司正在考虑购买一架飞机。拟购买的飞机价格为 1 亿欧元。该飞机的使用寿命是 20 年，但西部航空公司计划于 10 年后将该飞机在二手市场上出售。正当研究飞机的采购事宜时，西部航空公司收到东方租赁公司一份租赁飞机的提案，租赁合同为 10 年期，在 10 年期内不可撤销，每年租赁费 900 万欧元。西部航空公司财务总监史密斯先生担心公司财务比率的恶化将触发公司债券评级的下降，因而被租赁方案所吸引。他认为，通过租赁协议获得飞机不会增加西部航空公司的债务比率。因而，签订租赁协议比通过举借债务筹集购买飞机的资金要好。

（1）尽管存在一些细节上的差异，X 国的租赁会计准则与目前国际会计准则中的租赁会计准则相似。根据会计准则，租赁协议基于会计目的和某些条件被区分为经营租赁和融资租赁。请简要说明经营租赁和融资租赁的会计处理。

（2）根据 X 国的财务会计准则，如果满足以下任何一个条件，那么该租赁即为“融资租赁”：

（i）在租赁期结束时，租赁资产的所有权转移给承租人；

（ii）授予承租人以显著低于市场价格购买租赁资产的选择权；

（iii）租赁期等于或长于租赁资产估计经济寿命的 75%；

（iv）在租赁协议开始的时候，将未来租赁付款额以适当的折现率进行折现所计算的总现值超过该租赁资产现金购买价格的 90%。

东方租赁公司所提出的租赁协议不满足条件（i）~（iii）。鉴于条件（iv），提供给西部航空公司的租赁协议是应该被分类为“经营租赁”还是“融资租赁”？为什么？假设在每一财政年度年初支付每年的租赁费，付款从租赁协议生效日开始。在条件（iv）的决策中，所使用的年折现率为西部航空公司税前的借款利率5%。

(3) 西部航空公司的财务总监史密斯先生打算运用租赁，以向评级公司和投资者低报公司的债务比率，请对史密斯的主张进行简要评价。

(4) 史密斯先生决定比较使用租赁方案为飞机融资的成本和通过借款方案为飞机融资的成本。假定租赁协议从税法角度会被视为经营租赁。为此，史密斯先生计算了租赁相比购买的增量现金流的净现值。两种方案的年度增量现金流的计算如下所示：

增量现金流 = 租赁方案现金流 − 购买方案现金流

= 当年飞机价格 − 损失的折旧税盾效应 − 第10年处置价格 − 租赁费 + 租赁费的税盾效应

分析如表1所示：

表1 单位：万欧元

年度	第0年	第1年	第2年	…	第9年	第10年	净现值
飞机价格	10 000			…			
损失的折旧税盾效应				…			
处置价格						−5 000	
租赁费	−900	−900	−900	…	−900	0	
租赁费的税盾效应							
租赁和购买的现金流差异							
现金流差异的现值 (折现率为3.25%)							

①与购买相比，使用租赁会导致折旧税盾效应的损失。每年这些损失的折旧税盾效应价值多少？X国的公司所得税税率为35%。假定使用直线折旧法，剩余使用年限是20年，且在第20年年底的残值为0。

②租赁费年度税盾效应的金额是多少？

③计算在下列时点租赁和购买的现金流差异：(a) 第0年；(b) 第1年至第9年；(c) 第10年。假定购买的飞机可以于第10年在二手市场上按剩余账面价值5 000万欧元被出售。

④按西部航空公司的税后借款利率3.25% [= 5% × (1 − 0.35)] 进行折现，计算从第1年至第10年租赁和购买的总体现金流净现值的差异。为使

计算简便，假定5 000万欧元的处置价格按同样利率折现（计算提示：如果在9年的期间内，每年年末支付 C 欧元，折现率为3.25%，现值将是：$\sum_{t=1}^{9}\frac{C}{1.0325^t}=7.696123C$）。

⑤根据前述分析，从成本角度考虑，租赁或者购买飞机，哪种方案更具优势？

（5）分析发现，租赁和购买的相对成本优势受到10年后该飞机在二手市场处置价格的影响。该飞机的处置价格为多少时，会使得成本优势逆转？

（如果该飞机最终的处置价格低于其账面价值，将存在税盾效应。公司所得税税率为35%。）

【问题2】

ABC 基金是一家杠杆收购基金，在当年年末经过收购战收购了一家多元化经营的 XYZ 公司。收购战之前，XYZ 公司的股价为50美元/股左右。该公司有6 000万股发行在外的股份和市场价值50 000万美元的带息负债。ABC 基金为此项收购发行了400 000万美元的新债（对于任何计算，如果没有专门进行不同陈述，那么假定400 000万美元的新债在收购后转移至 XYZ 公司）。该基金计划卖掉 XYZ 公司的不盈利业务单元和闲置资产，并实质性地改进管理效率，以为第4年年初重新上市做好准备。表2包含了 ABC 基金对 XYZ 公司第1年至第3年现金流预测的主要项目。假定公司所得税税率为40%。

表2　　对 XYZ 公司的现金流预测　　单位：万美元

项　目	第1年	第2年	第3年
营业利润（折旧前）	50 000	80 000	80 000
折旧	10 000	12 000	15 000
利息费用	27 000	27 000	27 000
资本支出	20 000	21 000	22 000
净运营资本变化	-11 000	-12 000	13 000
资产出售的收入（已扣除交易费用和税）	80 000	50 000	0

（1）根据表2，估计第1年至第3年，XYZ 公司在公司范围（股东和债权人）的自由现金流（包括出售资产）分别为：第1年为105 000万美元，第2

年为 93 800 万美元，第 3 年为 19 000 万美元。列出计算过程以表明这些数字是如何得到的。

（2）由于 XYZ 公司的债务，ABC 基金的杠杆收购将显著地增加税盾。计算第 1 年至第 3 年的税盾在当年年末的现值。假设 XYZ 公司的税前债务资本成本为 6%。

（3）ABC 基金预测，如果 XYZ 公司没有债务，那么 XYZ 公司的权益资本成本将为 7.6%。以第 3 年的数据为基础，从第 4 年起自由现金流将以年均 2% 增长。根据该预测，并假设 XYZ 公司没有债务，计算 XYZ 公司在当年年末的公司价值。

（4）ABC 基金计划使以市场价值为基础的债务/股东权益比率（计息负债的市场价值/股东权益的市场价值）达到 1/3 的水平。因此，采取出售资产、提升管理效率和重新上市手段降低因杠杆收购而显著提高了的债务比率。基于这个计划，计算 XYZ 公司在第 4 年年初以百分比表示的加权平均资本成本（WACC）。假设 XYZ 公司税前债务资本成本维持在 6%；在无负债情况下，XYZ 公司的权益资本成本为 7.6%。

提示：对于没有解答出问题（4）的学生，在问题（5）和（6）中，假设 XYZ 公司在第 4 年年初的加权平均资本成本是 7%。

（5）假设第 4 年后，现金流的长期增长率和负债的市场价值/股东权益市场价值比率和本题前面部分相同。计算第 4 年及以后期间的 XYZ 公司债务利息支付的税盾的现值（折算到当年年末）。

（6）基于同样的假设以及问题（5）中的计算结果，计算 ABC 基金在当年年末收购 XYZ 公司在理论上愿意支付的最高价格。使用调整现值（adjusted present value）方法。

【问题 3】

ABC 公司是一家跨国公司，年销售收入为 7 720 万美元，相关的销售成本为4 320万美元。近一半的销售收入来自对欧洲国家的出口，这些销售收入以欧元计价。表 3 为 ABC 公司最近一期的资产负债表。

表 3　**ABC 公司资产负债表摘录**　单位：万美元

流动资产	
现金和现金等价物	100
存货	887.7
应收账款	1 903.6
流动负债	—
应付账款	355.1
计息贷款（银行透支）	1 986.2
净营运资本*	550

注：*净营运资本的计算公式为净营运资本 =（现金和现金等价物 + 存货 + 应收账款）-（应付账款 + 短期计息债务）。

为了提高盈利能力，ABC 公司拟改变其营运资本政策。该政策的改变不会影响销售收入、销售成本、现金和现金等价物以及净营运资本的现有水平。政策改变后，有关营运资本比率的数值预计如下：

存货周转期	50 天
应收账款周转期	65 天
应付账款周转期	45 天

其他相关财务信息如下：

短期美元借款利率	每年 5%
短期美元存款利率	每年 4%

假设每年 365 天，ABC 公司原材料采购金额等于销售成本。回答以下问题：

（1）营运资本政策的改变，使现金周转期变化了多少天？对流动比率的影响是多少？使融资成本节约了多少？简要讨论你的计算的含义。

（2）请列出跨国公司面临的三种主要的外汇风险的名称并加以解释，并提出你认为公司对这些不同类型的外汇风险分别进行对冲的方法？

（3）ABC 公司预期 3 个月后将收到出口销售收入 8 649 771 欧元。ABC 公司的银行提供的 3 个月期限的美元：欧元远期汇率为 1.1561 美元：1 欧元。当前的即期汇率为 1.1592 美元：1 欧元。ABC 公司能够以每年 6% 的利率获得短期借款。计算从下面对冲方法获得的美元收益：①远期市场套期保值；②货币市场对冲（即现在借入欧元，以当前即期汇率兑换成美元，并将美元存入银行账户），并说明从财务角度考虑 ABC 公司更偏好哪种对冲方法。

【问题 4】

ABC 公司是 XYZ 国的一家精密机械制造商，目前正在考虑一项 3D 打印机生产设备的资本性支出项目的提案。3 年前，ABC 公司向某咨询公司支付 1 百万欧元的咨询费进行公司未来应关注产品市场的研究。研究建议进入 3D 打印机市场，因为需求预计增长，而且该产品能利用 ABC 公司的技术。

根据此建议，ABC 公司在过去 2 年研发 3D 打印机，并取得了重要进展。截至当前，研究开发成本已累计 2 000 万欧元。公司估计工厂的建造还需要 1 亿欧元用于购买必要机器设备和修建厂房。ABC 公司将使用它拥有的先前复印机工厂的土地，作为工厂厂址。因此不会有土地价格的现金流出。估计公司当前（即当年）能以 3 000 万欧元出售先前的这家复印机工厂的土地。

项目将需要相当于 3 个月销售收入的净营运资本。公司预计在项目结束后的下一年收回全部净营运资本。表 4 包含对项目初始 5 年的销售收入和营业利润的估计。假定可以使用加速折旧法计算折旧费用。ABC 公司计划在项目结束后的下一年出售生产设备。生产设备和设施预计有 1 000 万欧元的残值。同时，当项目终止时，工厂的土地也可以被出售。

当前，无风险利率是每年 2%，ABC 公司权益 β 值是 0.8，CAPM（资本资产定价模型）市场风险溢价预计是每年 6%。公司所得税税率是 30%，公司政策是维持的资本结构［债务 ÷（债务 + 权益的市场价值）］为 40%。

ABC 公司正在争论是否继续该资本性支出项目，主要问题之一是如何筹集所需资金。ABC 公司已经确定两种可以筹集 1 亿欧元投资资金的可能方法。一种方法是在市场发行普通股，扣除发行成本后筹集 1 亿欧元；另一种方法是发行 5 年内到期的普通债券，同样扣除发行成本后筹集 1 亿欧元。如果发行股票，其发行成本估计是扣除发行成本后所筹集金额的 5%；如果发行债券，则为 2%。Ford 先生负责分析该资本性支出项目，并在上次财务部会议上，提出下面关于 3D 打印机项目的报告。

“3D 打印机是我们公司的一项新业务活动领域，但该产品的风险状况与我们的现有产品非常类似，所以我们可以使用我们的平均资本成本来评价这个项目。根据 CAPM，当考虑新增资本 5% 的发行成本后，我们当前估计的年权益资本成本是11.8%。使用该折现率以及表5中的净现金流量预测，项目有负的NPV。因此，应该拒绝项目。然而，如果我们计划发行5年期普通债券，我们可以按面值发行票面年利率为4%的债券，因为像我们这样信用评级为A的5年期普通债券在二级市场上的年到期收益率为4%。因此，如果通过发行普通债券筹集资金，当考虑2%的发行成本，资本成本将是每年6%。使用该折现率，项目有正的NPV。因此，结论是在通过发行5年期普通债券筹集资金的前提下，我们应该接受该项目。”

财务部主管Merton先生，对Ford先生的报告评论如下：“当使用折现现金流方法时，你可能需要对现金流量进行敏感性分析。此外，在Ford先生关于折现率的理解中还有几点我不能同意……”

表4　　3D打印机项目销售收入和营业利润预测　　单位：百万欧元

项　目	第1年	第2年	第3年	第4年	第5年
销售收入	90.00	140.00	160.00	72.00	27.00
营业费用（不包括折旧）	58.00	100.00	115.00	53.00	18.00
折旧费用	36.90	23.29	14.69	9.27	5.85
营业利润	-4.90	16.71	30.31	9.73	3.15
所得税费用（税率为30%）	-1.47	5.01	9.09	2.92	0.95
税后营业利润*	-3.43	11.70	21.22	6.81	2.21

注：*税后营业利润=[销售收入-营业费用(不包括折旧)-折旧费用]×[1-所得税税率(30%)]。

表5　　3D打印机项目现金流量预测　　单位：百万欧元

项　目	当年	第1年	第2年	第3年	第4年	第5年	第6年
税后营业利润+折旧费用	0.00	33.47	34.99	35.91	16.08	8.06	0.00
资本性支出+净营运资本增加（包括残值出售收入）	(a)	(c)	12.50	5.00	-22.00	-11.25	(e)
自由现金流	(b)	(d)	22.49	30.91	38.08	19.31	(f)

注：假定现金流量在每年年末发生。

（1）ABC公司基于NPV方法决定是否接受3D打印机工厂建造项目。使用此方法遇到的第一个问题是如何计算项目的现金流量。

①为3D打印机市场研究支付的100万欧元咨询费和累计2 000万欧元研究开发支出是否应该被作为投资额的一部分？为什么？假定研究开发成果不能被转售。

②在决定是否接受项目时，先前复印机工厂所在土地的价格 3 000 万欧元，是否应被计入投资额？为什么？

③XYZ 国允许公司为财务会计和税务会计使用不同的折旧方法。ABC 公司财务会计中使用直线折旧法，税务会计中使用加速折旧法。资本性支出决策 NPV 分析中计算现金流量时，假定基于税务会计目的使用加速折旧法。你同意这种方法吗？为什么？

（2）表 5 列示的是项目每年的现金流量。对表 5 做如下假定，空格（a）-（f）的数字应该是多少？

①只在当年需要资本性支出；

②在第 1 年，ABC 公司除 3D 打印机以外的现有业务将产生 5 亿欧元的税前利润；

③在第 6 年，即项目结束后的一年，资金将被收回，包括：出售机器设备的残值收入，工厂土地的机会成本以及第 5 年年末的净营运资本；

④在第 6 年工厂土地的价值维持当前的 3 000 万欧元不变；

⑤净营运资本的增加或减少在其发生的相应年度内计算。

（3）如 Merton 所提议的，关于 Ford 先生用于评价资本性支出项目的折现率，有几个概念性问题。这些问题是什么？指出与折现率相关的三个问题，并阐述正确的方法。

（4）在假设 3D 打印机项目的风险状况与 ABC 公司现有业务类似的情形下，确定应被用于评价项目 NPV 的折现率。列示你的计算过程。

考虑 Merton 先生的反对意见后，Ford 先生重新评价项目。作为其中的一部分，Ford 先生进行了一系列敏感性分析。除了对预期现金流量进行敏感性分析外，Ford 先生还打算对预期资本成本率进行敏感性分析。为简便起见，假定 ABC 公司可以完全用自有资金进行该投资项目，不需要外部融资。如果没有发行成本，计算的投资项目内部收益率（IRR）为每年 6.81%。

（5）可以假定 3D 打印机业务的权益 β 值与 ABC 公司整体的权益 β 值 0.8 相同，但 3D 打印机业务的权益 β 值可能被低估。3D 打印机业务的 β 值的临界值（超过该数值，应该拒绝 3D 打印机项目）是多少？为简便起见，在你的回答中假定债务资本成本不变，同时关于资本结构的假设也不变。在回答中列示你的计算过程。

习题：解答

【问题 1 答案】

（1）如果一项租赁被分类为融资租赁，它与所有权相关的所有风险和报酬将在实质上转移给承租方（参见国际会计准则第 17 号，第 8 段）。租赁期占租赁资产可使用年限的大部分，而且（或者）在租赁协议结束时将资产的所有权转移给承租方，而且（或者）在租赁期开始时，（最低）租赁付款额的现值至少实质上等于被租赁资产的公允价值。基于会计目的，该资产等同于被购买。租赁资产作为资产计入承租方的资产负债表并计提折旧。此外，未来租赁额的现值被当作租赁负债计入承租方资产负债表的负债中。支付的租赁费要计入利润表，并在财务费用和应付租赁额的减少之间进行分配。

如果一项租赁会被分类为经营租赁，说明它没有在实质上转移与所有权相关的所有风险和报酬。租赁期通常大大低于租赁资产可使用年限，而且在租赁期内的租赁付款不足以支付租赁资产的成本。基于会计目的，该租赁协议被视作租赁合同，承租方将全部租赁费计入利润表。承租方不将租赁的资产计入资产负债表，也不对资产计提折旧。应支付的租赁费也不作为负债计入资产负债表。一般情况下，承租方需要在自己的财务报表附注中对经营租赁作适当披露。

（2）本题中东方租赁公司的租赁提案应被视为经营租赁。因为未来租赁付款额的现值和是估计现金购买价格的 73%，低于 90% 的门槛。

计算过程如下：

$$现值(租赁费)=9+\frac{9}{1.05}+\frac{9}{1.05^2}+\cdots+\frac{9}{1.05^9}=9\times\frac{1-\frac{1}{1.05^{10}}}{1-\frac{1}{1.05}}$$

$$=72.97\ (百万欧元)$$

$$\frac{现值\ (租赁费)}{估计现金购买价格}=\frac{72.97}{100}\times 100\%=72.97\%$$

（3）根据 X 国的会计制度，这项租赁协议会被视为经营租赁。因此，不需要西部航空公司将租赁负债计入它的资产负债表。结果是，财务报表上的负债率肯定低于如果公司通过借债筹集资金购买飞机时相应的负债率。然而，该租赁协议在 10 年内不可撤销，根据租赁负债的实际性质，评级机构和机构投资者更可能将其等同于债务。因此，简单地通过租赁来避免名义负债率的增加事实上没什么意义。

（4）

①$\frac{100\ 000\ 000}{20} \times 0.35 = 1\ 750\ 000$（欧元）

②$9\ 000\ 000 \times 0.35 = 3\ 150\ 000$（欧元）

③当年现金流差异 $= 100\ 000\ 000 - 9\ 000\ 000 + 3\ 150\ 000 = 94\ 150\ 000$（欧元）

第 1 年至第 9 年现金流差异 $= -1\ 750\ 000 - 9\ 000\ 000 + 3\ 150\ 000$

$= -7\ 600\ 000$（欧元）

第 10 年现金流差异 $= -1\ 750\ 000 - 50\ 000\ 000 = -51\ 750\ 000$（欧元）

当年：

购买方案现金流 $= -100\ 000\ 000$（欧元）（购买飞机）

租赁方案现金流 = − 租赁费 + 租赁费的税盾效应

$= -9\ 000\ 000 + 3\ 150\ 000 = -5\ 850\ 000$（欧元）

现金流差异 = 租赁方案现金流 − 购买方案现金流

$= -5\ 850\ 000 - (-100\ 000\ 000) = 94\ 150\ 000$（欧元）

第 1 年至第 9 年：

购买方案现金流 = 0（欧元）

租赁方案现金流 = − 租赁费 + 租赁费的税盾效应 − 损失的折旧税盾

$= -9\ 000\ 000 + 3\ 150\ 000 - 1\ 750\ 000 = -7\ 600\ 000$（欧元）

现金流差异 = 租赁方案现金流 − 购买方案现金流

$= -7\ 600\ 000 - 0 = -7\ 600\ 000$（欧元）

第 10 年：

购买方案现金流 $= 50\ 000\ 000$（欧元）（出售飞机）

租赁方案现金流 = − 损失的折旧税盾 $= -1\ 750\ 000 = -1\ 750\ 000$（欧元）

现金流差异 = 租赁方案现金流 - 购买方案现金流

= -1 750 000 - 50 000 000 = -51 750 000（欧元）

④ 净现值 $= 94\ 150\ 000 + \sum_{t=1}^{9} \frac{-7\ 600\ 000}{1.0325^t} - \frac{51\ 750\ 000}{1.0325^{10}}$

$= 94\ 150\ 000 - 7\ 600\ 000 \times 7.696123 - \frac{51\ 750\ 000}{1.0325^{10}}$

$= -1\ 925\ 118$(欧元)

注：本题计算中如果没有加入“94150”（当年的现金流量），也算正确。

表 6　　租赁与购买飞机的现金流差异　　单位：欧元

年份	购买		租赁		差异	
		税盾	租赁费	税盾		现值
0	100 000 000		9 000 000	3 150 000	94 150 000	94 150 000
1		1 750 000	9 000 000	3 150 000	-7 600 000	-7 360 774
2		1 750 000	9 000 000	3 150 000	-7 600 000	-7 129 079
3		1 750 000	9 000 000	3 150 000	-7 600 000	-6 904 677
4		1 750 000	9 000 000	3 150 000	-7 600 000	-6 687 339
5		1 750 000	9 000 000	3 150 000	-7 600 000	-6 476 841
6		1 750 000	9 000 000	3 150 000	-7 600 000	-6 272 970
7		1 750 000	9 000 000	3 150 000	-7 600 000	-6 075 516
8		1 750 000	9 000 000	3 150 000	-7 600 000	-5 884 277
9		1 750 000	9 000 000	3 150 000	-7 600 000	-5 699 057
10	-50 000 000	1 750 000		—	-51 750 000	-37 584 584
租赁的优势（劣势）						-1 925 118

表 7　　租赁与购买飞机净现值比较　　单位：欧元

资产成本						100 000 000
折旧税盾	年份	现金流			净现值	-14 739 191
	0					
	1	1 750 000			1 694 915	
	2	1 750 000			1 641 564	
	3	1 750 000			1 589 892	
	4	1 750 000			1 539 847	
	5	1 750 000			1 491 378	
	6	1 750 000			1 444 433	
	7	1 750 000			1 398 967	
	8	1 750 000			1 354 932	
	9	1 750 000			1 312 283	
	10	1 750 000			1 270 976	
总计					14 739 191	

续表

租赁费（税后）	年份	租赁费	税盾	现金流	净现值	-50 872 319
	0	9 000 000	3 150 000	5 850 000	5 850 000	
	1	9 000 000	3 150 000	5 850 000	5 665 859	
	2	9 000 000	3 150 000	5 850 000	5 487 515	
	3	9 000 000	3 150 000	5 850 000	5 314 784	
	4	9 000 000	3 150 000	5 850 000	5 147 491	
	5	9 000 000	3 150 000	5 850 000	4 985 463	
	6	9 000 000	3 150 000	5 850 000	4 828 536	
	7	9 000 000	3 150 000	5 850 000	4 676 548	
	8	9 000 000	3 150 000	5 850 000	4 529 344	
	9	9 000 000	3 150 000	5 850 000	4 386 774	
	10					
	总计				50 872 319	
10 年后的残值		残值			净现值	-36 313 607
		50 000 000			36 313 607	
租赁的优势（劣势）						-1 925 118

⑤租赁和购买方案现金流差异的净现值是 -1 925 118 欧元如表 6、表 7 所示，因此购买方案更具成本优势。

（5）使现金流差异的净现值为 0 时，第 10 年的现金流差异用 C_{10} 表示。C_{10} 应满足下列条件：

$$94\ 150\ 000-7\ 600\ 000\times 7.696123-\frac{C_{10}}{1.0325^{10}}=0$$

求解 C_{10}，得：

$C_{10}=49\ 099\ 300$（欧元）

将第 10 年的处置价格用 V_{10} 表示。

令：$V_{10}+1\ 750\ 000+0.35\times(50\ 000\ 000-V_{10})=49\ 099\ 300$（欧元）

求解 V_{10}，得：

$V_{10}=45\ 922\ 000$（欧元）

【问题 2 答案】

（1）该情况下用于计算自由现金流（FCF）的公式如下：

自由现金流(FCF) = [营业利润(折旧前) − 折旧] × [1 − 企业所得税率(40%)] + 折旧 − 资本支出 − 净营运资本的变化 + 出售资产的收入

第 1 年：(500 − 100) × (1 − 0.4) + 100 − 200 − (−110) + 800 = 1 050（百万美元）

第 2 年：(800 − 120) × (1 − 0.4) + 120 − 210 − (−120) + 500 = 938（百万美元）

第 3 年：(800 − 150) × (1 − 0.4) + 150 − 220 − 130 = 190（百万美元）

（2）计算过程如下：

$$\frac{270 \times 0.4}{1.06} + \frac{270 \times 0.4}{1.06^3} + \frac{270 \times 0.4}{1.06^3} = \frac{108}{0.06} \times \left(1 - \frac{1}{1.06^3}\right) = 288.69\ （百万美元）$$

（3）如果 XYZ 公司无负债，那么第 1 年至第 3 年的自由现金流在当年年末的现值是：

$$\frac{1\ 050}{1.076} + \frac{938}{1.076^2} + \frac{190}{1.076^3} = 1\ 938.53\ （百万美元）$$

在另一方面，终值，即从第 4 年起及以后年度无债务自由现金流在第 4 年年初的现值是：

$$\frac{190 \times 1.02}{0.076 - 0.02} = 3\ 460.71\ （百万美元）$$

该终值金额在当年年末的现值是：

$$\frac{3\ 460.71}{1.076^3} = 2\ 777.98\ （百万美元）$$

因此：

无任何债务 XYZ 公司价值（当年年末）= 最初 3 年自由现金流的现值 + 终值的现值

= 1 938.53 + 2 777.98

= 4 716.51（百万美元）

（4）如果 XYZ 公司以市值计算的债务/股东权益的比率为 1/3，那么，基于对无债务情况下的权益资本（r_U）、税前债务资本成本（r_B）、以市值计算的债务/股东权益的比率（B/S）和企业所得税率（τ）的假设，权益资本成本（r_S）可以使用下面的公式计算：

$$r_S = r_U + \frac{B}{S}(1-\tau)(r_U - r_B) = \left[7.6 + \frac{1}{3}\times(1-0.4)(7.6-6)\right]\times 100\% = 7.92\%$$

既然以市值计算的债务/股东权益的比率为 1/3，那么以市值计算的债务/公司价值的比率就为 1/4。因此，加权平均资本成本（WACC）的计算如下：

$$WACC = \frac{S}{S+B}r_S + \frac{B}{S+B}(1-\tau)r_B = \frac{3}{4}\times 7.92 + \frac{1}{4}\times(1-0.4)\times 6 = 6.84\%$$

（5）因为 XYZ 公司在第 4 年年初有负债的价值（V_L）与没有负债的价值的差异，等于从第 4 年开始的期间债务利息的税盾。如果 XYZ 公司在第 4 年年初有负债，则 XYZ 公司的价值计算如下：

$$V_L = \frac{190\times 1.02}{0.0684 - 0.02} = 4\ 004.13\ （百万美元）$$

如果 XYZ 公司在第 4 年年初没有负债，则 XYZ 公司的价值（V_U），为 3 460.71 百万美元。

因此，

$$债务的税盾（第 4 年初的价值）= V_L - V_U = 4\ 004.13 - 3\ 460.71$$
$$= 543.42\ （百万美元）$$

该价值表示债务的税盾，并且必须以 XYZ 公司的债务资本成本进行折现。因此，当年年末的现值计算如下：

$$\frac{543.42}{1.06^3} = 456.27\ （百万美元）$$

（6）

当年年末的现值 = 无负债的公司价值 + 税盾的现值

= 4 716.51 +（288.69 + 456.27）= 5 461.47（百万美元）

XYZ 公司股东权益的理论市场资本化价值 = 公司价值 - 计息债务的价值（于当年年末）

= 5 461.47 - 500 = 4 961.47（百万美元）

理论的股票价值 = 4 961.47 ÷ 60 = 82.69（美元/股）

对于问题（5）和问题（6），使用如表 8 所示提示：

有阴影的单元格，意味着“结转自”以前的问题。

表 8　　提示条件

			初始	根据提示
(5)		(4)	WACC = 6.84%	WACC = 7%
	有负债公司的价值（V_L）		4 004.13	3 876.00
	无负债公司的价值（V_U）	(3)	3 460.71	3 460.71
	$V_L - V_U$（第 3 年末）		543.42	415.29
	$V_L - V_U$（当年末）		456.26	348.68
(6)	（第 3 年末）			
	无负债公司的价值（V_U）	(3)	4 716.51	4 716.51
	税盾（前 3 年）	(2)	288.69	288.69
	税盾（第 4 年起）	(5)	456.26	348.68
	小计		5 461.46	5 353.87
	计息债务		500	500
	总计		4 961.46	4 853.87
	每股		82.69	80.90

【问题 3 答案】

答案如果只使用了销售收入而不是销售收入或销售成本，也是正确的。这些结果显示在“ [ ]”中。

(1)

①现金周转期的变化：

当前的现金周转期为当前的存货周转期与应收账款周转期之和减去应付账款周转期：

当前的存货周转期 = (8 877 ÷ 43 200) × 365 = 75（天）[42 天]

当前的应收账款周转期 =（19 036 ÷77 200）×365 =90（天）

当前的应付账款周转期 =（3 551 ÷43 200）×365 =30（天）[17 天]

当前的现金周转期 =75 +90 −30 =135（天）[115 天]

政策变化后的现金周转期 =50 +65 −45 =70（天）

因此，现金周转期下降了 65 天[45 天]。

②对流动比率的影响：

当前的流动比率 =（1 000 +8 877 +19 036）÷（3 551 +19 865）

=1. 235（倍）

当前的净营运资本 =5. 5 百万美元

为了得到所计划的营运资本政策变化后的流动比率，必须计算修订后的存货、应收账款、应付账款和计息贷款（银行透支）金额。

修订后的存货 =43 200 ×50 ÷365 =5 918（千美元）[10 575 千美元]

修订后的应收账款 =77 200 ×65 ÷365 =13 748（千美元）

修订后的应付账款 =43 200 ×45 ÷365 =5 326（千美元）[9 518 千美元]

修订后的计息贷款 =1 000 +5 918 +13 748 −5 326 −5 500 =9 840（千美元）[10 305 千美元]

修订后的流动资产 =1 000 +5 918 +13 748 =20 666（千美元）[25 323 千美元]

修订后的流动负债 =5 326 +9 840 =15 166（千美元）[19 823 千美元]

修订后的流动比率 =20 666 ÷15 166 =1. 363（倍）[1. 277 倍]

对流动比率的影响是：使其从 1. 235 增加到 1. 363 倍。[1. 277 倍]

ABC 公司的短期流动性稍有改善。

③融资成本的节约：

融资成本的节约源于计息贷款（银行透支）从 19 862 000 美元下降到 9 840 000美元 [10 305 000 美元]，下降了 10 022 000 美元 [9 557 000 美元]，每年节约了 5% 或每年节约了 501 100 美元 [477 850 美元]。

（2）跨国公司面临的外汇风险可以分为交易风险、折算风险和经济风险。

交易风险是指与短期交易相关的外汇风险。例如，在结算外币应收账款时从客户处收取货币的风险。这种类型风险是与未来交易相关的，实际利润或成本可能与预期或预测的利润或成本不同。例如，通过赊销向外国客户出售的以外币计价的商品或服务的预期利润，可能因为不利的汇率变动而减少。因此，交易风险是现金风险，因为现金交易而受到风险的影响。这种类型的外汇风险通常被对冲。公司通常使用以下金融工具来对冲交易风险：外汇远期合约、货币市场套期保值、外汇期货合约、外汇期权合约和货币互换。进一步的解决方案可能是，所有交易均以跨国公司本国货币计价。

折算风险是与合并外币计价的资产和负债相关的外汇风险。汇率变动可能改变此类资产和负债的价值，导致在基于财务报告目的的合并财务报表中产生未实现的外汇利得或损失。这些利得或损失只存在于纸面上，对现金没有实际影响。折算风险通常被称为会计风险。可以使用资产和负债管理（例如，对公司的部分长期债券以外币计价）和金融工具对冲折算风险，但对冲这种类型的外汇风险可能被视为没有必要。

经济风险是与长期汇率变动相关的外汇风险。这类风险指的是公司未来现金流量的现值可能会受到未来汇率波动的影响，或者公司的竞争地位可能受到未来汇率变动的影响。所有从事国际商业活动的公司都面临经济风险。经济风险本身很难管理。在实践中，许多公司（特别是大型跨国公司）通过金融工具、外币借款（贷款），和（或）通过采购、生产、营销和销售的地域结构来匹配成本和收入（经营对冲），从而降低经济风险。

（3）在远期市场对冲方法下：

远期市场对冲的收益 = 8 649 771 × 1.1561 = 10 000 000（美元）

在货币市场对冲方法下：

3 个月期欧元借款利率 = 6% ÷ 4 = 1.5%

3 个月期美元存款利率 = 4% ÷ 4 = 1%

借入的欧元 = 8 649 771 ÷（1 + 0.015）= 8 521 942（欧元）

该借款的美元金额 = 8 521 942 × 1.1592 = 9 878 635（美元）

该存款的美元收益 = 9 878 635 × 1.01 = 9 977 421（美元）

远期市场对冲可以获得 22 579 美元的收益，因此 ABC 公司在财务上更偏好选择远期市场对冲方法。

【问题 4 答案】

(1)

①回答：不应计入投资额。

原因：无论 3D 打印机工厂建造项目是否被接受，100 万欧元咨询费和累计 2 000 万欧元研究开发支出已经支付，是沉没成本。因此，在基于 NPV 标准决定是否接受项目时，它们不应被计入投资额。

②回答：应计入投资额。

原因：土地有可能出售。因此，如果该土地用于 3D 打印机工厂，就丧失了如果将土地出售可能获得的机会收益。基于此，尽管没有对应土地售价的现金流出，3 000万欧元的机会成本应被计入投资额。

③回答：同意。

原因：在计算实际应纳税额时，应该基于税务会计目的使用加速折旧法。

(2)

(a) =资本性支出+工厂土地的机会成本

=100+30=130（百万欧元）（流出）

(b) 当年的自由现金流=-130（百万欧元）（流出）

(c) 第 1 年的净营运资本增加=第 1 年的销售收入×3÷12=90×3÷12

=22.50（百万欧元）（流出）

(d) 第 1 年的自由现金流=33.47-22.5=10.97（百万欧元）（流入）

(e) =出售生产设备的收入+工厂土地机会成本的收回+净营运资本的收回

=10+30+6.75=46.75（百万欧元）（流入）

(f) =(e) =46.75（百万欧元）（流入）

(3)

ABC 公司的风险与 3D 打印机业务的风险类似，当计算项目的 NPV 时，应该使用公司的加权平均资本成本（WACC）作为折现率。Ford 先生提议使用权益资本成本或为项目筹资所发行普通债券的资本成本不适当。

对投资项目产生的税后净现金流进行折现，应使用税后加权平均资本成本（WACC）。这里债务资本成本是一个组成部分，应使用税后债务成本。Ford 先生提议使用税前的到期收益率不正确。更正确的说法是，考虑已付利息的税盾效应，债务资本成本应该乘以（1-公司所得税税率）。

对于权益和普通债券的资本成本，Ford 先生是将未调整数字直接加上发行成本后，以此作为权益和普通债券的资本成本。然而，该方法并不正确，因为发行成本并非每年发生。在 NPV 分析中，与资本性支出和营运资本相同，最初筹集资金的发行成本应视为一项负的现金流。

（4）评价项目 NPV 的折现率为 5.2%。

计算过程如下：

权益成本 = 2% + 0.8 × 6% = 6.8%

债务成本（税后）= 4% × (1 − 0.3) = 2.8%

WACC = 6.8% × 0.6 + 2.8% × 0.4 = 5.2%

（5）3D 打印业务 β 值的临界值为 1.25。

计算过程如下：

从 IRR 可以看出，当项目的 WACC 为 6.81% 时，项目的 NPV 为 0。运用如下公式可以计算出此时的 β 值：

$$0.6 \times (2\% + \beta \times 6\%) + 0.4 \times 2.8\% = 6.81\%$$

β = 1.247。如果 3D 打印机业务的真实 β 值高于此临界值，折现率 WACC 将高于 6.81%，项目的真实 NPV 将为负数，因而项目应被拒绝。

后　　记

2024版《注册国际投资分析师考试指定用书》是由中国证券业协会主持翻译、审定、出版的。具体翻译、审译工作分工如下：李明亮、陆宇建、何诚颖、李磊宁、杜冬云和邹洋、涂红、高洁、刘程、彭海兰同志承担了《经济学》《财务会计和财务报表分析》《公司财务》《股票估值与分析》《固定收益证券估值与分析》《衍生产品估值与分析》和《投资组合管理》的翻译工作，陆宇建、梅丹、邹洋、杜冬云、涂红、刘程同志承担了《财务会计和财务报表分析》《公司财务》《衍生产品估值与分析》《经济学》《股票估值与分析》《固定收益证券估值与分析》《投资组合管理》的审译工作。参加教材翻译、审译工作的人员有杨高宇、章耀、林珊珊、戴丹苗、路颖、吴一萍、周洪荣、朱蕾、王伟、臧赢鹏、陈海楠、黄桂勇、王伟豪、张晛、刘琬璐、任天一。

教材的翻译工作还得到了海通证券股份有限公司、国信证券股份有限公司、中航证券有限公司、南开大学、中央财经大学、对外经济贸易大学的帮助。

在本套教材的编辑出版过程中，中国财政经济出版社做了大量工作。

在此对以上各方参与专家、工作人员及相关单位一并表示衷心感谢！

中国证券业协会

2024年7月